銀信傳情叢書

僑批與金融

海洋移民、貿易與金融網絡

黃清海 著

中華書局

自　序

本書係筆者第一本拙著，原書名《海洋移民、貿易與金融網絡——以僑批業為中心》，自 2016 年 12 月由社會科學文獻出版社出版以來，深受社會各界的喜愛，有 3 位學者撰寫 4 篇書評並在國內外刊物上發表，客觀地評述了該書出版的學術價值與時代意義。現香港中華書局將其列入「銀信傳情」系列書之一，易名《僑批與金融：海洋移民、貿易與金融網絡》，出版繁體版，筆者十分榮幸並致以謝意！

15 世紀末新航線的開闢，拉開了人類大規模海洋移民與貿易的序幕。商品的貨幣化，商業和金融資本的全球流動，使得以殖民為主的海洋移民和全球化貿易體系顯得更為複雜。

鴉片戰爭後，中國東南沿海出現了「下南洋」「淘金熱」的移民潮。在跨國郵政和金融尚不發達之時，體現華人智慧的移民金融產物——僑批及僑批業出現了。

僑批及僑批業是伴隨着華人移民族群的內需而自然產生的，具有強烈的中國海洋文明特徵。中國東南沿海人民是中華民族中最具海洋個性的族群，長期以來，這裏的民眾有着很強的海洋意識。王賡武在《中國與海外華人》一書指出，閩南人在 13~18 世紀的海外商人中最有成就，他們在與歐洲各國的東印度公司爭奪世界海洋的過程中，既沒有朝廷的背景與支持，甚至是朝廷的「棄民」，也沒有殖民的意願與行為，他們是一群和平的商人，必須靠着自己的機智謀生，靠着敢於冒險的高超技巧，與歐洲人周旋與競爭。[1]

1　　參見〔新〕王賡武：《沒有帝國的商人：僑居海外的閩南人》，李原、錢江譯，《海交史研究》1993 年第 1 期，第 111-125 頁。

中國東南沿海區域之人民突破陸地（家園）的限制、在更寬廣的「海外」所創造出來的一種「僑批」的文化形態，這一「物資」的形態承載着中華文化中最核心的內容，那就是以家庭為中心的倫理觀，漂洋過海為了是給家人更好的生存環境、給家人更多的愛。因此說，僑批是富有情感的金融工具，蘊涵着中華傳統文化價值以及豐富的貨幣、信用、國際匯兌等金融業沿革的歷史。僑批在華人移民金融與通訊的網絡中持續沿用一個半世紀，直至 20 世紀末終結。這在人類金融與通訊史上是獨一無二的。

2013 年 6 月，「僑批檔案」入選聯合國教科文組織《世界記憶名錄》，[1] 可以說，它已成為中國最著名的三大文檔（敦煌文書、僑批檔案、徽州文書）之一，成為人類的共同記憶財富。國學大師饒宗頤教授將其譽為「僑學前導」「僑史敦煌」「海邦剩馥」。它為我們研究人類學、華僑史、國際移民史、經濟史、金融匯兌史、國際貿易史、海外交通史、郵政史等等提供了鮮活的珍貴文獻，並將越來越顯現出其多元化的價值。

僑批及僑批業是中國現代郵政業和銀行業成立之前的歷史遺存。[2]「僑批時期」是中國從農耕文明轉向工業文明的過渡時期（轉型期），僑批檔案既是共享人類文明的中外交流載體，也是「西學東漸」傳播的渠道之一。

本書以全球化的視野與歷史發展的眼光，着重描述了 19 世紀 40 年代之後中國東南沿海民眾「下南洋」，與海洋世界的他國進行了廣泛的聯繫，並在為建設這些國家做出了巨大的貢獻的同時，如何將自己的勞動財富通過僑批業的渠道跨國轉入中國的波瀾壯闊的歷史畫卷。僑批及僑批業貼近

1　中國至 2021 年有 13 項文獻入選：中國傳統音樂錄音檔案（1997 年入選）、清朝內閣祕本檔（1999 年）、東巴古籍文獻（2003 年）、清代科舉大金榜（2005 年）、「樣式雷」建築圖檔（2007 年）、《黃帝內經》（1339 年胡氏古林書堂版）（2011 年）、《本草綱目》（1593 年金陵版）（2011 年）、僑批檔案——海外華僑銀信（2013 年）、元代西藏官方檔案（2013 年）、南京大屠殺檔案（2015 年）、甲骨文（2017 年）、近現代蘇州絲綢檔案（2017 年）、清代澳門地方衙門檔案（中國和葡萄牙，2017 年）。

2　目前發現最早的僑批實物是由泰國許茂春收藏的 1858 年（咸豐八年），由水客從荷屬巴城（今雅加達）帶至廣東嘉應州松口市（今梅州市）的僑批信簡。中國本土的最早郵政局為大清郵政局，成立於 1896 年。中國本土資本的最早銀行為中國通商銀行，成立於 1897 年。

南洋移民族群的匯款和通信需求，承載着海外華人與家鄉眷屬之間金融和
郵政服務的傳遞媒介。在海洋戰略已成為國家級頂層戰略的時代背景下，
筆者賦予僑批乃至僑批業是由跨海成功的海洋族群編織起來的「貨幣」與
「情感」網絡的地位，洞悉、挖掘僑批及僑批業的海洋屬性和金融屬性，講
述了曾經影響全球移民、貿易、國際匯兌等經濟形態的閩粵僑批及其之間
的互動關係。本書力求做到以下 3 點：

　　一是初步構建中國「海上金融（絲綢）之路」的理論框架體系。以僑
批業為中心，站在國際化的金融視野探索近現代中國金融融入世界市場的
艱辛歷程和歷史發展脈絡，搭建起以僑批業為中心，對全球金融脈絡、網
絡進行考察的一個較為成熟的研究體系。正是僑批業以及僑批的業務引發
了外資銀行、華資銀行和中資銀行的介入，進而架起了一條由中國通往東
南亞並連接歐美地區的國際金融網絡，被稱之為「海上金融之路」。這一近
現代的「海上金融之路」及其編織的華人金融網絡，成為促進近代中國金
融變革的重要外部力量，[1] 既加速中國舊式金融體系轉型與變革，又加快了中
國金融融入國際金融體系的步伐。

　　二是重視僑批的海洋屬性，力求體現僑批的海洋屬性所蘊含的包容廣
納的精神，在新時期為爭回海洋文明話語權而努力。在當今「海洋強國」
和「21 世紀海上絲綢之路」國家倡議轉移下，努力以全球化的視野與歷史
的、發展的眼光，將僑批業置於以海洋為媒介的動態世界秩序與格局和工
業文明勃興以來的時空隧道中進行考察，尤其在鴉片戰爭之後中國東南沿
海地區民眾下南洋淘金以及下南洋之人的移民財富如何通過僑批的渠道跨
國轉入中國，[2] 這一近現代的海上金融之路及華人金融網絡拉近了中國金融與
國際金融的距離。

1　　潘再見：《僑批業與海上金融之路——評〈海洋移民、貿易與金融網絡〉》，《僑批文化》
　　　2020 年第 2 期（總第 33 期），第 102 頁。

2　　白婧：《探析僑批業鋪就的「海上金融之路」——基於〈海洋移民、貿易與金融網絡：以
　　　僑批業為中心〉的思考》，《東南亞縱橫》2018 年第 5 期，第 94 頁。

　　三是突出論述福建僑批中的海洋故事，體現福建精神。以海洋移民、海洋貿易的全球化發展的視角探索體現華人智慧的移民金融產物——僑批及僑批業在特殊時代下的歷史場景及所發揮的作用，以福建的典型案例，如天一信局、王順興信局、新加坡僑通行、正大信局、陳嘉庚公司、華商銀行、和豐銀行、華僑銀行、中南銀行、建南銀行等以及閩商陳嘉庚、郭有品、王世碑、黃奕住、吳道盛等等，圍繞福建人與事，講述福建故事，體現「愛國愛鄉、海納百川、樂善好施、敢拚會贏」的福建精神。

　　僑批作為海外華僑華人與祖國鄉土的「兩地書」，既是華人海洋移民的記憶文獻，也是近現代中國社會轉型過程中的實物史料。作為珍貴的文獻史料，僑批可以從多方面研究，有學者將其視為「千面女郎」，這就要看研究者從哪一方面作切入點了！[1] 我們期待有更多的學者從不同學科、不同角度，利用僑批開展多方面的研究，以形成較為系統的「僑批學」，讓僑批精神，[2] 世代相傳，激勵一代代人。

2022 年 6 月

1　〔新〕柯木林：《「雲中誰寄錦書來」——僑批：從家書到文化遺產》，《閩商文化研究》2013 年第 1 期，第 57 頁。

2　僑批精神，既包括僑批業的誠信精神（忠誠信義，有着中國鄉村傳統的樸素的信任與信用，誠信經營，傳播中國誠信文化）、敬業精神（不怕艱難，勤勞勇敢，收批與送批堅持登門辦理，貼心服務，不斷改進方式方法，努力提高運作效率），也包括寄寫僑批人的奮鬥精神（在異國他鄉篳路藍縷、胼手胝足、謀求發展，為僑居地開發與建設做貢獻）和奉獻精神（尤其是在經濟方面襄助家庭親人、支援家鄉和祖國建設）。摘自黃清海：《海洋視野下的僑批探微》，黑龍江教育出版社，2019，第 20 頁。

内容提要

自 15 世紀末歐洲人開闢新航線以來，人類文明史上開啟了有別於陸地遷徙的跨洋越海大遷徙活動，進而逐步形成以殖民為主的海洋移民和全球化貿易體系。

至 19 世紀，尤其是在鴉片戰爭之後，中國清廷在此世界潮流與國情的碰撞和交集之下，准許人民出國「下南洋」「淘金」。在當時中國境內、境外之間的郵政和金融體系尚未設立之時，體現華人智慧的移民金融產物——僑批業萌生了。海外華人的個人錢財（物質流、資金流）以及情感信息（信息流）藉助僑批業渠道實現跨國轉移，一方面反哺祖國和親人，另一方面促進了華人參與全球化進程。一百多年來，華人海洋移民以及華人商貿、金融活動等，與僑批業融合互動、跨國運作。僑批業也因此成為中國連接海外世界的民間主渠道。

早於中國現代銀行的僑批業是中國進入國際金融市場的先行者，它蘊含着貨幣、信用、國際匯兑等金融業沿革的歷史。僑批業貼近南洋移民族群的市場需求，與時俱進、不斷創新，逐步建立起華人跨國金融體系，進而協同華資銀行、中資銀行融入全球化的金融網絡之中。

說　明

除註明外，本書的僑批圖片均為筆者實物資料的電子掃描件，機構網絡分佈等圖片均為筆者描繪的。

在撰寫過程中，很榮幸地得到錢江教授、柯木林先生以及潘茹紅博士、蘇通海先生、陳意忠先生、劉燕燕同學等人的指導和幫助，在此表示衷心的感謝！

目　錄

僑批局與其跨國經營網絡

全球視野下僑匯與海外華人金融網絡

全球化與中國海洋移民

在漫長的歷史川流裏，人類因自然環境變化、人口增長、生產發展、探險、戰亂、國家建立與興衰等因素不斷地流動和遷移；植根於人類習性的移民活動，是人類自誕生以來活動的主要模式之一。15 世紀之前，人類的流動和遷移以陸路為主，但人們一直渴望着能夠跨越海洋、探險海洋、探索海洋彼岸的新事物，建立起世界各大洲之間的聯繫。

15 世紀末，隨着新航線的開闢和世界地理大發現，人類進入一個大轉變的時代，人類社會開啟了大規模的海洋移民與貿易活動。之後，一系列的海洋問題，如海洋移民與勞務、海洋商人集團、海洋經貿往來、跨國貨幣流通、海權管理、跨海城市關係等，成為世人關注的全球性熱點。

至 18~19 世紀，歐美帝國主義在全球化進程中，到處尋求殖民掠奪與擴張。在廢除奴隸貿易制之後，它們必須在全球範圍內尋找新的勞動力資源，以滿足殖民開發和工業化大生產對人力的需求。

19 世紀中葉，鴉片戰爭爆發，打開了封閉幾百年的中國國門，人口眾多的中國尤其是東南沿海地區就此開始大規模海洋移民，出現了「下南洋」與淘金潮，中國也由此成為全球化進程中的一個重要組成部分。

一、新航線：促進全球海洋移民

所謂移民是指人口在不同地域之間遷移活動的總稱，是遷移人口的集合。而國際移民一般來講，是為了實現在其他國家定居的目的而跨越國境流動的人群。本書所講的海洋移民，是指既跨海洋又跨國境的人口遷移活動的總稱；它既有別於陸路移民，也有別於國際移民。在本國內跨海洋的

移民（如山東人跨渤海灣移民到遼寧），不在本書討論的範圍。

15 世紀末，隨着新航線的開闢，人類進入大航海時代，以海洋為基本特徵的全球化進程就此開始。大規模的海洋貿易、海洋移民，有力地促進了世界資源的大流通與人口的大遷徙，進而讓世界走向一個更為融合的境界。15~18世紀，大批移民者通過海路到達他們的目的地，與之前的地域性（陸路）移民聯繫起來，互相結合，最終形成了世界人口的重新分配。通過海洋移民與傳播，世界各地出現了許多種植園、礦場和殖民地，彼此的管理運行方式較為相似。海洋移民與貿易，一方面帶動了在全球範圍內各族群人民之間的商貿交流；另一方面因利益衝突而使各種關係變得更為複雜，尤其是大西洋地區和印度洋地區激烈的碰撞，使得東方與西方各地之間的差異越來越明顯。

18~20 世紀，隨着工廠的設立，以英國為首的工業革命，使生產能力急劇增長，由工廠生產的商品，如紡織品、香皂、鞋子、農業工具，甚至包括後來的蒸汽船和鐵路等，需要出售到世界各地，同時也需要在全球範圍內不斷尋找新的資源，包括自然礦產資源和勞動力資源等。同時，隨着商品經濟的發展、商品貨幣化程度的提高，在 19~20 世紀，全球勞動力遷移與海洋貿易變得更為頻繁，而且顯得更為複雜。

海洋移民與全球化海洋貿易有着較高的關聯度，它們之間相互依存、相互促進，這對於人類的進步和社會發展有着廣泛的積極意義。在全球範圍內，海洋移民擴大了人類的生存空間和生產地理空間，促進了人類文明的傳播，促進了人種、民族和文化等方面的同化與融合，實現了人們的自我追求與自我完善的願景；藉助海洋貿易，進行自然資源、人力資源的配置，促進社會、經濟的協調發展和地區經濟增長，改善人與自然的關係，提高人們的生活質量。

1. 開闢新航線

15 世紀末，奧斯曼土耳其人控制了東方與西方之間陸上絲綢之路的商貿活動，對過境的商品徵收重稅，甚至還實施劫掠行為。東西方傳統陸路

商貿通道被阻斷後，正處於資本主義萌芽時期的歐洲國家的君主為了強化王室權威，積極擴張的野心進一步膨脹，各國之間開始展開經濟競賽，紛紛通過建立包括陸地、海洋在內的貿易路線，以及通過開拓殖民地來擴充王室財富。各國的貴族商人對東方香料、黃金有着強烈的追求，渴望發財致富，加之基督教會在意識形態上的擴張，需要向海外傳教，因此，一方面為了避免遭受剝削，另一方面也為了滿足各方對財富的追求，歐洲人必須另找出路，在海上開闢新的航線。

與此同時，一方面歐洲各國生產力快速發展，科學技術不斷進步，尤其是造船技術和航海技術的進步以及地理知識的提高，為新航線的開闢提供了可能性和物質條件；另一方面，西班牙和葡萄牙王室的大力支持，也為探險者開闢新航線提供了強大的財力支撐。

在有了強烈的社會需求，具備了技術條件和經濟保障後，歐洲湧現出許多著名的航海家，包括：克里斯托弗‧哥倫布（1451~1506 年）、瓦斯科‧達‧伽馬（約 1469~1524 年）、佩德羅‧阿爾瓦雷斯‧卡布拉爾（1467~約 1520 年）、胡安‧德拉科薩（?　~1570 年）、巴爾托洛梅烏‧繆‧迪亞士（約 1450~1500 年）、喬瓦尼‧卡波托（1450~ 約 1499 年）、胡安‧龐塞‧德萊昂（1460~1521 年）、斐迪南‧麥哲倫（1480~1521 年）、亞美利哥‧韋斯普奇（1454~1512 年）與胡安‧塞巴斯蒂安‧埃爾卡諾（1475~1526 年）等。其中迪亞士、哥倫布、達‧伽馬、麥哲倫 4 位探險家開闢的新航線（見表 1-1）最具代表性，對於大航海時代影響深遠，他們在葡萄牙或西班牙王室的支持下，在 1487~1522 年先後遠洋探索，發現了許多當時在歐洲不為人知的國家與地區。新航線的開闢以及世界地理大發現，開啟了全球海洋移民與貿易，也開啟了歐洲帝國在全球範圍內的殖民侵略之路。

2. 開啟全球海洋移民

先進的航海技術使人類能夠成功地進行環球航行，新航線的開闢帶來了激動人心的冒險歷經歷。15~18 世紀，歐洲人在全球範圍內以探索和佔領

表 1-1　4 位著名探險家開闢新航線情況

時　間	支持國家	探險家	航　線
1487~1488 年	葡萄牙	迪亞士	西歐—好望角
1492~1504 年先後 4 次	西班牙	哥倫布	西歐—美洲（發現美洲新大陸）
1497~1498 年	葡萄牙	達·伽馬	西歐—好望角—印度
1519~1522 年	西班牙	麥哲倫	環球旅行

等方式，使世界各地從此建立了廣泛的聯繫。探險家、傳教士、商人和潛在的征服者率先進行海洋旅行與探險，依托各大洲和各地區之間的關係，不斷地拓寬航線，前往更遙遠的地方，為以後的移民者尋找了陸路和海路的橋頭堡，進而激發全球各洲之間聯繫的活力，促進了世界範圍內的人口遷移和國際貿易的發展，推動了全球化進程。

圖 1-1 反映的是 17~20 世紀的全球移民概況。當然，這大部分屬於海洋移民。方形表示 1840~1940 年印度、非洲、歐洲和中國的流散人口，約有幾百萬人，而圓形則表示他們到達的目的地及人口。1650~1880 年奴隸貿易期間，外遷的人主要是非洲奴隸，當時不僅海陸交通落後，而且死亡率極高。在中國區域，1840~1940 年約有 51 份額的遷徙，除了 30 份額通過陸地遷移外，通過海路遷到東南亞的有 19 份額，還有 1 份額遷到世界各地。遷出的 51 份額中，到達的為 50 份額，遷徙的途中死亡 1 份額。在這裏，我們關注的是海洋移民 20 份額的部分，儘管從數據上看少於陸路移民數，但這 20 份額的移民活動對中國之後的社會變革與發展、對中國走向世界的作用與影響，遠遠大於陸路移民活動。由上我們可以看出人類遷徙活動的基本脈絡，也從中大體了解了屬於海洋移民的部分。

3. 中國海洋移民

在中國歷史上，很早就有移民海外的現象。早在秦漢時期，中國已有「絲綢之路」通往西域，有船舶東航日本，其中就有人留居他鄉。進入唐

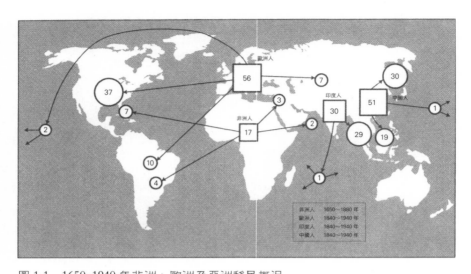

圖 1-1　1650~1940 年非洲、歐洲及亞洲移民概況

資料來源：〔美〕帕特里克·曼寧《世界歷史上的移民》，李騰譯，商務印書館，2015 年，第 167 頁。

代，有較多的中國人定居國外，這可視為華僑史的開端。但真正較大規模的海外移民肇始於明中葉。中國的海外移民其實是以海洋移民為主的，海洋移民也主要來自中國東南沿海的閩粵地區。

　　閩粵沿海地區是明清到東南亞的海洋移民最重要的祖籍地。除了地理鄰近的因素外，這還與當地的經濟、社會和文化環境有密切聯繫。一方面，閩粵地區地狹人稠，人口壓力很大，經營海上貿易的人數日漸增多。另一方面，閩粵地區宗族之間械鬥頻繁，失利的宗族有的舉族外逃海外，成為海洋移民。此外，明清時期海洋移民不能忽略的一個重要背景是西方殖民者東來。西班牙於 1571 年佔領呂宋（今菲律賓），在那裏建立殖民統治，他們的日常生活、經濟活動和海上貿易多仰仗華人。太平洋航路（1565~1815 年）的開闢，促進了中菲貿易的繁榮，也吸引了大量福建人移民菲律賓。

　　海洋移民對中國經濟社會的作用主要體現在三個方面：首先，緩解了閩粵人口的壓力，1840~1940 年間，閩粵地區每年都有大量的人口移居海外；其次，輸入大量的資金，直到 1930 年代，當中國的進口飛速增長時，

僑匯仍起着幫助中國平衡國際收支的作用；最後，加強了中國與海外世界的聯繫。中國海洋移民是中國走向海洋世界的具體表現，明清海洋移民也深刻地反映了中國歷史的海洋性格。

綜觀中國人移民海外的歷史，大體可分為五個時期。

第一個時期，從唐代到南宋（618～1270 年），為海外華僑逐漸出現的時期。這個時期，中國封建社會商品經濟比較發達，而東南亞各地仍然比較落後，於是有不少中國商人尤其是福建商人到東南亞各地從事貿易活動。在當時的帆船時代，中國的海商前往東南亞是靠冬夏季的季風航行，而在東南亞等候季風的時候，大量水手、商人就會在南洋居住下來，被稱為住蕃。其中有一部分人便在當地永久居住下來。這個時期的華僑大多居住在今天的印度尼西亞、新加坡、馬來西亞、越南、泰國、菲律賓等地。

第二個時期，從元代至鴉片戰爭（1271～1840 年），為中國人出國大量增加和華僑在所在國的社會經濟基礎逐漸確立的時期。東南亞部分地區已淪為西方國家的殖民地或貿易中繼地，迫切需要中國的廉價勞動力和手工業品，因而吸引了更多的中國商人和破產的農民、漁民和手工藝人出國。這個時期，東自日本、朝鮮，西至印度東部海岸，北起緬甸伊洛瓦底江上游，南迄印度尼西亞群島，幾乎到處都可見到華僑。

第三個時期，從鴉片戰爭到新中國成立前夕（1841～1949 年），這個時期為華人大規模海洋移民的高潮時期。華人出國的人數之多、規模之大、分佈之廣、所遭遇之苦，均屬前所未有。究其原因，有國際和國內兩個方面。

在國際上，一是帝國主義在全球的擴張需要勞工。1492 年哥倫布發現新大陸開啟了地理大發現，及其後持續幾百年的西方殖民活動。18～19 世紀，在全球化進程中，隨着遠洋探索的廣泛發展，歐洲人的海洋商業貿易活動變得越來越頻繁，海洋貿易累積了大量的財富，進一步激發了在美洲和亞洲（遠東地區）擴大殖民事業的熱情。19 世紀中葉，美國加利福尼亞金礦的發現及其帶動的西部開發，西印度群島的蔗糖生產、咖啡種植經

濟的發展，東南亞地區的開發、甘蔗及橡膠等種植園經濟的興起，所有這些，更進一步導致殖民者對勞動力的大量需求。二是黑人奴隸貿易逐漸廢除，用工荒催生契約華工。早期開發殖民地所需的勞動力主要依靠「黑奴貿易」，隨着西方資產階級革命的深入和工業革命的推進，盛行300年的黑奴貿易於 1910~20 年代被英、法、西、葡、丹、荷、瑞等國先後廢止，支撐西方殖民地經濟開發的黑人廉價勞動力資源宣告枯竭，全球出現用工荒。綜上，開發殖民地對勞動力的需求是引發中國人口外遷的主要因素。

在國內，一是 19 世紀的中國內憂外患，人口壓力大。19 世紀中葉，第一次、第二次鴉片戰爭爆發，清王朝的統治已是山雨欲來風滿樓，國內土地所有權日益集中，農民生活每況愈下。加之太平天國運動與清廷的鎮壓使沿海各省農民流離失所，生活艱苦，民不聊生。由於種種社會矛盾的激化，鄉村社會治安不寧，許多民眾不得不背井離鄉，遠渡重洋，尋找生機。而中國清朝經康乾盛世後，人口劇增，自乾隆（1736~1795 年）以來，人口迅速飆升達到了 4.3 億人，但由於在小農經濟的農耕框架裏，這種人口優勢不僅沒有轉變為生產力，反而在外國資本的侵略下而使得農村經濟破產，成為社會經濟發展的巨大阻力，人口壓力急需尋找一個釋放口。二是鴉片戰爭爆發，國門進一步打開。1840 年 6 月，第一次鴉片戰爭爆發，英帝國用堅船利炮打開了銅牆鐵壁一般封鎖的大清帝國的大門，中國開始淪為半殖民地半封建社會。西方列強的經濟、政治和文化侵略，促使中國自給自足的自然經濟和封建秩序崩潰，中國遭遇千年未有之變局。1842 年 8 月 29 日的《南京條約》規定：「廣州、福州、廈門、寧波、上海等五處港口，貿易通商無礙」，開放為通商口岸。鴉片戰爭打開了中國門戶，大量東南沿海的民眾投奔海外，形成一股「下南洋」「淘金」的移民潮。

這個時期，一批批「契約華工」（俗稱「豬仔」）被販賣出洋，成為中國海外移民的主要方式。這種販賣活動始於 18 世紀末，19 世紀中後期至20 世紀初達到高潮。在一個多世紀裏，中國約有 700 萬人被販賣到世界各地，從而奠定了今天華僑遍佈世界各地的格局。

　　第四個時期，中華人民共和國成立至改革開放前（1949~1978 年）。這個時期，由於多方面的原因，沒有出現大批華人出國。但由於東西方經濟的差異和美國、加拿大、澳大利亞等國家移民政策的調整，仍有不少中國人通過與親人團聚、留學等方式移居國外。台灣、香港、澳門等地的居民，也有不少人遷居國外。

　　第五個時期，中國改革開放之後至今。1978 年，中國實行改革開放國策，中外大規模交往重現。在全球化時代，資本、科技、產業和人力資源的世界性配置，推動中國再次興起大規模的海外移民潮。依出國目的、途徑和職業結構，這一時期中國海外移民大體可分為四種類型：

　　第一類移民是留學生。台灣留學生開創由留學到移民的先河；至 2006 年，中國大陸留學人員數量已超百萬，連同其出國眷屬，以留學渠道移民國外的中國大陸人口總數在 100 萬人以上。近年來，大陸海外留學人數暴增，2013 年和 2014 年分別達到 39.6 萬人和 46 萬人。

　　第二類移民是非熟練勞動力。他們主要以親屬團聚為理由申請定居身份，少部分人則選擇非法途徑前往海外定居。非熟練勞動力移民主要前往發達國家，尤其是美國，也遍及大多數發達國家和部分發展中國家。這一類出國者包括很多非正式途徑移民。

　　第三類移民是商務移民，包括投資移民、駐外商務人員和各類商販。1990 年代中期以前，前往發達國家的中國投資移民主要來自港台。1990 年代後期以來，中國大陸前往發展中國家的投資移民數量增長較快，尤其在東南亞地區。至 2013 年，中國與東盟貿易額為 4436 億美元，投資額達 400 億美元。大批中資企業人員和中國商販在東南亞投資大小不等的項目、承包各類工程和銷售中國商品，為這些中國投資企業提供服務的中國移民也紛至遝來。

　　第四類移民是勞務輸出人員。勞務輸出人員有別於一般移民。大部分勞務人員在合同期滿時回國，少部分留居當地。

　　由於大規模新移民的加入和華僑華人社會本身的人口自然增長，至 2007~2008 年，世界華僑華人總數增至約 4580 萬人。其中，東南亞約 3400

萬人，約佔佔全球華僑華人總數的 74%。根據國務院僑辦 2014 年的統計，海外華僑華人數量或達 6000 萬人。華僑華人廣泛分佈在世界五大洲的 160 多個國家和地區，除個別的內陸國家和偏遠的島嶼地區外，寰球皆有炎黃子孫的蹤跡。

二、中國海洋移民：「下南洋」與淘金潮

19 世紀中葉，鴉片戰爭之後，在國際大背景與中國實際情況的碰撞和交集下，大量華工因歐洲工業革命急需勞工而移居到美洲、歐洲、澳洲、東南亞及世界各地，在中國東南沿海出現「下南洋」移民潮與「淘金熱」。圖 1-2 為近代以來中國東南沿海部分僑批（銀信）發生地的全球分佈情況，[1] 由此，可以從另一側面窺視中國海洋移民以移居東南亞為主，同時輻射世界各地的圖景。

1.「下南洋」移民潮

「下南洋」是指 19 世紀中葉以後中國東南沿海民眾為了討生活或因為戰亂年代不堪困苦等原因，就地緣上的毗鄰關係大規模遷徙到東南亞的海洋移民現象。「下南洋」在閩南語系也稱為「過番」。

「下南洋」，與「闖關東」「走西口」，[2] 成為中華民族近代史上人口遷

1　此分佈圖由筆者為參加首屆絲綢之路（敦煌）國際文化博覽會「海絲記憶——海上絲綢之路僑批珍品展」所繪製。圖上註明的地名均為僑批或銀信實物的寄發地或接收地。

2　中國內陸清朝至民國時期的移民潮，是被逼的遷移，傳送的只是農耕文化。山東人的「闖關東」是「山河不移，流民似水」。在大饑荒面前，為了求生，逃荒成為災民不得已的選擇。山西人「走西口」，是苦難史，前後歷經了大約 300 年的歷史；當年一代又一代的山西人走西口，走出了一部苦難史，也走出了一批歷經磨煉而精明強幹的晉商。隴海線，河南難民的死亡線；1942 年的中原大饑荒讓 1000 多萬河南難民，像熱鍋上的螞蟻一般在無盡的死亡線上掙扎，逃荒成為他們求生的選擇，隴海線成了逃荒的始發地。

圖 1-2　中國東南沿海部分僑批（銀信）發生地的全球分佈

徙的三大壯舉，一次海洋、兩次陸地，三次大的移民潮，從清朝乾隆年間開始，幾乎同時進行。南洋是個地理概念，是在明清以後對東南亞地區的一個稱呼，其主要包括現今新加坡、馬來西亞、印度尼西亞、菲律賓、泰國、越南、緬甸等東盟十國。在中國文獻中，這一地區先後被稱為「南海」「西南海」「東西洋」，清代泛稱「南洋」，後一直沿用。「下南洋」之人主要來自福建、廣東、海南等中國東南沿海區域。

其實，自古以來中國東南沿海的閩粵便是海上貿易、對外移民活躍的地區，「閩廣人稠地狹，田園不足於耕，望海謀生」。由於山水相連的地緣關係，「南洋」便成為閩粵人民的主要移居地。

早在秦漢時期，即有中國海商進入東南亞的記載。唐宋時期，中國海商遍佈東南亞沿海地區，人員往來也相當頻繁。15世紀初，爪哇、蘇門答臘等地出現華人聚居區。明中後期，朝廷多次發佈禁令限制出海，但由於海外貿易的關係，前往東南亞的人口依然有增無減。至鴉片戰爭之前，閩粵人民以經商謀生者居多，移居東南亞的人數已有150萬之多。

然而，從19世紀中葉以來，中國人沿着「海上絲綢之路」大規模移民東南亞，從而形成「下南洋」的移民潮，不能不說是有其特殊原因和世界歷史大背景的，是與16世紀以來世界經濟全球化的大背景以及中國朝廷的海外移民政策緊密相關的。

16世紀，歐洲開啟了以海外移民、海洋貿易為基本特徵的大航海時代，東西方文明開始在太平洋上展開對話與衝突，人類開始了延續至今的全球化運動。17世紀以降，西方殖民勢力開始進入遠東地區，西班牙、葡萄牙、荷蘭、英國等國家先後在東南亞開闢商埠，將遠東地區納入世界殖民貿易體系，瀕臨太平洋的中國以及被稱為「亞洲地中海」的南洋，陸續成為歐洲的殖民地或勢力控制範圍。

到了18世紀，在海外自由貿易、海外市場的拉動之下，歐洲各國的資本主義迅速發展。特別是1760年代，英國開始工業革命；1830~40年代大機器工業逐漸代替了工場手工業，英國的工業產量急劇上升，驅使資產階級奔走於全球各地，不斷擴大產品銷路，努力在全球範圍內尋找新的資源

及商品銷售的新領域。

在當時的歷史背景下，人口眾多的中國成為當時西方殖民開發所需勞動力的重要來源，以英國為首的西方殖民國家開始把眼光投向中國，逼迫中國開放國門。1840 年第一次鴉片戰爭爆發後，開放五口通商；1856 年第二次鴉片戰爭爆發，英、法等國的目的之一就是迫使清廷進一步開放海禁。1860 年《北京條約》允許西方國家在華進行自由招工、自由從事契約勞工的招募活動。該條約第五條規定：「凡有華民，情甘出口，或在英（法）國所屬各處，或在外洋別地承工，俱將與英（法）民立約為憑，無論單身或願攜帶家屬，一併赴通商各口，下英（法）船隻，毫無禁阻。」200 多年的海禁政策改變了，中國人出洋從此由非法變為合法，加之近代航海技術為大規模海洋移民提供了便利條件，因此作為契約華工「下南洋」變得方便順暢，「下南洋」移民潮由此產生。

早期「過番」「下南洋」的中國移民主要來自中國東南沿海地區，並以該地區的港口為移出的節點。1840 年代以來，許多出洋的華族移民屬於契約華工。英、法、荷、美等公司通過駐紮在廈門、廣州、汕頭、香港等港口的洋行設立「豬仔館」，在中國招募、掠賣勞工。被招募的華工，被稱為「苦力」或「豬仔」，他們是契約工（即簽約賣身 3 年、5 年或 8 年）或賒單工（即出國船費由招工者先墊付，在國外須受僱主控制，直到還清債款及利息為止）。

雖然此時處在資本主義日益發展以及全球範圍「廢奴運動」之後，但歐美殖民主義仍然沿用奴隸制度的一些舊做法，對於中國海外移民實行「準奴隸制」的苦力貿易。特別是英國，一方面作為「廢奴運動」的急先鋒，積極通過若干廢奴法案；另一方面卻又是「苦力貿易」的主要推手與最大受益者。「契約勞工制」成為「一種合法化的奴隸貿易」，這種「準奴隸制」的苦力貿易一直持續到 20 世紀初。「下南洋」大致可以分為以下兩個階段：

（一）第一階段：從 1850 年代至 20 世紀初，出現以華人勞工為主體的海外移民潮，即苦力貿易階段。

1850 年代之後，中國內憂外患，東南沿海地區滿目瘡痍，時值美洲發現金礦、東南亞種植園經濟發展，殖民地宗主國紛紛來華設立招工公所，

飽經戰亂的閩粵人民引頸以望。洋行、公所通過僱用「客頭」（豬仔頭），將貧苦的鄉村農民誘至「豬仔館」，簽訂契約，辦理出洋手續。當時甚至還有使用欺騙、綁架手段掠賣華工的現象。簽訂契約後的華工就會像豬仔一樣被販賣掉，所以他們又被稱為「豬仔」。其實，「豬仔」是一句廣州話，華工到船上去就要給他們吃飯，吃飯不一定是每個人有一個碗，而是熬一大鍋吃的東西，華工每個人都蹲着吃，就像餵豬一樣。數十年間，大約 200 萬華工被運往東南亞地區，他們主要集中於東南亞的種植園和礦山。契約華工大都一去不回，他們深受「豬仔館」和船主的虐待之苦，販賣和奴役華工的行為招致華工的反抗與各界輿論的質疑。迫於內外壓力，各殖民地國家相繼出台改善華工狀況的條例。1912 年，中華民國臨時政府頒佈禁止販運「豬仔」與保護華僑的法令，在中國的苦力貿易終結。這一時期也有部分華人以自由勞工的身份前往東南亞從事商業、手工業與農業活動。

20 世紀初，西方宗主國工業革命所帶動的新興產業發展波及東南亞，引發了對熟練勞動力的需求，而此時第一次世界大戰爆發，受戰爭牽制的各殖民地宗主國對東南亞的投資幾乎中斷，長期被英國資本壓制的東南亞華商此時紛紛趁機崛起，並且大量僱用華工，於是浩浩蕩蕩的「下南洋」潮流進入了自由華工時代，華工的地位有所提高，有些契約期滿獲得自由的華工就開始充當小販，做起了小本生意。

圖 1-3 為 1914 年菲律賓馬尼拉海關《入境居住證明書》。該證明書上貼有照片、印花稅票，蓋有印章等，各種要素完整，顯示華人移民菲律賓有了規範制度。

（二）第二階段：從 20 世紀初到 1950 年代初，是「下南洋」的高峰時期。20 世紀前期，中國國內兵連禍結，戰火不斷，而東南亞則得到殖民地宗主國的扶持，除了傳統的種植園、採礦業外，鐵路、航運、金融、製造等新興產業也獲得空前發展，急需熟練勞工。據統計，1922~1939 年，從廈門等港口出洋的移民超過 500 萬人。日軍侵入東南亞後，打壓華人社會，大量華人回遷國內。太平洋戰爭勝利後，遷往東南亞的華人大幅減少。新中國成立後，持續一百多年的大規模「下南洋」移民潮基本停止。

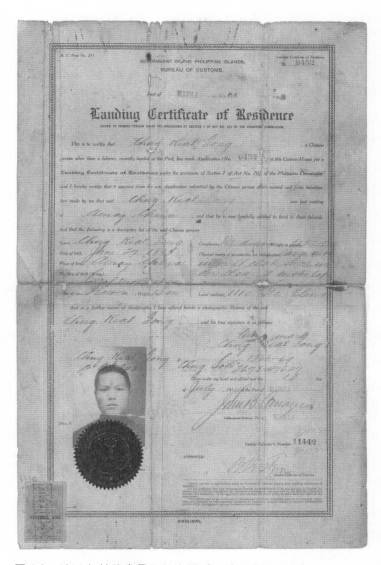

圖 1-3　1914 年菲律賓馬尼拉海關《入境居住證明書》

2. 淘金潮與「金山伯」

近代以來，美洲、澳洲先後發現金礦，加上國內環境動盪，江門五邑地區大批民眾前往這兩處淘金，出現淘金潮，並把先後被發現的美國聖弗朗西斯科和澳大利亞墨爾本稱為「舊金山」和「新金山」。當年衣錦還鄉實現「金山夢」的華工，則被家鄉人稱為「金山伯」。後來泛指在美洲和澳大利亞的以台山為主的江門五邑華僑。

「爸爸去金山，快快要寄銀，全家靠住你，有銀就好寄回。」這是民國時期台山、開平一帶流行的一首「金山尋夢」的民間歌謠，也是當時五邑僑鄉僑眷依賴海外華僑匯款生活的真實而生動的寫照，寄寓了數代僑鄉人的金山夢想。在世界全球化潮流與中國國內形勢的變化使然下，鴉片戰爭之後，五邑人大量出洋。據統計，1847~1882 年，五邑地區有二三百萬華人出洋到東南亞、大洋洲和南北美洲地區。

五邑地區的移民除了去往傳統的東南亞地區外，因為趕上了 1840 年代開始的美國西部「淘金熱」，主要移民方向轉向了美洲地區。1848 年，美國西部發現金礦，震驚了世界，由此掀起了一波「淘金熱」。五邑地區毗鄰國際貿易港口香港和澳門，信息傳遞較快，大量五邑人漂洋過海，遠赴美洲淘金。當然，這一時期，能夠自費出洋的華人並不多，很多人需要靠中間人的「協助」才能出洋。所謂「協助」，主要有兩種方式：「賒票制」和「契約勞工」。前者指由華人經紀人給出洋人預支出洋費用，待到達目的地之後，以勞動力贖還所欠款項；後者指由西方經紀人在通商口岸招募華人簽訂契約，到國外之後出賣勞動力若干年，以償還所欠出洋費用。這兩種制度看似自覺自願，但實際上延續了奴隸貿易時期的某些做法，在實施過程中充滿了欺騙、拐賣、強迫等不人道的行為。

美國發現金礦後，急需勞工開發，香港代理外國船務的經紀人在廣州、五邑一帶散發招工傳單，用極其誇張的語言描繪：「美國人是非常富裕民族，彼等需要華人前往，極表歡迎。彼處有優厚工資，大量上等房舍、食物與衣着。你隨時寄信或匯款給親友，我等可負責傳遞與駁匯，穩

當無誤。」把美國描繪為一個世外桃源。華僑稱這種臭名昭著的行為為「賣豬仔」。[1]

五邑華僑是懷着發財致富夢想背井離鄉、別妻離子遠赴重洋的，雖然歷盡劫難，但畢竟有些華僑還是能夠身懷財富、衣錦還鄉。家鄉人知道很多失敗的事例，但是在貧困無依的民眾眼裏更容易看到成功者，他們願意冒險嘗試，期望能夠成為少數成功者。這些早期赴美「淘金」的先輩，懷着一腔發財夢，把美國加利福尼亞城市 San Francisco 稱為「金山」（Gold Mountain）。後來，澳大利亞也發現了金礦，華人就稱原來的「金山」為「舊金山」。舊金山也就是三藩市，在五邑華僑書信中，更多地稱之為「金山正埠」或「大埠」（見圖 1-4）。而在五邑家鄉，人們把美洲華僑稱為「金山伯」，把金山伯的妻子和兒子稱作「金山婆」和「金山少」。

在美國西部淘金的人當中，除了美國東部的人外，還有中國人、墨西哥人、愛爾蘭人、德國人、法國人、土耳其人等，其中以中國人居多。1849~1882 年，約有來自廣東和福建的 30 萬華人湧入美國，大多集中於西部，這是中國歷史上較大的一次移民潮。初期他們中的絕大多數人是為黃金而來，隨着黃金開採的難度越來越大，許多華人轉而從事如餐飲、洗燙等服務性行業。華人為了把黃金安全地帶回家，將黃金熔化，鑄於做飯用的鍋鏟中，幾頓飯下來，鍋鏟粘滿油灰，便不引人注意了，帶回到中國後，再把黃金取出。

1848~1882 年，中國移民以「苦力」開發美國西部，除了淘金（1848~1860 年）外，還用血汗築成美國跨州鐵路，這在當時可以算一個奇跡。據記載，有超過 1.2 萬華工遠赴美國修鐵路，其中九成來自當時廣東的五邑一帶。故事得從一位叫李天沛的台山人說起。

100 多年前，李天沛和他的同族兄弟鼓動了不少同胞漂洋過海，加入築路大軍。

1　劉進、李文照：《銀信與五邑僑鄉社會》，廣東人民出版社，2011，第 8–18 頁。

圖 1-4　中國廣東寄美國金山大埠的信封（未使用）

　　1862 年，美國國會通過決議，修建橫貫美國中西部地區的大鐵路。西部地區不僅要跨越崇山峻嶺，而且要穿過沙漠和沼澤地，條件和環境十分惡劣。西段鐵路的承包商中央太平洋鐵路公司的「巨頭」們對此感到十分頭痛。由於工程太艱鉅，原先所僱用的白人勞工畏難怠工，甚至紛紛逃跑。動工兩年，西段鐵路僅修了 40 多英里。

　　自 1864 年 1 月開始，一些原來從事其他行業的華人，在華人工頭的帶領下加入鐵路建設。工程承包商之一的克羅克看到效果不錯，就建議大規模招募華工。但在當時的排華背景下，這樣的建議引來很多質疑。克羅克提出：「能夠建造萬里長城的民族，也一定能夠建築鐵路。」於是，把「修鐵路」比作「修長城」的鐵路公司「巨頭」們權衡利弊，開始大規模僱用華工，用來修建這段最為艱險、最難以推進的路段，於是，託付包工頭李天沛回家鄉五邑地區招募築路華工。

　　李天沛回到家鄉後，對鄉親們描述美國是個富裕的國家，似乎遍地是黃金：你幹個一兩年，回來就發達了。

　　在當時，絕大多數想出洋的人根本買不起最便宜的船票。李天沛就提出路費可以先欠着，之後分期連本帶利歸還。他還承諾說，華工在美國可以隨時給家裏寄錢、寫信。

　　到達美國的華工，成為建造西段鐵路的主力軍。隨着一批批華工的加入，華工的人數佔到了整個築路大軍勞工總數的 90%。他們吃苦耐勞，且會動腦筋解決難題。1869 年 5 月 10 日，美國太平洋大鐵路東段和西段鐵路合攏，這條被稱為「19 世紀世界鐵路建築奇跡」的交通大動脈，華工為之做出了重大貢獻。

　　1880 年 4 月，加拿大太平洋鐵路開始動工興建，也吸取了美國大量僱用廉價華工建造鐵路的成功經驗，同樣託付李天沛為其招募築路華工。於是，李天沛與李祐芹等人，聯合組成聯昌公司，回到家鄉台山及開平、新會、恩平、鶴山等地，為鐵路公司招募了大批築路工人。1880~1885 年，修建加拿大鐵路的華工就達 1.7 萬人，其中李天沛的公司招募華工大約 1 萬人，葉春田招募華工約 7000 人。他們中的大多數人來自五邑地區。

3. 中國海洋移民主要出入地

　　由於自然地理及經濟環境等優勢，廣州、香港、廈門、汕頭成為清末、民國時期中國人出入洋的主要節點港口：

（1）廣州十三行：清代中外移民和貿易的中轉地

　　廣州是中國東南沿海的港口城市。自唐代以來，廣州一向是中國最重要的商港之一。在清代，從全球視野看，廣州是東半球最主要的周轉中心以及最主要的移民和貿易中轉地。在廣州，商人、航海者和傳教士來往頻繁，商品和文化通過在廣州交流，遍及世界各地。

　　在 17 世紀後期至 19 世紀中葉這一期間，廣州十三行是中國對外貿易中的一種特殊組織。在清代前期，廣州的行商在對外貿易活動中，依靠政府給予的特權，壟斷了整個對外貿易，形成了一個「公行」貿易制度，該制度也叫洋行、洋貨行、外洋行。公行確立於康熙四十二年（1703 年）。據史料記載，1720 年 11 月 26 日公行眾商歃血盟誓，並訂下行規十三條。乾隆四十五年（1780 年），廣東巡撫李湖等奏請明立科條，建議「自本年為

始，洋船開載來時，仍聽夷人各投熟悉之行居住，惟帶來各物，令其各行商公同照時價銷售，所置回國貨物，亦令各行商公同照時定價代買」，即要復設公行。兩年後，經清廷批准，公行正式恢復，從此一直延續到 1842 年中英《南京條約》簽訂前，再也沒有解散過。

清初的詩人屈大均在《廣州竹枝詞》中有云：「洋船爭出是官商，十字門開向三洋；五絲八絲廣緞好，銀錢堆滿十三行。」足見當年十三行的興隆旺景，也反映了清初「十三行」的極盛風光。

到了嘉慶、道光年間，「十三行」開始沒落。1822 年廣州十三行街大火，損失達 4000 萬兩白銀。隨着《南京條約》簽訂後的五口通商，允許英國商人在各口岸任意與華商交易，廣東喪失了在外貿方面的優勢。咸豐六年（1856 年）第二次鴉片戰爭爆發，英軍炮轟廣州，城內市民怒毀十三行街，建築物徹底化為灰燼。

（2）香港：海外移民中轉港

香港由於地理位置優越和自由貿易港政策等，一直以來就是華人出洋移民的中轉地。從 19 世紀中葉起，有成千上萬的華人開始移民美國，從事開礦和修鐵路的工作，同時，大批華人也開始移民澳大利亞和東南亞，香港就成了華人移民的中轉港，黃開物從家鄉錦宅南下菲律賓，經香港中轉。這些移民為西方列強開發各自殖民地提供了穩定的勞動力來源。

至 1860 年，香港已成為一個成熟的移民出發地。大批華人勞工流水般地從此湧向舊金山、澳大利亞、溫哥華島、英屬西印度、孟買、荷屬西印度、檀香山、婆羅洲和爪哇。1857 年，24 家僱主與一個名叫托馬斯·傑拉德的人簽訂合約，為英屬圭亞那和特立尼達招募 2990 名中國移民。[1]

西方輪船公司和貿易商行在亞洲的活動日益活躍，從而帶動了帆船運輸，並為大規模移民開闢了道路。英國的戰略是通過控制招募機構來規範

---

1 〔日〕濱下武志：《全球史研究視野下的香港》，載國家清史編纂委員會編譯組編《清史譯叢》第十輯，張俊義譯，齊魯書社，2011，第 113 頁。

移民，而在香港，移民得到了來自中國同一鄉村的契約勞工中介的照料。香港作為移民出洋的中轉港的地位，也提升了其作為金融中轉地的重要性。

　　新中國成立（1949 年）之前，來自海外的僑匯大部分經由香港轉匯至中國內地。1931~1936 年，經香港轉匯的僑匯在內地的僑匯中佔 59%，1946~1948 年，經由香港轉匯的僑匯佔內地僑匯的 80%。新中國成立後，經由香港轉匯內地的僑匯也不少。[1] 這些僑匯均是通過海外僑批匯兌局匯來香港的。

（3）廈門：移民東南亞重要口岸

　　廈門地處福建南部，是一個海島型港口城市。明末清初因海上貿易而興起，逐漸發展成為中國東南沿海對外貿易交通尤其是與東南亞貿易的交通中心。自 19 世紀中葉開始，大批閩南人經廈門移居東南亞各地，廈門便成為東南亞華人移民出入的重要口岸。

　　1843 年 11 月，根據中英《南京條約》規定，廈門正式開埠，荷蘭、西班牙、德國、英國、美國等國家先後在鼓浪嶼成立各自的領事館，一時間，廈門鼓浪嶼一躍而成為全國範圍內販賣華工和販毒的重要據點。碼頭周圍開辦起大量的招工所，關押「豬仔」的地方就叫「豬仔館」，當時主要由德記洋行、和記洋行兩家來包攬廈門附近的「豬仔」買賣。

　　圖 1-5 為 1852 年（咸豐二年）西班牙駐廈門總領事館頒發給王粗前往巴西的許可證（西班牙文）和王粗的立約字（中文）。[2] 其中載明：「今在廈門和記行先借出洋銀九員半，又衫褲衲仔各二領，估作銀式 [3] 員（圓），共折十一員（圓）半。」立約全文如下：

1　〔日〕山岸猛：《僑匯：現代中國經濟分析》，劉曉民譯，廈門大學出版社，2013，第 178 頁。

2　夏麗清主編：《泉州僑批檔案：世界記憶遺產》，九州出版社，2015，第 3 頁。原件藏於泉州市檔案館。標點係筆者所加。

3　現代標準寫作貳，但因原文為此簡寫格式，不再修改。下同。

　　立約字人中華福建××縣姓王名粗，與××國屬船欲往傭工，
或耕種或牧牛羊或作什事工夫，俱各聽從東家使喚，不敢違逆。日作
工夫同伊國一體，限八年為滿，以外任從自主。每月辛（薪）金銀四
員（圓），每日牛肉半邦，菜邦半。如遇疾病，有醫生調治，以十五日
為限，如過限不能愈者，停止辛（薪）金，只給醫藥。每年二次給衫
褲裇仔各二領，全年給單被一領。惟憑有收畫押字之人就是東家，其
水途日食以及船稅，東家自出，今在廈門和記行先借出洋銀九員（圓）
半，又衫褲裇仔各二領，估作銀式員（圓），共折十一員（圓）半。待
至嬌把地要還前所借之銀項，願要依廈門所換之銀價，不敢少差毫厘，
其辛（薪）金亦待到嬌把地之日方算起，約逐月扣銀一員（圓），如扣
明白以外，仍給發足數。此乃兩願，並非抑勒，今欲有憑，立合約字一
紙為照。

　　咸豐式年九月×日立約字人

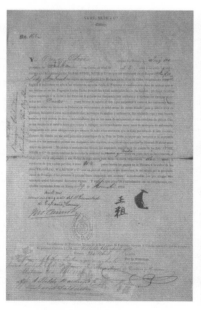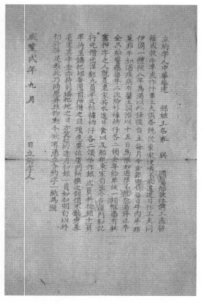

圖 1-5　1852 年（咸豐二年）西班牙駐廈門總領事館頒發給王粗前往巴
　　　　西的許可證（西班牙文）和王粗的立約字（中文，背面）

　　在五口通商早期，廈門是西方資本主義列強掠賣華工的主要口岸之一。1845 年，法國率先從這裏擄掠了 180 名華工，運往馬達加斯加東岸的法屬布爾邦島。此後，西方列強從廈門販運到古巴、祕魯和澳大利亞等地的華工人數不斷增加，1845~1853 年，共販出華工 11095 人，其中：（法屬）布爾邦島 380 人，古巴 3510 人，澳大利亞 3546 人，祕魯 1157 人，檀香山 300 人，加利福尼亞 410 人，（英屬）圭亞那 812 人，山德維治群島 380 人，菲律賓群島 600 人。[1] 他們中的絕大多數從事諸如工事、挖礦、種植等艱苦的職業。

　　據不完全統計，1840~1910 年，經由廈門口岸出國的移民人數為 257 萬，回國移民人數為 152 萬，淨出國移民人數為 105 萬。同時，廈門所集散的閩南僑匯數量頗巨，19 世紀最後 30 年，每年平均 600 萬 ~700 萬銀元；20 世紀頭 20 年，每年平均 1800 萬 ~2000 萬銀元；20 世紀 30 年代，每年平均 4500 萬 ~4700 萬元。[2] 大量的華人移民匯款持續不斷地進入廈門，再從廈門轉入內地，構成了廈門及其周圍地區商業和金融業的支柱。廈門也由此成為閩南經濟金融中心、華僑出入口岸和國際郵遞口岸，閩南僑匯的承轉局也都設在廈門。[3]

　　在鼓浪嶼這塊面積不到兩平方公里的地方，與僑批業有關的人物包括林文慶、黃秀烺、黃奕住、廖悅發、李清泉、陳金烈、許經權等。林文慶參與創辦新加坡華商銀行、發起創辦華僑銀行，兩家銀行在 1932 年併入新的新加坡華僑銀行有限公司；黃奕住既創辦中南銀行，投資華僑銀行和中興銀行，也興辦日興銀號；廖悅發辦豫豐錢莊；陳金烈辦壁豐僑批局；許經權辦美南信局（1918 年創辦）、順慶銀莊（1929 年創辦）、中菲匯兌信託局（1937 年創辦）和謙記信局等。這些銀行、信局、錢莊都發展到較大的規模。[4]

1　戴一峰：《廈門開埠初期華工出國人數》，《福建論壇》（人文社會科學版）1984 年第 3 期，第 73-74 頁。

2　鄭林寬：《福建華僑與閩僑匯款》，福建調查統計（永安），1940，第 97 頁。

3　賈俊英：《淺析天一信局的經營、管理制度》，載福建省檔案館編《中國僑批與世界記憶遺產》，鷺江出版社，2014，第 222 頁。

4　王日根：《廈門與閩南僑批業》，《中國社會科學報》2016 年 11 月 17 日，第 5 版。

（4）汕頭（潮州）：商人移民要地

　　第二次鴉片戰爭之前，汕頭就已成為一個頗為繁榮的商埠，西方列強對它早就已經垂涎三尺。汕頭為「嶺東門戶，華南要衝」，地理位置十分重要，自然條件優越。自19世紀中期以來，隨着樟林港的衰落，汕頭港逐漸取代了樟林港的地位，成為潮汕地區的中心港口。

　　汕頭開埠前的咸豐二年（1852年），西方國家的輪船、帆船就已經開進南澳和媽嶼島海面，從事着鴉片走私和掠奪販賣人口的罪惡勾當。

　　1852~1856年，從南澳和汕頭被掠運出洋的潮汕苦力約4萬人。1858年1月，美國駐華公使衛廉致美國國務卿加斯的函件中是這樣描述汕頭的：「那裏進行着大量的鴉片貿易和苦力貿易……香港的報紙定期刊登汕頭的船期。」據悉，僅1857年，出入汕頭的外國船隻就達120艘之多。西方侵略者決心要把這個非法的貿易港口，變為「合法」的貿易商埠。

　　第二次鴉片戰爭後，咸豐八年（1858年），《天津條約》修訂，劃潮州為通商口岸。由於潮州城區民眾的強烈反抗，外國人主動放棄在潮州城區貿易，選擇了相對安全的汕頭為通商口岸，進行貿易。至此，汕頭已取代過去的樟林港成為粵東的門戶和海運貿易基地。在此之後，許多潮州人紛紛從這裏出洋，形成較大規模的對外移民，充實了海外潮商群體。

　　1860年代至1910年代，移居暹羅的潮商數量和實力均躍居華商前列，而且逐步形成了基礎相當穩固、經營領域和行業廣泛多樣的潮州商幫，其中高楚香、陳慈黌、鄭智勇、鄭子彬、蟻光炎等都在這期間先後成為潮商的傑出代表人物，也湧現出一批潮幫僑批局以及把商業資本逐步轉化為金融資本的企業財團。

僑批業與海洋貿易

「下南洋」之華僑需要與國內親人聯繫，在海內外金融、郵政機構尚未建立或極不完善的情況下，一種直接簡易的託寄方式，即「銀、信合一」的僑批便應運而生了。僑批這一海洋移民的金融創舉的產物，體現了移民族群的民間智慧與創造力。僑批這一載體，在華人移民金融與通信的網絡中持續沿用一個半世紀，直至 20 世紀末終結，這在人類金融與通信史上是獨一無二的。因此，2013 年 6 月，閩粵「僑批檔案——海外華僑銀信」入選聯合國教科文組織《世界記憶名錄》，成為人類的共同記憶財富。

僑批亦銀亦信，是承載金融和郵政服務的傳遞媒介。僑批除了郵政功能的屬性外，還具備金融屬性，包括作為為移民族群服務的信用產品、國際匯兌工具等。

在僑批業及僑批的歷史貢獻方面，其實質在於，藉助僑批這一載體，華僑可以將提供勞務及從事各種職業獲得的報酬即移民族群的個人財富，或以貨幣或以商品物資的形態實現跨國轉移，[1]同時實現情感、信息的跨國交流與溝通。

在水客[2]時代，水客既可替華僑帶物、帶現銀（外幣現鈔）、傳口信，也可利用僑款進行小額貿易，從中盈利。雖然水客時代的傳遞效率較低，

1　筆者將海外華僑華人私人單向轉移回國的財富總和定義為大概念的僑匯，這裏的財富包括各類物品、金銀財寶、貨幣現金（現銀）、匯兌資金等。

2　水客最初只是往返於國內和南洋各地的華人，回國之際順便幫熟人帶批信、帶款，一般為老洋客，而後逐漸演化為一門職業。他們替東南亞華人移民帶款、帶批信、帶口信至移民家中，偶爾順便做些生意，把南洋的土產運回國內銷售，或把國內貨物運往南洋銷售。隨着帶錢、帶物的數量與次數增多，生意也做大了，自然就成了職業。這就是最初的「水客」。後來其中一些水客投資辦了僑批信局。由於水客大多兼營招募華工，往南洋時帶來一批新客出國，因此水客又常被稱為「客頭」。

但攜入的洋銀和物品可以讓僑眷感覺頗具「洋氣」的享受。

在僑批信局時代，華僑所寄款項的跨國轉移需要通過國際匯兌進行，這種匯兌也是藉助全球貿易結算網絡來進行的，僑批的匯兌業務已融入貿易與金融的大系統之中。

一般認為，享受財富首先在於享用「物」，那是最為直接、最有感觸的，並非金錢貨幣的享受。因為貨幣與物資之間需要一個時空的轉換。在物資緊缺或商品市場不充分的情況下，存物資比存貨幣更為重要。「貨幣」是一種「準期權」，它的出現只是為了把今天的價值儲存起來，等明天、後天或者未來任何時候，把儲存其中的價值用來購買其他有需要的物資。貨幣解決了價值跨時間的儲存、跨空間的移置問題，貨幣的出現對於貿易、對於商業化的發展是革命性的創新。

海洋貿易就是商業和金融資本的全球流動，海洋貿易促進了全球化。有了貿易活動，必然要有貨幣資金清算，除非是記賬貿易。僑批雖然是一種單向的財富轉移方式，用它轉移的僑匯屬於非貿易範疇，但在整個外匯資金的清算體系中，僑批匯兌與貿易結算之間往往是緊密相關、相互作用的，因而，常有進出口商兼營僑批，或僑批商兼營進出口業務。

一、僑批：中國移民的智慧創造

有別於中國內陸區域的人口遷徙，近代中國東南沿海民眾的海外遷移不僅受到延綿 1000 多年的海外遷移慣性力量的推動，而且與近代全球化大背景和中國的社會轉型息息相關。在東南沿海的福建、廣東，民眾自古以來就有出海謀生的習慣，特別是宋元以後，隨着陸路對外貿易的萎縮和海洋貿易的興起，佔盡地利的福建、廣東沿海地區的居民紛紛進入東南亞地區，從事商業貿易等經濟活動，形成了悠久的海外貿易傳統。世界航海大通道開闢以後，西方殖民者的東來更為中國東南沿海地區提供了無盡的商機；加之存在人口增長與耕地不足的矛盾，造成一般民眾生活貧困，人們

漂洋過海找「出路」，同時也是想找「錢路」，從而形成移民移居海外的高潮。由於中國東南沿海民眾固有的開放心態，在此情況下，基於經濟因素考慮而主動出國移民打拚的為多，中國東南沿海這種以民眾自願行為為主的出國移民潮成為全球化進程中的一個重要組成部分。

為了方便讓自願出國的新客順利地通過海關，老華僑常會給要出洋的新僑民準備一份應付移民局問詢的口供紙。圖 2-1 是一張菲律賓華僑寄給泉州家鄉鄭氏的口供紙：

汝何姓名？曰：鄭蝦哥。

汝幾歲？曰：五十四歲。

又何時回唐？曰：一八九九年十月初三。

搭何船回唐？曰：□□□。

又做何生理？曰：做布店。

在何街路？曰：皆藝蓮描，前七號現時十七號。

汝生理做幾年？曰：做有十二年。

本錢若干？答曰：生理本銀三萬。曰：我的本一萬二。有四人合夥，陳烏九本銀六千元，鄭登岸本六千元，張國太六千元。

汝為（何）許久無來？曰：我在唐亦做生理。可答：在泉做寧波郊（公司）亦可。可自己隨時答曰，生理在何處，聽其答應。

汝為何不來？曰：我有合夥人在垊[1]。

汝識此二位簽證否？曰：識。答曰：名一實篤務，英班當事人，在一實篤萬公司係亞梨挽人；又一人安嗷吥未里昌係廚戈人，前係做美雅係生理，在橋頭開英班生理，是以相識。此二位見證身稍長者是安嗷吥，身稍短者是一實篤務。

汝為何前店七號還現時十七號？曰：前是華人管號頭，現換美國管，即換是無同。

汝做別處否？曰：有，在三嗎務郎岸。

1　「垊」，菲律賓馬尼拉的簡稱，常寫成「岷」字。岷里拉、垊里拉、岷埠、垊埠，均指菲律賓馬尼拉。下同。

圖 2-1　1920 年代，口供紙：新僑民過海關答移民局官員問詢之秘訣

問曰：何生理？答曰：可隨時按算答他。

此問答按大略，列其應用。倘若關員無問汝，切不可亂答，是為至囑。[1]

20 世紀上半葉，菲律賓沿用美國的移民法律，限制普通華人移民，華僑為了取得移民身份，常常購買他人的身份進入菲律賓。為了堵住這類移民，菲律賓移民局往往對他們的身份、家庭成員、家庭背景等方面進行問詢，如果回答錯，則馬上遣返。

圖 2-1 中的口供紙是初次出洋僑民過海關應答移民局官員問詢時必要的口答參考資料。汝何姓名？汝幾歲？何時回唐？搭何船回唐？做何生理？在何街路？生理做幾年？本錢若干？汝為（何）許久無來？汝識此二位簽證否？十多句答詞，事先用文字的形式進行一番溫習操練，可以緩解新僑民的緊張心情。

出國的華僑需要與國內親人聯繫，在當時海內外金融、郵政極不發達的情況下，一種直接簡易的託寄方式即「銀、信合一」的僑批，便在跨國環境中誕生了，進而產生了跨國運營的業態——僑批業。僑批及僑批業這一形式，雖然草根，但在人類金融與通信史上是獨一無二的，體現了海

1　原文無標點符號，標點符號為筆者所加。後同。

洋移民族群的民間智慧與創造力。僑批最主要的特徵是「銀、信合一」或「信、匯合一」，[1] 它的形成是自然而然的，是特殊時期產生的移民金融產物；由水客首創，之後成為僑批信局最主要的匯兌工具。

1.「銀、信合一」產生僑批──體現僑民的智慧

早期出國的華僑，既需要與國內親人取得信息情感上的溝通，也需要取得經濟上的聯繫，因而他們的溝通聯繫一般都是既寄信又匯銀，且銀、信並重，因而才會出現「僑批」。當時出國華僑大部分是體力勞動者或小商小販，所賺無多，每次匯寄只是二元三元而已。水客既收信又收銀，最初分別記在賬簿上，以便日後回到家鄉時登門到家分送。雖然每人匯寄的只是一小筆，但累加起來也是不小的數目。在輪船班次不多的情況下，水客可以慢慢分發。然而隨着船次與匯寄人數的增加，銀、信分開記賬所引起的不必要的麻煩就逐漸顯現出來。水客為了便於分發而又不誤船期，為了適應寄信匯款業務大發展的需要，就把顧客匯寄的銀數記在其託寄的信封左上側，待上輪船後再慢慢記賬核算，設立幫單（這一班次的僑批清單）。這樣書信和銀數合一記載，很直觀，一目瞭然，對寄批人、水客、收批人之間的交接均很方便，避免了銀、信分開記賬的一些麻煩。後來，這一形式的僑批便逐漸由匯寄銀、信的華僑自己書寫，最後定型下來：每位託寄僑批的華僑均在信封左上角寫上「外付（附）銀（鷹銀、英銀、洋銀、大洋、國幣、法幣等）××元」，封內仍裝家書信函，當然裏面也會寫所寄金額。華僑匯寄時交信交銀，水客據信封上所寫金額收銀，返回家鄉後又據信分銀。於是，「信匯」就這樣逐漸形成了。[2]

在當時的社會條件下，中國百姓的金融與郵政知識是相當貧乏的。但

---

1   早期僑批由水客經營，從海外帶回的是銀元，故僑批形式為「銀、信合一」。而後進入信局匯兌時代，僑款通過國際銀行匯兌轉入，故僑批形式為「信、匯合一」。

2   李天錫：《泉州華僑華人研究》，中央文獻出版社，2006，第 381 頁。

是，民間智慧來源於勞動實踐，水客在傳遞華僑銀信的過程中，基於「下南洋」族群的金融匯兌與郵政需求，創造出「銀、信合一」的僑批形式。

在水客時代，僑批書信的物理形式，除了有封、有家書信件這兩個物理件之外，華人還探索出一種封與信合一的「僑批信簡」（見圖2-2），只需一個物理件，通過摺疊方法將私密的家書包在裏面，外面照樣能看到一些如寄件人和收件人的地址、姓名、匯款金額等可以公開的信息，這樣，又進一步簡便了華僑的僑批匯寄。

在僑批形式裏，還有一個字幫號和幫單的問題。

在水客時代，水客在向華僑收取銀、信時，為了便於記賬，便在每枚信封上編號登記。後來，由於僑批信件和匯款金額的增加，必須尋找一個坐標來區分「批次」。同時，僑批又是依靠航船來運送的，所以決定「批次」的關鍵因素是「船次」或「船幫」。因此，編號登記即以航船班次作為區分「批次」的坐標。於是，「幫號」就這樣產生了。「幫號」的編制與應用，也為後來的僑批信局所延續使用。「幫」是閩南話用語，相當於普通話的「批」或「次」。相對固定的定期出洋的航船，由於有成批的貨物和銀信，因而

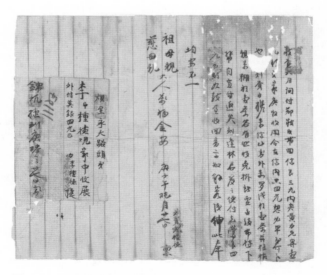

圖 2-2　拆開後的僑批信簡（1900 年新加坡寄福建永春）

「船次」也就被稱為「幫次」。1900 年前後，「泰山」號輪船定期航行於廈門與馬尼拉之間，每月二幫船次，即稱 15 天一「幫」。水客最初只是用簡單的數字為僑批編號登記，隨着業務的發展，登記的方法也逐漸改進為雙重至三重編號。最有代表性者是「○字 × 幫 ×× 號」（參見相關僑批圖，在封的背面）。「○」是漢字，用於表示自己的局名或商號或地名簡稱，但也有以《千字文》「天地玄黃，宇宙洪荒⋯⋯」為序的。「幫」和「號」前一般採用數字，大都使用蘇州碼（商碼）數字表示。「幫」一般以船期編制。「號」則表示該件僑批在這一幫中屬第幾號，一般以順序號編寫。20 世紀初，較大的僑批信局每年有 40~50 幫，每幫有數百封至上千封不等。

　　水客在經營僑批時設立了幫號和戳記，即用幫號來管理數量日漸增多的僑批，並蓋上有水客名字的戳記和手寫幫號；幫號和戳記成為後來僑批信局運作機制建立的基礎。

　　由於「幫號」的編制和登記，各盤局可以進行「抄底」，即把每枚信封所編的「○字 × 幫 ×× 號」和寄批人的姓名、地址、匯款數目，以及收批人的姓名、地址等一一登記造冊，這冊被稱為「幫單」。然後，依照幫單一盤一盤地進行交接。由是，三盤局才能夠查底對照，順利地把僑批迅速而又準確地分發出去，表現出了工作的高效率。正如 1921 年交通部郵政總局為紀念中國郵政開辦 25 周年而在《置郵溯源》一文中所云云：他們「處理信件以速著稱，當輪船還沒有下錨停泊前，信件已經搬到小駁船上，邊向岸上划去，邊由信局代理人在舟中分揀信件，遠在正規郵局之前，妥投到收件人手中去。」「由於僑批採用編號的方法，往往有些僑批信件只寫『母親大人收』，沒有確切的收信人姓名，或只寫收信人姓名，而僑批局則能按『幫號』查底，查明收件人的詳細地址和姓名，妥為投遞，而且比郵局投遞得快。」[1] 這就是草根僑批業的優勢所在，也是現代郵政業無法比擬的。

　　銀、信合一的「僑批信匯」，源於華僑民間社會，它的出現，是僑批業進入發展時期的重要標誌，也是僑批業具有較強生命力的根本所在。因為

1　轉引自李天錫《泉州華僑華人研究》，中央文獻出版社，2006，第 379-381 頁。

它的一些特點，如登門送批、代寫回批等都不是郵局或銀行所能取代的，因而它也就成了僑批的主要匯兌形式。「僑批信匯」的定型大約在 19 世紀末 20 世紀初，直至 1990 年代紙質僑批消失為止，歷經清末、中華民國、中華人民共和國三個歷史時期，歷時約一個半世紀。

圖 2-3 所示為清光緒丙午年臘月初五即 1907 年 1 月 18 日菲律賓華僑黃開物寄錦宅社美頭角（時屬泉州府同安縣，今屬漳州台商投資區角美鎮錦宅村）妻兒的僑批。封正面左上角寫上「外付龍銀四元」，封背面蓋有「品字第(168) 幫」章。「品」字代表郭有品批館。封正背面分別蓋有「郭有品批館埗住洲仔岸院／前朱細里店 251 號郭水仁理信」和「郭有品批館設在鄉社兼理番關分局如／回信逐幫接續設法異常分批無酒資交／龍銀送到貴家免費住龍溪廿八都流傳社」章，說明該封收批和派送解付均由郭有品批館經辦。

批信中，黃開物將他南下菲律賓馬尼拉的行程告知他的妻子：

　　　　自去月廿三晚在廈起程，至廿四早到汕，廿五早到香，在香本月初二日搭大名船前往，至初五日二點鐘抵埗（今菲律賓馬尼拉），水途平安，不須錦介。

圖 2-3　清末黃開物記載南下馬尼拉經香港中轉的僑批

黃開物「下南洋」，從家鄉錦宅出發，經廈門（1907 年 1 月 7 日）、汕頭（1 月 8 日）、香港（1 月 9 日到香港，1 月 15 日從香港前往馬尼拉）中轉，到達馬尼拉（1 月 18 日）的行程路線等信息在批信中寫得十分明瞭。

在清末，如同黃開物一樣，有無數的東南沿海民眾在青壯年時期離開家鄉，出海「下南洋」。而在之後南洋的數十年間，他們通過一封封僑批，與國內親人保持着聯繫，寄錢回家贍養老小。這些遺留下來的僑批實物，成為今天我們研究歷史的珍貴文獻。

2. 僑批信匯基本特徵

通過僑批載體將華僑贍家款項和家書或簡單附言一起託寄給家鄉親人，這一方式本身就由互相關聯的兩部分構成，既要寄批款，也要寄批信（即家書或簡單附言）。與普通國際函件相比，僑批信匯在一個半世紀以來的社會發展演變中，顯示出三大特徵或者特點：

第一，僑批一般屬於跨國兩地的家書，但其最明顯的表徵是在批封正面左上角寫明寄款金額。如「外付英銀 ×× 元」「外付大洋 ×× 元」「外付國幣 ×× 元」「外付港幣 ×× 元」等（參見相關僑批圖，在封的正面）；同時一般與內信中提及「附」的款項金額相同。另外，在僑批封背面（或正面）往往蓋有或寫有僑批信局的戳記、宣傳章、字幫號、郵戳等信息。

僑批信匯是僑批匯款最原始、最通用的匯兌方式，這種匯兌方式從清末一直沿用至 1990 年代僑批消失之前。這表明，僑批信局經營的僑批既有匯款又有家書信件，亦銀亦信，「銀、信合一」。

圖 2-4 為 1937 年 3 月馬來亞林茂坡李煥月寄回德化丁墘鄉陳和衷先生收的僑批。封上記載了僑批的基本要素，如封正面左上方寫有「外附國幣壹拾捌元正」，封背面寫有「興 1619 號 18 元」（字幫號和匯款金額的內容），加蓋「甲坡萬振興信局」章和 1937 年 4 月 12 日「廈門 /AMOY」機蓋郵戳。

批信還記述了李煥月首次下南洋馬來亞的行程，詳細記載了他從德化家鄉出發，經廈門乘船，途經新加坡中轉，到今馬來西亞林茂的史實。

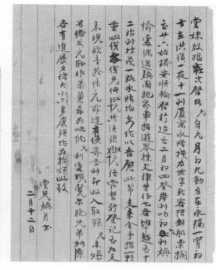

圖 2-4　1937 年李煥月寄回的僑批

堂妹殷娘妝次：

　　啟者，兄自元月初九動身，在永（永春）隔一宵，初十在洪（南安洪瀨）宿一夜，十一到廈（廈門），寓永隆棧，為無字新客限制船票，擱至廿六始搭安順輪啟行，迨至二月初四登岸到叻（新加坡），初六到煥愉處偶遇煥國，把家車招遊（馬來亞）峇株、文律、昔仔七各埠，越至十二始到林茂（馬來亞的一個地名），一路水陸均安，堪以告慰。此幫支來金手指一粒，重 3.54 錢，每錢兌價 13.6 元，共該銀 48.14 元，須當暫行登記。至如支來現款壹拾陸元，茲逢有便寄晉（進），到即收入取消。兄來賬另備式元，聊作茶菓，希為哂納。兄到處觀覽，爾胞兄弟利源各有進展，身體大小亦多康強，堪為稱頌。此致

堂兄煥月書

二月十二日

　　從批信內容可以看出，李煥月元月初九從德化出發，至二月十二日到目的地馬來亞林茂坡，歷時 30 多天，超過 1 個月的時間。

　　批信同時記載，為了籌集出洋經費，李煥月用重 3.54 錢的金手指（金

戒指），價值銀 48.14 元作典當，支現款 16 元，用於出洋費用。此幫僑批付還 16 元，加上另付 2 元，計 18 元，與封外所寫匯款金額一致。

「下南洋」之人大都是貧苦農民，在家鄉謀生困難，選擇出洋打拚，因此，許多初出洋的人支付路費都成問題，他們會想出多種渠道籌款，如找資助、民間借貸、典當、向客棧賒欠、向客頭賒欠，等等。李煥月便是採取典當借款方式出洋的。

第二，有僑批也要有回批。國內眷屬、好友收到僑批後必然要有回文回覆，以示批信款物收妥，並可通報一些情況。這也是僑批經營上手續完備的要求。僑批類似虎符，有來也有回，一來一往才成一對。從郵政角度來看，就像寄「雙掛號」信件一樣，須有返寄給寄信人的「收件回執」，即「回批」信件。也就是說，「回批」是國內僑眷收到僑批後寄給國外寄批人回覆的信件，包括回批封及回文。「回批」經信差送回國內口岸僑批局，再通過郵政渠道傳遞到海外收匯信局，最後返送到寄批人手中。一趟僑批的流程均須有「往返」運作，才算順利完成。回批封規格一般比較小，封上至少應標寫有與僑批封上一樣的字幫號和相同的匯款金額。

第三，與傳統的郵政局不同，僑批信局係登門服務（猶如當今的快遞業務），做熟人熟客業務（不需要詳細地址也能送達）。早期僑批多由水客或私營僑批信局參與整個或部分環節的運作經營，後期也由官營銀行、郵政儲匯機構等參與僑批的登門解付工作。儘管如此，僑批的經營者都能夠在僑居地登門收批收款，在僑鄉登門派送僑批，為華僑、僑眷提供上門服務。從服務客戶的角度看，僑批寄發和接收均由僑批信局登門辦理、服務到家。這也是海外僑居地郵局與國內郵政局難以做到的服務。

3. 幾個相關的概念

包括：僑匯、廣義僑匯、僑批、僑信、僑批信局、僑批業。

僑匯（Overseas Chinese Remittance），是華僑給國內所匯款項的簡稱，屬於海外私人匯款性質。它是指居住在國外的華僑華人、港澳台同胞從國

外或港澳台地區寄回的，用以贍養國內家屬的匯款。[1]通俗地説是指海外華僑華人、港澳台同胞將工作所得和從事各種職業所得到的收入匯給中國內地的親屬主要用於贍家的錢。從統計的角度看，僑匯僅限於通過（國際）銀行（或郵局）渠道匯入的、用途是贍家的海外私人匯款。這一口徑易於統計匯總，能得出比較確切的僑匯數據。

廣義僑匯，也是通過（國際）銀行（或郵局）渠道匯入的款項，屬於海外私人匯款，但它不僅是接濟僑民眷屬的贍家匯款，而且包括一切華僑匯捐回國的義款、賑款，甚至包括華僑回國投資款項，如投資於交通、農業、地產、建築等方面的資金。因為通過銀行（或郵局）渠道匯入，也便於統計和分類。

還有一個大概念的僑匯，則是指海外華僑華人私人單向轉移回國的財富[2]總和，這裏的財富包括各類物品、金銀財寶、貨幣現金（現銀）、匯兑資金等。其中各類物品、金銀財寶、貨幣現金（現銀）這類東西一般是通過攜帶、郵寄或託運回國的，難以統計，也難能以貨幣折算統計出這一概念的僑匯數據。因此，大概念的僑匯只能估算。

僑批，是海外華僑華人通過海外民間僑批信局匯寄至國內的附有匯款的家書以及回文（回執）的總稱，是一種銀、信合一的特殊郵傳載體。從動態上看，在一個半世紀的僑批運作中，僑批信局經營的各個時期的僑批形態不盡相同，但都可認為其屬於僑批的範疇。

僑信，是指華僑的國際（跨國）家書信函。僑匯、僑批、僑信之間的簡單區分方法如下：有錢（匯款）無信叫僑匯（狹義）；有錢（匯款）有信

1　　呂佳、項義軍主編《國際結算》，清華大學出版社，2007，第 253-254 頁。

2　　人們最初認為，對人有價值的東西就是財富。「財」指「儲備金」「金融積蓄」「銀行存款」；「富」指「家屋充實」。「財」與「富」聯合起來表示「吃、用的東西多，還有多餘的金錢」。這是狹義的財富概念。廣義的財富效應是指涵蓋了所有財富的更為廣泛的概念，有物質上的和精神上的。物質上能滿足人們各種生產生活需要的物品就是財富；精神上能讓人們愉悦舒暢的就是財富。這裏用的是比較狹義的財富概念，是指物質財富和貨幣財富兩部分。在貨幣資金跨國轉移中，又分現金（鈔）攜入和現匯匯入兩種渠道。

叫僑批；有信無錢叫僑信（國際信函或家書信函）。

經營僑批業務的私營企業為僑批信局或僑批館。僑批信局有不同名稱，如批館、批郊、批信局、批局、銀信局、信局、僑批局、僑匯局、僑匯莊、匯兌局、匯兌莊、民信局等，指的都是同樣的辦理華僑銀信業務的機構。

從 19 世紀中葉開始至 1980 年代之前，通過海外僑批業渠道匯入中國的僑匯佔大部分，尤其在新中國成立之前，約佔全部僑匯的 80%~90%。因此，在僑批匯兌時代，我們可以用簡單的公式顯示三者之間的關係：

僑批（載體）= 銀（僑匯）+ 信（僑信家書和回文）

僑批是僑匯的傳遞載體，僑匯是伴隨着僑批而來的，但並不是所有的僑匯都通過僑批傳遞。

與官方郵政的郵差相對應，僑批局的任務除了負郵遞的全責外，其最大特點，就是既帶信又帶銀：一方面將華僑的銀信送到國內的僑眷手中，另一方面從僑眷那裏攜帶音訊。所以這個特殊的商業機構，可說是華僑特有的專遞服務。[1]

僑批業，是經營華僑附有匯款信件的匯兌業，其主體是經營華僑銀信的個人（水客）、僑批信局、代理商號，甚至包括銀行、郵局等的集合。當然，這一華人特殊的行業在 1920 年代以後在國內和國外均成立了行業組織，成為規範的、自律的、能維護自身利益的行業。僑批業的主體也包括新中國成立後的「僑匯業」[2]；收匯局、頭盤局、二盤局、三盤局、收匯聯營處、僑匯收匯服務處、僑匯派送處（站）、僑匯業派送聯營處、海外匯款服務處（站），等等，也屬於僑批業的範疇。[3]

1　〔新〕柯木林主編《新加坡華人通史》，新加坡宗鄉會館聯合總會，2015，第 498 頁。

2　1951 年 3 月 1 日政務院財經委員會公佈施行《僑匯業管理暫行辦法》，其中第二條指出：凡專營或兼營僑匯之行業（包括水客），除指定銀行外，均稱僑匯業。其實，在這之前，僑匯除了少部分經由銀行經營外，大部分均經由僑批信局經營，因此，民間仍習慣稱僑批業。

3　黃清海：《泉州僑批業史初探》，《八桂僑史》1995 年第 1 期，第 53 頁。

4. 僑批業的產生、發展、衰微、轉型 [1]

伴隨着西方國家對東南亞的大規模殖民開發，中國東南沿海人民向東南亞的移民規模逐漸擴大，在東南亞的馬尼拉、巴達維亞（今雅加達）、新加坡、檳城等地漸漸形成了華人社區，並不斷向其他地區延伸和發展。這些移居東南亞的移民與在家鄉的親友之間保持着密切的聯繫；匯款和通信是維繫這一聯繫的基本途徑和手段，由此形成了一個連接着東南亞華人移民聚居地和中國移出地，為華人移民解送信與款的跨國市場，這個市場的主要參與經營者是華商，有在國內的，也有在國外的，形成龐大的華人僑批的運作網絡。

早期華僑銀信通過同鄉、親友回國時，或託「水客」或「客頭」走單幫（整個僑批、回批運作流程由一人完成）帶回。所以，「僑批」是一個與東南沿海人民出洋打拚一樣久遠的歷史存在。

（1）水客時代

水客的產生與中國的海洋文化有着密切的聯繫。自唐宋以來，中國的海外交通就已頻繁，宋元時期的泉州刺桐港是世界著名大港；明朝以降，隨着漳州月港的興起，廈門港被列為「五口通商」之一，跨洋過海謀生者越來越多。男人出海打拚，家中有父母妻兒，須寄錢回家或傳遞音信，在當時銀行、郵政局等機構尚未設立時，代送僑批僑信的水客就應運而生。100多年前，正是這批漂洋過海謀生的水客，為僑胞捎信、帶錢、帶物，並開啟了僑批業的源頭。

水客時期的銀、信經營多為「走單幫」的一條龍服務，它建立在個人人脈關係的基礎上，受限於個人有限的血緣、親緣或地緣等社會關係以及經營資本和規模等現實狀況，存在很大的局限性，不但經營地域範圍窄、業務量有限，而且效率也很低，因此難以取得跨越性的發展。目前所見的最早的僑批是咸豐八年（1858年）五月二十六日由印度尼西亞巴城埠（今

1　蘇文菁、黃清海：《閩商與僑批業》，《閩商文化研究》2013年第1期，第18–32頁。

雅加達）溫辛德寄給廣東嘉應州松口市溫天華的水客封（見圖 2-5），[1] 是一封摺疊式僑批信簡。

《華僑民信局小史——星洲華人之小郵政局》記載了 19 世紀中葉新加坡水客經營僑批的情形：

> 百年前（1847 年）星洲商業區市街，每見華人擁擠其間，彼等多係苦力，當甘（柑）密（蜜）或胡椒園工人，其所以集之市街，不外為辦理由帆船匯款回鄉之手續，彼等寄至故鄉銀信，多託同鄉水客或相識之歸僑，或由近日所見之每一帆船專司其職其事之搭客帶返，寄款者將其銀信交與此輩水客，若係寄現金，則由水客抽出金額之十巴仙為手續費，若許水客投資經營生意，則無論盈虧，水客必須將原額送交其信託人家鄉之家屬。此輩常操此項職業互得相當利潤，以助其經營比較廣泛之生意而止。[2]

1860 年代後，清廷對攜資回國的華僑採取保護和鼓勵政策，水客或客頭作為華商從事僑批的個人經營者便大量出現。1848~1907 年，永春縣較有名氣的水客有 30 人。[3]1900 年廈門已有郵輪行走南洋各埠，為水客的往返提供便利，從事水客職業的人數大增。到了光緒末年，永春五里街城關一帶的水客，如陳秀亭、陳拱、鄭孫江、黃振敏、洪松林、鄭同、柯長綿、陳禮書等共有 60 多人。[4]清光緒年間，「客頭」每年均往返南洋數次，當其歸國時，即代僑胞溝通信息攜帶款項，此種「客頭」多由老洋客轉業，僅閩南數縣當以千計。[5]

1　許茂春：《僑批的人文與經濟文書價值——以僑批實物論證》，載福建省檔案館編《中國僑批與世界記憶遺產》，鷺江出版社，2014，第 32 頁。

2　寒潭：《華僑民信局小史——星洲華人之小郵政局》，載〔新〕《南洋中華匯業總會年刊》第一集，1947 年 4 月刊印，第 59 頁。

3　洪文洛：《永春僑匯史略》，載黃清海主編《閩南僑批史紀述》，廈門大學出版社，1996，第 91–92 頁，「清末民初永春水客一覽表」列出了 1848~1910 年永春經營僑批較有名氣之水客 30 人，表中詳細列出水客姓名、地址、開辦年份及收匯地域等。

4　洪文洛：《永春僑匯史略》，載黃清海主編《閩南僑批史紀述》，廈門大學出版社，1996，第 90 頁。

5　張公量：《關於閩南僑匯》，民國卅二年八月刊印，第 23 頁。張公量時任閩行副經理兼中國銀行永春支行經理。

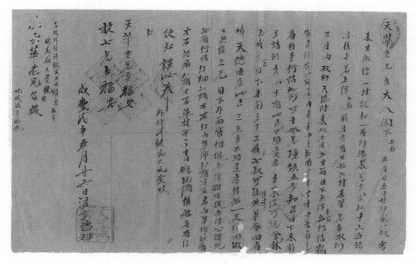

圖 2-5　1858 年由水客從巴城埠遞送的僑批信簡

（2）僑批信局時代

　　隨着銀信業務的增加，水客經營僑批發展成為僑批信局是市場需求的一種歷史必然。有資料介紹，目前發現最早的有閩幫僑批信局信息的為壬辰年（光緒十八年即 1892 年）葭月，由新加坡寄往鼎美後柯社的僑批，封上蓋有名址章「合德信局住廈／太史巷隆德內」。[1]

　　有別於商人從事的其他行業，僑批商人即從事僑批經營的商人，是兼有兩種特殊行業性質的職業，他們所創辦的企業就是既可被稱為「華人小郵局」，也可被稱為「華人小銀行」的僑批信局。這些僑批商人及所創辦的僑批信局，在整個東南亞和中國東南沿海的華人資訊傳導與華商資本運營中扮演了重要的角色，他（它）們把東南亞華人移民聚居地與中國移出地之間緊密地連接起來，形成一個龐大的跨國網絡，溝通海內外信息、傳播

1　劉伯孳：《跨越國界、人文和歷史的閩南僑批》，廣東「僑批檔案」申報世界記憶遺產宣傳推介會論文，2011 年 12 月。

先進科學技術、傳輸僑匯僑資，共享人類文明成果。[1]

　　19 世紀中葉至 1930 年代是僑批業產生並逐步發展的階段。隨着東南亞越來越成為以歐洲各工業國為主的全球經濟網絡的重要一環，中國東南沿海也融入這股全球化的浪潮，越來越多的中國東南沿海人民前往南洋，成為建設東南亞的重要力量。在此背景下，華僑的經濟狀況有了較大的改善，匯款也顯著增加。歐洲各國也在世界各殖民地範圍內設立了現代郵局和銀行，它們為銀信業務在收匯、承轉與解付上的分工提供了條件。這時，一些富裕的客頭或華商遂組織僑批信局，經營僑批、僑款的遞送業務，國內僑批業遂應運產生。銀信業務由個人經營逐步轉向信局的企業經營。國內原由民營批館兼營，接受水客委託，轉解銀信業務。例如，早在1871 年前後，廈門、安海已有鄭順榮批館兼收代轉銀信。[2] 1890 年代前後，出現主營銀信業務的批館，如廈門、泉州如鴻信局即以承轉水客銀信業務為主，成為福建較早成立的僑批業務經營機構。[3] 隨後，一些僑棧兼營銀信業務，如廈門的新順和、晉利及稍後之連春、三春、捷順安等信局，都是由客棧發展起來的。還有就是一部分水客為了招攬業務，獲取更大利潤，遂自行在口岸設承轉局，在內地設解付派送機構，並進一步擴大代理國外僑批業務。如 1892 年在菲律賓的水客郭有品在漳州流傳社設立天一信局，成為福建較早的專營僑批業機構。其後王順興、恆記、美南等局也相繼設立。1901 年前後，廈門僑批業包括民營批准兼營在內已達 30 家。1903 年福州也有兼營機構和僑匯莊設立。1905~1919 年，福建省僑匯一般保持在每年2000 萬銀元左右。詔安、涵江、東山、永春各地也先後開設僑批機構。至此，福建省僑批業機構已達 70 家。

1　蘇文菁：《閩商發展史總論卷近代部分》，廈門大學出版社，2013，第 252-253 頁。

2　中國人民銀行福建省分行國外業務處：《福建省僑匯業社會主義改造史料（1949~1958）》，1964 年編印，1996 年中國銀行福建省分行國際金融研究所翻印，第 1 頁。

3　中國人民銀行福建省分行國外業務處：《福建省僑匯業社會主義改造史料（1949~1958）》，1964 年編印，1996 年中國銀行福建省分行國際金融研究所翻印，第 1-2 頁。

　　廈門是閩南僑批的承轉中心。1902~1911 年，廈門約有 20 家民信局經營頗為成功，它們的業務是處理來往於海峽殖民地和荷屬東印度群島的匯款。其間，有 3 家民信局宣告破產，另有 4 家新的民信局設立。[1] 據統計，廈門各時期登記營業的民信局數目如下：1892~1901 年 30 家，1902~1911 年 20 家，1912~1921 年 64 家，1922~1931 年 64 家，1936 年登記營業的頭、二盤局達 84 家，佔全省 110 家的 76.36%。[2]

　　在新加坡，1887~1891 年所有專營匯兌店號的華人僑批信局為 49 家，其中潮州人 34 家，福建人 12 家，廣州人 1 家，客家人 2 家。另有無固定地址之收批人 16 人。[3]

　　1931 年後，福建省郵政管理局開始對僑批信局進行正式登記註冊和頒發執照，福建全省僑批信局 1931 年和 1932 年均超過 200 家。[4] 僑批業發展進入高峰期。

　　1930 年代至抗日戰爭爆發之前，私營僑批業的發展勢頭受到了遏制。在僑批業務上，私營僑批業機構與國有郵政局之間存在競爭關係，1933 年底交通部郵政總局指令，國內民信局於 1934 年底停止營業，而專營國外僑民銀信及收寄僑民家屬回批者，定名為批信局，准予通融繼續營業，但不得兼收國內信件。儘管郵政部門加強了管理與限制，但即使在 1934 年取消了國內民信局，僑批信局也因服務的優越性，得以保存下來。

　　1937 年 4 月，泉州中國銀行成立僑匯組，並由管轄行廈門中國銀行承頂合昌信局牌照，招聘原錦昌信局（泉州最大的三盤派送信局，1937 年元

1　海關稅務司巴爾（W. R. M. D. Parr）：《1902~1911 年廈門海關十年報告》，載《近代廈門社會經濟概況》，鷺江出版社，1990，第 345 頁。

2　《廈門金融志》，鷺江出版社，1989，第 42 頁。頭盤局、二盤局的名稱出現於新中國成立之後的僑批業社會主義改造期間。之後，人們也將它用於對新中國成立之前的僑批信局進行分類。

3　寒潭：《華僑民信局小史——星洲華人之小郵政局》，載〔新〕《南洋中華匯業總會年刊》第一集，1947 年 4 月刊印，第 60 頁。

4　林真主編《福建華僑檔案史料》（上），檔案出版社，1990，第 361 頁。

旦倒閉）信差，專門辦理僑匯派送事宜，打破了僑批派送業務一直由私營信局獨辦的局面。

因受戰爭的影響，1938 年福建省僑批業機構減為 67 家，1940 年又再減為 50 家左右，其中閩南地區所受影響較大，1940 年僅有 20 餘家。[1] 而合昌信局及郵政儲金匯業局的業務有較大發展，1940 年經收海外批信 34 萬封，1941 年達 37 萬封，約佔福建省進口批信的 1/3。[2]

1945 年抗日戰爭勝利後，交通恢復，海外僑胞紛紛寄信匯款回國，贍家僑匯激增，僑批業隨之恢復並迅速發展。據福建省郵政統計，1946 年，僅泉州計有 20 家頭、二盤信局，其分號及聯號達 683 家，其中國內的 238家，國外的 445 家。從抗日戰爭勝利至 1946 年底，僅晉江縣僑批業累計經收僑匯達 160.78 億元法幣。[3] 這一時期僑批業最大的特點是進行金融投機，僑批信局的收入已不是靠原來的批傭而是金融投機的暴利，這是造成戰後僑批業畸形發展的主要原因。戰後由於通貨膨脹不斷加劇，政府為扭轉局面而實行外匯管制，結果使外匯全都趨向黑市，僑批業趁機從事投機活動。[4]

在潮汕地區，僑批業從清光緒中葉僑商黃松亭在汕頭創辦森豐號（與實叻致成號聯號）起，到光緒二十二年（1896 年），潮汕地區首批被列為郵政代理的民信局有 19 家。到 1932 年，汕頭僑批局增至 66 家，佔廣東僑批局總數的 70%；抗戰前汕頭和潮州所屬各縣聯號和分號達數百家，僅汕頭市專營僑批業機構就有 55 家。抗戰勝利後僑批業得到迅速發展，汕頭市和潮屬各縣共 131 家，計汕頭市 73 家，潮安 6 家，潮陽 13 家，揭陽 10 家，饒平 9 家，惠來 1 家，澄海 13 家，普寧 5 家，豐順 1 家；而潮州幫在海

1　中國人民銀行福建省分行國外業務處：《福建省僑匯業社會主義改造史料（1949~1958）》，1964 年編印，1996 年中國銀行福建省分行國際金融研究所翻印，第 4 頁。

2　中國人民銀行福建省分行國外業務處：《福建省僑匯業社會主義改造史料（1949~1958）》，1964 年編印，1996 年中國銀行福建省分行國際金融研究所翻印，第 10 頁。

3　黃清海：《泉州僑批業史初探》，《八桂僑史》1995 年第 1 期，第 56 頁。

4　林真：《福建批信局述論》，《華僑華人歷史研究》1988 年第 4 期，第 12-22 頁。

外（主要是東南亞）各地商埠的僑批業機構共 451 家；僑批業開設較多的埠頭和國家有：香港 22 家，新加坡 80 家，檳城 28 家，暹羅 118 家，越南 29 家，坤甸 43 家，日里 25 家，沙撈越 17 家。潮汕解放後，1951 年在汕頭市郵政局註冊登記的僑批業機構達 60 家（甲種僑批局），下轄內外分號 775 家，其中內地各縣（為乙種僑批局）427 家，港澳及南洋 348 家。[1]

　　中華人民共和國成立後，私營僑批業歸屬國家銀行管理，主要側重於管理外匯方面。對經營僑匯、僑批的行業（包括水客），除指定銀行外，均稱為「僑匯業」。人民政府對僑批業進行社會主義改造，國家銀行根據私營僑批業的特性，以《共同綱領》規定的「便利僑匯，服務僑胞」為方針，在貫徹黨和國家制定的「外匯歸公，利益歸私」「團結與管理相結合」「維持保護，長期利用」等政策時，採取了既積極主動，又慎重穩妥的辦法，在各地黨政領導下，因地制宜地對私營僑批業進行團結、管理、教育、改造，引導私營僑批業逐步地納入社會主義軌道。

　　1949 年 8 月 17 日，福州解放，1949 年 11 月中旬，福建省召開僑匯工作擴大會議，明確對僑匯業「團結與管理相結合」的政策。同年年底各地銀行開始辦理僑匯業臨時登記。1950 年 1 月 15 日福建省人民政府頒佈了《福建省管理僑匯業暫行辦法》和《福建省僑匯暫行處理辦法》。根據兩個「暫行」辦法，鼓勵私營僑匯業儘快辦理企業登記，引導其納入國家管理軌道。至 1950 年 3 月，全省僑匯業第一次登記家數共 185 家，其中：

　　廈門 86 家，泉州 30 家，福州 26 家，涵江 14 家，其餘在石獅、福清、永春、同安、仙遊、石碼等地 29 家。登記家數中，頭、二盤局 135 家，實際營業的 123 家。[2] 其中，泉州地區年底經核准有營業的 16 家（獨立核算局），從業人員 300 多人。1950~1957 年，泉州市區 6 家收匯局共收匯

1　　羅則揚：《僑批文化與海洋文化》，載《首屆僑批文化研討會論文集》，2004，第 211 頁。

2　　中國人民銀行福建省分行國外業務處：《福建省僑匯業社會主義改造史料（1949~1958）》，1964 年編印，1996 年中國銀行福建省分行國際金融研究所翻印，第 50 頁。

1487.6 萬美元。[1]

根據 1975 年 2 月中國人民銀行福建省分行轉發中國人民銀行總行《關於對僑匯業幾個問題的處理意見》和 1975 年 6 月福建省革命委員會批轉省財政局《關於對僑匯業處理問題的請示報告》的精神，自 1976 年 1 月起，福建各地收匯局的機構和名稱取消，人員歸當地國家銀行，僑批業務一律由銀行接辦。1979 年，閩南僑批業全部歸入當地國家銀行，僑批的匯款功能由銀行接替，而其交流情感之書信渠道則由不斷發達的電信及郵政所替代，至此，國內僑批業基本結束。[2]而繼續經營的國外僑批局仍然以僑批方式通過委託國內中國銀行等渠道解付，直到 1990 年代末紙質形態的僑批才逐漸消失。

僑批業從產生、發展到終結，大體歷經歷歷經歷了以下幾個階段，但各階段有混合經營的情況（參見圖 2-6）：

（1）清末，「水客」個人「走單幫」經營僑批；

（2）個人經營規模擴大，使用個人名章宣傳，商舖兼營或代理；

（3）1890 年代後，水客或商家創辦僑批信局，在一個國家經營僑批（單幫）；

（4）僑批信局發展自己的分支機構，經營多個國家僑批（雜幫），1920年代後開始兼營匯兌業務；

（5）開始建立以自家局為主、代理局為輔的經營網絡；

（6）以代理局為主、自家局為輔的代理網絡迅速擴大；

（7）匯款業務逐步由銀行所取代，家書批信由電信所替代，僑批運作網絡衰退，僑批局轉型，有的變為銀行；

（8）1970 年代至 1980 年代初，國內僑批業取消，從業人員、業務歸入國家銀行。至此國內私營僑批業結束。

1　黃清海：《泉州僑批業史初探》，《八桂僑史》1995 年第 1 期，第 57 頁。根據「1950~1957年泉州市區僑匯業收匯局收匯情況表」統計。

2　參見李良溪主編《泉州僑批業史料》，廈門大學出版社，1994，第 277–299 頁，第五章「僑批業的取消」。

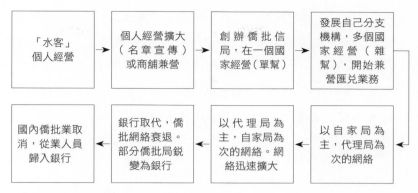

圖 2-6　僑批業發展階段

二、僑批的金融屬性

就僑批的起源及一般定義而言，僑批並非一般意義上的華僑家書，其更重要的一層含義是華僑匯款。僑批業能生存發展百年的原因，不僅在於其為海外華僑傳遞書信，而且更重要的是在於其辦理匯兌業務。藉助於僑批，華僑以勞務收入為主的報酬能夠以貨幣（或物資）的形態實現跨國的轉移，以及實現情感、信息的跨國交流與溝通。僑批不僅蘊含着政治、經濟、文化、郵政、移民等歷史信息，而且蘊含着國際貨幣、國際匯兌等重要的金融業務沿革的歷史，更是記載着中國現代銀行史前的國際金融的寶貴資料。[1] 僑批的金融屬性包括：國際匯兌工具、流通貨幣載體、個人信用產品、現代銀行的基礎以及僑批信用文化價值。

1. 國際匯兌工具

僑批業屬於郵政、金融業範疇，僑批業務涵蓋了金融匯兌的三種方式，即信匯、票匯和電匯。僑批局的跨國經營屬於國際匯兌業務。從保留

1　僑批研究小組：《僑批的金融屬性溯源》，《福建金融》2014 年第 5 期，第 54 頁。

下來的僑批信封、僑批匯票及僑批電匯單等實物豐富的僑批檔案來看，僑批真實地記載了各個歷史階段的經濟金融和時事政治等信息，全面地反映了郵政、交通、金融的技術進步和發展，是研究交通史、郵政史、金融史、商業史等的重要史料。[1] 由於僑批業的產生早於中國人自己創辦的商業銀行，[2] 所以僑批也是研究中國國際匯兌歷史的重要依據。

（1）僑批信匯

僑批信匯是僑批匯兌的主要方式，匯兌信息主要通過僑批封反映。僑批封由正面和背面兩部分構成。僑批封正面，首先，包含普通信函的基本要素：收信人的地址、姓名，寄信人的地址、姓名；其次，左上角要標明匯款的幣種和金額。僑批封背面，除了貼有郵票、蓋有郵戳（以總包郵寄的僑批除外）外，還蓋有僑批局的印戳、宣傳廣告和「蘇州碼」[3] 字的圖案。僑批信匯顯現了銀（匯款）、信合一的基本特徵。

在 1948 年菲律賓怡朗寄福建晉江的僑批封（見圖 2-7）上，包含了上述各種信息。信封是友聯信局專用於寄發僑批而印製的，印有宣傳文字：

> 本局接收閩南各屬，及香港、廣東各內地匯款，電匯、票匯、信匯聽便，僑胞惠顧，請到下列各地總收發處……

這裏印明了僑批的三種匯兌方式。

（2）僑批票匯

僑批票匯就是匯款人到僑批局匯款後，由僑批局簽發一張匯票寄到國內指定地點交票領款的匯兌方式。這種票據通常是與書信一併裝在僑批封內，在僑

1　參見黃清海《閩幫僑批信局匯兌方式探討》，香港大學人文社會研究所主辦、香港歷史博物館協辦「華商資本：歷史和文獻研討會」，香港歷史博物館，2011 年 7 月 2 日。

2　中國人最早創辦的商業銀行是中國通商銀行，成立於 1897 年 5 月 27 日。而目前發現的最早的僑批水客封是咸豐八年（1858 年）五月二十六日。然而在 1845 年，英國的麗如銀行就在香港和廣州兩地設立分支機構，1847 年在上海設立分行，成為第一家進入中國的外國銀行。

3　蘇州碼，也稱花碼，係中文數字，在阿拉伯數字傳入前廣泛使用。現時東亞地區書寫支票時仍會使用，因筆畫繁複較難做假。

圖 2-7　　1948 年菲律賓怡朗寄福建晉江僑批封（友聯信局封）

批封正面寫明「內票 ××」（詳見圖 2-7 右圖左側文字）。有時匯票也由回國僑胞帶回。票匯與信匯的主要差別是，信匯的信和款由信差登門送達，票匯是由收款人持票到指定的僑批信局具保領款；信匯手續費較貴，票匯相對便宜。因此，華僑匯款金額較大時，通常外付小額「信匯」，內夾大額「匯票」。

　　圖 2-8 所示為 1941 年 11 月 11 日菲律賓馬尼拉東方匯兌信局開出的 1953 年人民政府清償的 911 號支票。文字：（蔡功焙）先生／寶號交（本人）先生／寶號或（持票人／保認人）法幣（伍佰元正），照數備交，收回原票存據。同興匯兌信局支理（加蓋：「泉州中山南路二百壹十三號三樓」地址章）。

　　從票面看，該票開出局為馬尼拉東方匯兌信局，兌付局為泉州同興匯兌信局，兩個局係代理關係。僑批票匯可約定在國內非直屬局（即委託代理局）代理兌付，不僅擴大了僑批局的經營地域，而且大大地方便了客戶。

（3）僑批電匯

　　電匯即用電報匯款，國內僑批局接到國外僑批局或委託局發來的電報要求交款時，不管款項是否到達，都要立即解付給收款人。電匯比其他匯兌方式快捷，但收費也貴。1950 年代後菲律賓僑批多以此種電匯方式匯款，這主要是菲律賓禁匯所致。

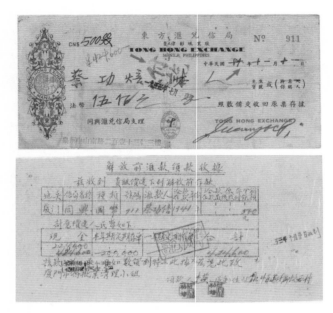

圖 2-8　1941 年菲律賓馬尼拉東方匯兌信局支票及 1953
　　　　年清償時領款收據

圖 2-9　1952 年 9 月菲律賓馬尼拉發福建石獅新民信局
　　　　電匯單

　　僑批信局經營僑批就匯款方面除了早期攜帶原幣現銀（或現鈔）外，有信匯（批外匯款）、票匯和電匯三種方式。與現代銀行的匯款比較，兩類存在相當的雷同。表 2-1 所示為僑批匯兌與銀行匯款方式在傳遞方式、客戶服務等方面進行比較，從中可知其差異情況。

表 2-1　僑批匯兌與銀行匯款方式比較

匯兌方式	傳遞方式	客戶收到的情形	是否回覆	盛行時期
僑批信匯	批信的傳遞方式：水客時期直接攜帶銀信；信局時期採用郵寄批信，而僑匯頭寸調撥，信局可採用銀行匯付的 3 種方式	就收批客戶來說，信、銀（匯款）合一，一般同時收到；在批封左上角標明匯款幣種和金額。既有經濟聯繫又有家書聯繫	需要按照來批字號「回批」	清末到 1950 年代
銀行信匯	銀行匯款單據的傳遞方式：採用郵寄付款委託書	就收款客戶來說，只收到匯款，只有經濟聯繫，沒有家書聯繫	否	20 世紀，現在基本不用
僑批票匯	郵寄匯票及單據，單筆簽票主體是僑批信局。匯總的僑款頭寸另通過銀行匯付	一般匯票內夾在僑批封裏。匯票匯費比信匯便宜。信局匯票要到指定的信局領款	同僑批信匯一樣「回批」	20 世紀 20~40 年代
銀行票匯	郵寄匯票及單據，簽票主體是銀行	客戶收到銀行匯票，到指定銀行領款	否	20 世紀，現在越來越少用
僑批電匯	信局通過電信局採用電報傳遞客戶匯款信息。1950 年代後，菲律賓採用暗碼電匯，僑批頭寸另通過銀行第 3 地匯付（電匯）	收到電匯款，由信局派送。書信另通過郵政信函傳遞。信、款分離	需要寄回單（文），可通過信局或郵局回覆	1950 年代起
銀行電匯	電匯款，如採用 SWIFT、TELEX、銀行局域網（LAN）、遠程網等系統電子匯款	收到電匯單，到銀行領款	否	20 世紀，現今廣泛採用電子匯兌

2. 流通貨幣載體

　　僑批是銀、信合一的產物，貨幣是僑批的主要組成部分，是寄收批款的主要依據。僑批業及其僑批從產生、發展直至終結，所歷經的三個歷史階段，均處於國際和中國社會動盪時期，各時代的貨幣使用情況均體現在僑批封上。僑批封上所標註的貨幣名稱，即是當時人們使用的貨幣，最能反映當時貨幣流通的實際情況。僑批上的幣種和貨幣單位伴隨着社會發展和政治變革而不斷變化，我們可以從不同時期僑批封上的貨幣信息來觀察各個時期的政治、經濟、科技等的社會情況。大體可分為三個時期：一是1935 年以前的銀本位時期，二是從 1935 年國民政府實施法幣政策至新中國成立前夕的紙幣流通時期，三是 1949 年新中國成立後至 1990 年代僑批終結之前的時期。

（1）銀本位時期僑批封上的貨幣

　　明代對外貿易的發展使外國白銀大量流入中國，推動了我國銀本位制的確立，白銀成為主要的流通貨幣，採用「銀兩」稱量制度。從清乾隆時期到近代的中國貨幣金融領域，僑鄉流通貨幣大多為外國銀圓，特別是西班牙銀圓和墨西哥銀圓。到清代後期，各省以銀錠改鑄為銀元。

　　1910 年清廷頒行《幣制則例》，正式採用銀本位制，以「元」為貨幣單位，重量為庫平七錢二分，成色是 90%。但銀元和銀兩仍然並用。1933 年 3月 8 日，國民政府頒佈《銀本位幣鑄造條例》，將銀本位幣定名為「元」，每枚銀元總重 26.6971 克，含純銀 23.493448 克。同年 4 月，國民政府實行「廢兩改元」，發行全國統一的銀幣——「孫中山頭像」銀元。1935 年國民政府又實行幣制改革，宣佈廢止銀本位制，實行法幣政策。

　　銀元時期僑批上呈現的貨幣名稱（其中也包含俗稱、俚語），具體包括「龍銀」「大龍銀」「龍」「大龍」「英洋」「大英洋」「大鷹洋」「光洋銀」「光洋」「光銀」「大光銀」「中光銀」「大光洋」「大銀」「洋銀」「大洋銀」「銀」「洋」「國銀」等名稱。

「龍銀」「大龍銀」「龍」「大龍」是指清末光緒年間鑄造的龍銀，俗稱光緒龍，也指日本國發行的專為在中國沿海各商埠購買物資使用的，主圖案為「龍」的銀元。「英洋」「大英洋」「大鷹洋」，指的是墨西哥銀圓。「光洋銀」「光洋」「光銀」「大光銀」「中光銀」「大光洋」的「光」，是一個相對於「粗」而言的金屬貨幣品相的限定語，意即貨幣表面光潔，不受損、成色足。在這些貨幣名稱中使用定語「大」，意在將銀元區別於同樣是金屬貨幣、硬通貨但處於輔幣地位的「毫銀」。銀元及銀角總稱為洋銀或洋錢，銀元相對於銀角謂之大洋錢、大洋、大銀圓等。[1] 圖 2-10 所示為銀本位時期在僑批封上常出現的貨幣名稱。

（2）法幣與金圓券流通時期僑批封上的貨幣

1935 年 11 月 4 日，國民政府規定以中央銀行、中國銀行、交通銀行（後增加中國農民銀行）發行的鈔票為法幣，禁止白銀流通，發行國家信用法定貨幣，取代銀本位制的銀元。1948 年 8 月 19 日，法幣被金圓券取代。期間，由於國民政府超發貨幣，法幣急劇貶值。法幣發行總額從 1937 年的

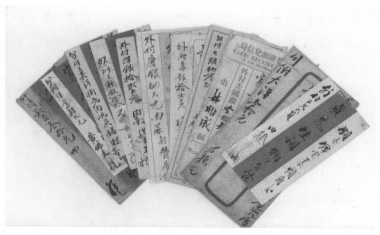

圖 2-10　僑批封上的貨幣名稱（1935 年之前的銀本位時期）

1　僑批研究小組：《僑批的金融屬性溯源》，《福建金融》2014 年第 5 期，第 53 頁。

14 億餘元，猛增至 1947 年 4 月的 16 萬億元以上。1948 年，法幣發行額竟高達 660 萬億元以上，相當於抗日戰爭爆發前的 47 萬倍，物價上漲 3492 萬倍，法幣信用徹底崩潰。1948 年底至 1949 年初，國際市場匯率變動頻繁，國家法定貨幣貶值一日百變，大批美鈔、港幣流入僑鄉市場。

（3）新中國成立後僑批封上的貨幣

1949 年新中國成立後，國內僑批業歸屬國家銀行管理，海外僑批信局一般將批款調入香港後轉匯國內，批款交付以「港幣」和「人民幣」為主。新中國成立初期，針對人民幣幣值不穩定的情況，中國人民銀行規定以僑匯原幣存單解付僑匯，分美元與港幣兩種；各僑批信局將接到的委託書匯總後交中國銀行，由中國銀行發給相等金額的僑匯存單解匯。存單簽發地多為廣東、福建等僑匯較多地區。1955 年 3 月 1 日，中國人民銀行發行新版人民幣。之前舊版人民幣一律換算為新版人民幣，新舊幣換算比例為 1：10000。幣制改革反映在僑批封上首先是「汕頭中國銀行核蓋僑批之章」的變化，該章中格的港幣與人民幣兌換率從 1955 年 3 月 1 日起由之前「港幣一元合人民幣四二七〇元」變更為「港幣一元合人民幣〇‧四二七元」。[1]

圖 2-11 所示為 1935 年之後的紙幣時期僑批封上的貨幣名稱。國幣、法幣、金圓券、美匯、港匯、人民券、人民幣等均有出現。在潮汕地區，僑批封上出現短暫的解放區幣「南方券」。

以上這些貨幣名稱都是隨着歷史的變遷而出現在不同時期的僑批封上的。僑批檔案堪稱一部中國近代貨幣流通史，對研究中國近代經濟金融的開放歷史具有重要的實物價值。

3. 個人信用產品

僑批是典型的個人信用產品，僑批經營者依靠個人信用展業經營。僑

1　僑批研究小組：《僑批的金融屬性溯源》，《福建金融》2014 年第 5 期，第 53–54 頁。

圖 2-11　僑批封上的貨幣名稱（1935 年之後的紙幣時期）

批業始終服務於華僑與僑眷，是他們之間經濟和感情的橋樑。從「水客」到「僑批信局」，所提供的都是「個人金融」服務。

「誠實信用」是海外華僑事業成功的基礎。華僑以嚴格的產品質量和一諾千金的信譽，逐漸積累了誠實守信的信用資本，僑批業即是建立在這個基礎之上的。僑批業的主要服務對象是海外華僑社區與國內僑鄉的閩粵方言人群。相同的人文環境，使僑批經營者與服務對象之間的信用信息基本對稱，僑批業因此而發展壯大。可以說僑批業是「草根金融」，以誠信為發展基石。天一信局創辦者郭有品的誠信故事就是一個例證。「郭有品天一批局」始終秉承「誠信經營」的信條，得到了海內外華僑的信賴和支持，由此發展成為中國歷史上最大的民間僑批信局之一。

4. 現代銀行的基礎

隨着 19 世紀末 20 世紀初東南亞華僑經濟發展及僑匯款額的逐年遞增，僑批業務量也顯著增加。為提高僑批的匯轉速度，僑批信局開始藉助不斷完善的現代郵政和銀行系統來開展僑批業務，僑批的經營進入分工協作時期。僑批經營網絡參與者除了有數目眾多的僑批信局外，還新增了與

僑批相關的錢莊、店舖、郵局和銀行等。特別是僑批信局通過與銀行加強協作，其網絡得以延伸至東南亞以外的國家和地區。在清末民初，中國的國際匯兌業務為外國銀行所控制，僑批信局辦理「頭寸」調撥往往依靠外國銀行。因此，「天一信局」等僑批信局紛紛將分號開設在國外銀行集中的國際性大商埠，如上海、香港，以便進行頭寸調撥。

　　圖 2-12 所示為 1935 年 11 月 18 日馬來亞彭亨州淡馬魯縣城鎮文德甲盛益匯兌信局通過新加坡華僑銀行向廈門開具 500 元（廈門流通貨幣）的匯票，該筆匯票直至 1939 年 7 月 11 日才由鼓浪嶼中國銀行兌付。華僑這筆 500 元的匯款需要經過盛益匯兌信局、新加坡華僑銀行、廈門華僑銀行、鼓浪嶼中國銀行、新加坡中國銀行等機構的協作才得以辦結。

圖 2-12　1935 年文德甲盛益匯兌信局向新加坡華僑銀行開具的匯票

1937 年起，福建廈門、泉州中國銀行直接參與了僑批的登門派送業務，直至僑批終結之前一直參與其中。其間，郵政儲金匯業局、福建省銀行等官方機構也曾參與僑批的派送業務。

僑批業的發展和實踐，首先，形成了強大的跨國服務機構與技術網絡；其次，培育了廣大的客戶群體；最後，造就了一批熟悉國際匯兌業務和管理的人才。僑批業為後來在海內外興起的銀行業奠定了基礎，不少僑批經營者也成功轉型為銀行經營者。建南信局發展為建南銀行就是一個很好的例證。陳慈黌家族企業也是從僑批匯兌莊做起，進而發展為開設黌利銀行的。

5. 僑批信用文化價值

金融產品給人們的印象是冰冷的錢錢交易。而僑批，由於其「銀、信合一」的特徵，使其不同於一般的金融產品，它是富有情感的金融工具，蘊含着中華傳統文化的價值。

一是顧家養家。僑批深刻地體現了華僑保留中華傳統文化，有很強的家庭責任意識，勇於承擔家庭重擔，是對家庭孝道信義的中華傳統文化價值觀的寫照。

二是愛國愛鄉。僑批中的「信義」還表現出華僑「愛國愛鄉」顧「大家」的情懷。僑批檔案中記載了中國近代史，即從辛亥革命到抗日戰爭這段時期，廣大華僑抗戰救國的熱忱和捐款捐物、共紓國難的貢獻，「關心家鄉的發展，捐資家鄉慈善公益」。在華僑捐資慈善公益事業中，捐資辦學最為突出。著名的廈門大學和集美學村就是愛國華僑陳嘉庚捐資興辦的。據統計，1915~1949 年福建省華僑捐資興辦的中學 48 所，小學 967 所；1949~1966 年福建省華僑捐資辦學達 5494 萬元人民幣。當時許多僑批信局都有捐資辦學的善舉，如王順興信局等。此外，華僑在造橋鋪路、賑災、醫療方面也有很大貢獻。[1]

1　福建省檔案館編《百年跨國兩地書——福建僑批檔案圖志》，鷺江出版社，2013，第 118-119 頁圖文。

僑批檔案充分反映了華僑為祖國、為家鄉做出的歷史貢獻，更表達出中華文化中「有國才有家，有家才有我」的忠孝信義價值觀。

三是信義經商。僑批曾被國學大師饒宗頤教授譽為「僑學前導」「僑史敦煌」「海邦剩馥」，被國內學術界稱為「海上洋務運動的產物」，被日本商人稱為「經濟魔鬼」。僑批的「規模集約」「守誠篤信」「跨國」「多元」等文化因子沉澱成為信用文化重要的部分。僑批業得以繁榮發展離不開閩粵商人固守的商業信用：無論是創辦僑批信局、拓展代理網絡還是建立同業組織、合資經營，處處都顯示出「逐利不忘義、靈活要守信」的信義經商精神。[1]

三、移民財富轉移：物資與資金的選擇

歐美殖民者為了追求財富夢，往往採取海洋掠奪的手段，他們經過幾個世紀的殖民擴張，主導了全球的海洋貿易體系，而與此相伴的是金融業的發展，使得商品貨幣化、貿易結算貨幣化達到相當高的程度。海洋貿易的繁榮帶動了跨國金融匯兌網絡的發展，使海洋移民個人財富的跨國轉移顯得十分容易。這其中，以殖民者在殖民地與宗主國之間的財富轉移為主，包括金銀財寶、貨幣資金、重要物品等。

然而，在中國與東南亞地區，中國移民的個人財富轉移有其特殊性。首先是移民財富積累以勞苦所得及合法收入為主，其次是轉移方式以原始的草根的僑批形式進行。

鴉片戰爭之前，在中國，以傳統的農耕文明為標誌，仍然處於原始的易貨經濟時代。在廣大農村，人們停留在自供自給、以物易物的交換形式，經濟活動受到巨大的制約。在貨幣金融相對落後的情況之下，人們缺

1　晏露蓉、黃清海：《僑批：中國信用文化之珍品》，《徵信》2013 年第 10 期，第 4–5 頁。

乏商業思想，金融意識淡薄。鴉片戰爭之後，西方列強的入侵，中國國門被迫打開，東南沿海民眾「下南洋」，東西方文明在東南亞殖民地碰撞。水客在代理移民財富傳遞的實踐中創造了僑批形式，滿足了移民個人寄匯銀信「額小量大」的需求，而之後的僑批信局建立起華人金融匯兌網絡，並不斷地吸收西方先進理念、先進技術，促進這一網絡的不斷完善。

華人因受儒家思想的影響，以家為中心，出國掙了錢，就想將其託寄回家，養老撫幼，讓家人過上好日子。賺到錢匯回家成為遠渡重洋的華僑們的共同心願。

早先出洋的華僑，從封閉的中國走到海外殖民地，他們接受了殖民地和西方國家的新生事物，而在當時，國內物資特別是日用工業品較為貧乏之時，華僑常常會通過水客帶去海外物品（舶來品），以物資（品）的形式將個人財富託寄回家。這是華僑的主動託寄行為。

作為僑批經營者的水客，當華僑選擇只寄家費款（貨幣：銀元）或者既寄家費款又託寄物品時，他們自然會想如何利用這筆款項做些商貿生意，賺取跨國的貨物差價。

華僑個人財富跨國轉移方式的選擇，有貨幣資金或物資形式，也可能兩者兼有，在不同歷史時期是不一樣的，它受制於時局需要、國家政策、華僑和僑眷利益、僑批經營者經營方式等因素的影響。

1. 水客時代華僑委託直接帶物回家

水客時代，水客為華僑帶錢帶物的經營方式是一條龍服務。華僑在海外直接購物，主動委託水客，將原物直接帶回家鄉。這是跨國商品的流通，當然，也可認為是一種小額的海洋貿易，只是交易地在國外。在當時的交通條件下，水客經常遠渡重洋，歷盡艱辛，對於從海外遞運華僑物品回國起着舉足輕重的作用。

由菲律賓馬尼拉寄給時屬泉州府同安縣錦宅社黃開物的 400 多封僑批，記載了 1902~1923 年黃開物及其家人的家庭生活情形。除了通過僑批

信局外，還有 120 多封通過水客寄出。其中 37 封水客僑批中，除了寄款項之外，還附寄了洋布（烏西洋、花仔、烏麻子粒等多種）、椰油、白吧巾、玻璃瓶、童子鞋拖、金銅鳥仔、日本扇、白手巾、洋緞、金玳瑁梳、吧塗、番餅、童子毛紗襪、工藝物台、影像、鱉魚油、大小影鏡、者吧、芽枡刀子、針、毛巾、鐵桶、雨傘、正白銅湯匙、銅鎖、雪文等生活用品。這些物品各種各樣，均為當時國內未有的或稀缺的物品。表 2-2 所示為水客轉駁並附寄物品的僑批一覽表，詳細記載黃開物僑批中 1907~1921 年的 37 封水客封所寄的物品名稱等信息。

表 2-2　水客轉駁並附寄物品的僑批一覽表

序號	寄批人	收批人	信外款額	附寄物品	寄批時間	水客姓名
1	黃開物	（小兒）黃崇欽	龍銀 4 元	什布 1 大包（白水鈕 4.2 丈、色水鈕 1.2 丈、白吧力條、零布 3 件）、玻璃瓶 2 個、童子鞋拖 1 對、金銅鳥仔 1 匣、日本扇 1 支	丁未元月十八日（1907 年）	正潤
2	黃開物	（小兒）黃崇欽	龍銀 2 元	什布 1 包	丁六月初拾日（1907 年）	正潤
3	黃開物	（小兒）黃崇欽	龍銀 2 元	烏西洋布 2 塊、大塊白手巾 10 申	丁未桂月念日（1907 年）	家平（平軒）
4	黃開物	（拙內）林氏	龍銀 4 元	什布 1 大包、椰油 1 小箱	戊申臘月初四（1908 年）	正潤
5	黃開物	（拙內）林氏	龍銀 2 元	什布三件、磁花瓶一個、洋吹琴二個、小鐘三個	己酉三月十七日（1909 年）	平軒
6	黃開物	（小兒）黃崇睿	龍銀 4 元	烏點斑柔 1 申	己酉蒲月十四日（1909 年）	

（續上表）

序號	寄批人	收批人	信外款額	附寄物品	寄批時間	水客姓名
7	黃開物	（小兒）黃崇睿	龍銀 2 元	什布 1 包	己臘月拾五日（1909 年）	
8	黃開物	（小兒）黃崇睿	龍銀 4 元	烏西洋布 1 大包計 2 塊 12 丈	庚元月廿三日（1910 年）	莊串
9	黃開物	（小兒）黃崇睿	龍銀 4 元	雪文 1 小箱、什布 1 包	庚正月初拾日	正潤
10	黃開物	（拙內）林氏	龍銀 4 元	鰵魚油 1 桿	辛二月廿三日（1911 年）	徐和德
11	黃開物	（拙內）林氏	龍銀 4 元	洋布 1 包	辛三月初七日（1911 年）	平軒
12	黃開物	（小兒）黃崇睿	英銀 2 元	大影鏡 1 座	辛四月廿七日（1911 年）	黃正潤
13	黃宗衡	黃（相公）開物	英銀 6 元	影像、者吧各 1 件	辛十月十五日（1911 年）	平軒
14	黃新糞	（族叔）黃開物（官台）	銀 4 元	芽枡刀子 2 支	壬子梅月初六日（1912 年）	黃賜存
15	黃宗衡	黃開物（君）	洋銀 4 元	白鐵梳 1 個、甲枇紗襪 10 申	紀元五月廿一日（1912 年）	四存（賜存）
16	黃宗衡黃以敖	黃開物（先生）	英銀 4 元	雪文 1 箱、日本花布 1 包、洋針 1 匣	紀元八月六日（1912 年）	徐和德
17	黃開冰	（吾弟）黃開物	英銀 4 元	白紗衫 1 申	壬十二月十三日（1912 年）	平軒

（續上表）

序號	寄批人	收批人	信外款額	附寄物品	寄批時間	水客姓名
18	黃開物	（小兒）黃崇睿	銀 4 元	布 1 大包、放足皮鞋 1 雙、上好燕窩 1 隻、花仔布 3 塊	癸丑六月廿二日（1913 年）	賜存
19	黃開物	（小兒）黃崇睿	銀 4 元	雨傘大小 2 支	癸丑七月廿八日（1913 年）	正潤
20	恆美書東	黃開物（君）	信銀 5 元	毛巾 2、鐵桶 2 個		
21	黃開物	（小兒）黃崇睿	銀 4 元	雪文 1 箱、番餅 1 鐵匣、什布 1 包	甲九月初二日（1914 年）	正潤
22	黃開物	（拙內）林氏（妝次）	銀 4 元	布 1 包	甲十一月初六日（1914 年）	正潤
23	黃開物	（拙內）林氏	銀 4 元	什布 1 包、番餅 1 盒、童子襪 1 申、工藝物 1 木匣	乙卯正月初四（1915 年）	
24	黃開物	（小兒）黃崇睿	龍銀 4 元	花布 1 包、白手巾 10 申、番餅 1 匣、工藝物 1 小木匣、掛空童子毛紗襪 10 申	乙卯正月十四日（1915 年）	正潤
25	黃開物	（小兒）黃崇睿	銀 6 大元	鐵桶 1 個	乙三月初六日（1915 年）	
26	黃開物	（小兒）黃崇睿	銀 4 元	烏咀布 1 塊	乙卯八月廿五日（1915 年）	
27	黃開物	（小兒）黃崇睿、純	銀 4 元	小兒鞋拖 2 雙、烏布傘 1 支	乙卯十二月十八日（1916 年 1 月 22 日）	林彬

（續上表）

序號	寄批人	收批人	信外款額	附寄物品	寄批時間	水客姓名
28	黃宗集	黃（君）開物	銀 2 元	布 2 包	民國十年六月十五日（1921 年）	徐和德
29	黃宗集	黃開物（君）	銀 2 元	雪茄煙 2 箱	民國十年六月十三日（1921 年）	徐和德
30	黃開錡	黃開物	銀 4 元	小影鏡 2 個、七月份結冊 2 紙、出口字 1 紙	民國十年六月廿九日（1921 年）	陳振吉
31	黃開錡	黃開物	銀 4 元	什物數件、雨衫 1 包、大鏡 2 個、出口字 1 張、皮帶 1 條、袖口鈕 2 付、臂束 2 付	民國十年七月初二日（1921 年）	陳振吉
32	黃開錡	（舍弟）開物	洋銀 2 元	報紙 1 束、布 1 包	民國十年九月初二日（1921 年）	張友仁
33	黃開錡	（舍弟）黃開物	洋銀 2 元	雪文 1 箱、報紙 1 綑、布 1 包、學校公函 2 紙	民國十年七月廿日（1921 年	徐和德
34	黃宗衡黃以敖	黃（相公）開物	英銀 5 元	影像 5 張	辛十月初八（1921 年）	黃宵暖
35	黃開物	（小兒）黃崇睿	銀 4 元	烏洋布 2 塊 8 丈、白底幼花布 2 塊、紅花甘唻布 4 銅鎖大小 4 個、正白銅湯匙大小 12 支、釘子錘 1 支、白木耳 1 包、小兒黑皮鞋 1 雙、紅絨鞋拖 1 雙、洗口罐 2 個	甲四月廿六日	

（續上表）

序號	寄批人	收批人	信外款額	附寄物品	寄批時間	水客姓名
36	黃以敖 黃宗衡	黃開物	英銀 4 元	影像 2 則	華 4209 年 十一月初二	（山阪） 陳監
37	黃開冰	（舍弟） 黃開物	銀 4 元	針 1 匣	二十日	陳咸賽

資料來源：根據劉伯孳：《從跨國經驗到民族主義的跨越：以黃開物的僑批、僑信為參考》，《閩商文化研究》2011 年第 1 期第 32-34 頁《水客轉駁的附寄物品的僑批一覽表》整理，依據黃開物僑批實物上信息輯錄。

　　從水客轉駁附帶物品的僑批中，可以看到在那個物資缺乏及物資交流相對落後的年代，水客除了與僑批信局一樣帶來生活費用（銀元）外，還給他們帶來了家鄉購買不到的生活用品和具有異域風格的藝術品，令他們的生活充滿異國情趣。

　　通過僑批信局匯兌的僑批只能寄款但不能寄物品，而通過水客包括僑批信局僱用的水客既能寄錢款家書也能附寄物品，還可以傳口信。因此，在 20 世紀初僑批信局主導菲律賓與閩南之間匯兌市場的情況下，依然存在部分個體水客經營僑批的一定生存空間。

　　圖 2-13 所示為一枚 1910 年菲律賓寄漳州龍海的僑批水客封及內信（參見表 2-2 序號 8）。封正面從右到左文字為：「煩至錦宅社美頭角交／小兒黃崇睿收入／外附龍銀四元／烏洋布 1 包／黃開物託」，封於「庚元月廿三日」（即 1910 年 3 月 4 日）託寄，時間寫在內信及封的背面。內信第二排文字「茲逢莊串兄之便，順付龍銀四大元，並烏西洋布一大疋（匹）……」。「莊串」是帶銀信、帶物的「水客」。封背面另寫有「191」（蘇州碼），是該封的編號。

　　收信人地址「錦宅社美頭角」，寫得簡單，照樣可以送到，這是現代郵政難以做到的。同時也說明「水客」與寄託者、收件人都是熟地熟客的關係。該封僑批除了銀、信外，還有物品（包裹）等，與現代郵政相近。此

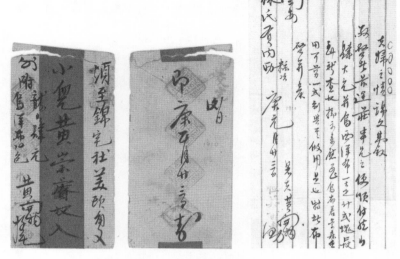

圖 2-13　　1910 年菲律賓帶至福建龍海水客封及內信

封所寫貨幣是「龍銀」,「龍銀」是清末清廷鑄造的,因此,所寄龍銀四大元要麼是在菲律賓已換算後匯回國內的,要麼是莊串帶回貨物到國內變賣後換為龍銀的。

2. 水客可利用僑款貿易賺取價差

　　經營僑批的水客又稱「走水」,在帆船時代是浮海販易的「商人」,他們從事着中國與東南亞國家之間跨國商品貿易的經營。因熟悉海外和家鄉的情況並經常來往於兩地之間,海外華僑便託其攜帶家書和錢物給國內親屬。當華僑選擇託寄款項時,水客便利用錢款就地採辦當地物品,回家鄉後以物易款後分發僑批,並從中獲利。當然,這也是一種最原始的對於小額錢款的跨國轉移辦法。至於僑款頭寸的調撥辦法詳見本章第四節。

　　水客經營是信用與盈利並存的。首先是信用,水客依靠良好的個人信用和各種人脈關係,以及對僑居地和家鄉兩地環境的熟悉,使這種以個體

經營的僑批方式從 18 世紀延續到了後來僑批信局經營為主的時代，才慢慢式微。其次是盈利，水客經營當然也是要盈利的，他們奔波在海面上，艱辛是可想而知的。他們的經營不會只做僑批，還更多地參與貿易和金融貨幣的匯兌業務，因為後者也許利潤更為豐厚。他們利用僑款進行小額的海洋貿易，把當地的土特產、貨物等帶回國內，再把國內特產商品帶到僑居國，從中獲取貨物的價差。在當時的海洋運輸條件下，雖然單一水客從事的是小額的海洋貿易活動，但「下南洋」的移民潮帶來巨量的僑批款物要求水客傳送，那麼，眾多水客參與經營，足以形成一個溝通海內外的華人商貿網絡。

水客為了拓展業務也需要在報紙上刊登啟事。當時在南洋的報紙上經常有水客刊登的啟事，如「本人定於本月十日搭乘海輪返穗，如有託帶銀貨兩物，請於九日前駕臨敝寓，或請通知，即登訪請教，此啟」。啟事中明確水客可帶「銀貨兩物」。

關楚璞《星洲十年》中記載了南洋尚未有匯兌信局之時，水客帶新客和開展跨海貿易的史實：[1]

> 僑胞欲寄款回鄉，多委託以來往南洋、汕頭間代客運送銀信、物件或引導新客南來為專業之水客，此等水客往返，每年計分六期，正月、五月、九月三期為大幫，二月、七月、十月三期為小幫；每期返鄉，行前均至同鄉常有往返還之商店收取銀信，收齊後即趁輪回汕轉鄉，按址分派，及取回收據或回信，繼即在汕購辦各種同僑應用貨物，南來推銷。同鄉中有新客南來者，以程途不熟，又多託其沿途照料⋯⋯

「水客」既是最早為華僑遞帶僑批和物件回鄉的業務，也是指從事此業務的人，又因為他們也「引導新客南來」，故又稱「客頭」。他們大多依靠一些小雜貨店舖為華僑收取僑批，也有些深入礦山、園區和農場等去招攬生意。他們所收到的批款皆是當地貨幣，在國際匯兌業還未發展之前，

1　李志賢：《華僑特有的專遞服務──各幫信局及其行業組織》，載〔新〕柯木林主編《新加坡華人通史》，新加坡宗鄉會館聯合總會，2015，第 508 頁。

水客須用收到的批款購買商品，到了家鄉後將貨物變賣換為現款送達收批人。我們從上文關楚璞的敍述中，也可知「水客」的運作和業務，已經不止於通過遞送僑批和引帶新客過番來賺取佣金，由於他們諳熟「番畔」和家鄉兩地情況，對運帶途中各地的水陸車船託運工作也有豐富的經驗，遂逐漸兼營各種土產跨國的買賣，以賺取更高的利潤。這不只是匯兌條件的客觀因素使然，也是可供賺取更高利潤的主觀誘因所驅動。因此，這種早期由僑批所衍生的遞帶行業本身已包含跨國域的貿易的商業性質。[1]

與閩南和潮汕地區不同，在廣東五邑地區「水客」原指來往於城鄉之間，受人之託傳送信函或實物的行商。由於他們經常挑着籮筐或者揹着布袋走街串巷，猶如一匹巡城的馬，所以又稱為「巡城馬」。據估計，清末民初年間，五邑地區「巡城馬」達千餘人之多。民國時期，五邑地區「巡城馬」的主要作用是為港、澳、省城廣州與五邑鄉間之間遞送銀信、物品等，亦有極少數來往於南洋與五邑之間。他們同樣會利用僑批款進行商貿運作，以獲取更多的利益。隨着華僑數量的增加，僑匯數量急劇增加，五邑地區的「巡城馬」與銀號、金山莊、商號、銀行、信託公司等組成了完整的民間僑匯運營體系。

我們舉一案例，分析東南亞僑批郵路與國際信函郵路之不同，以期看出海外僑批個體經營者（相當於水客）利用僑批款進行貿易的情形。

圖 2-14 所示為戊午五月初十（1918 年 6 月 18 日）印度尼西亞坤甸黃世劍寄南安十四都樓下鄉古思腳厝交家母黃門潘氏收展的僑批。經新加坡中轉，僑批封加蓋「新加坡梁永吉信局／不取工資／專交大銀」紅色章。基本郵路：荷屬坤甸——新加坡——中國廈門——南安。

圖 2-15 所示為 1918 年 10 月 8 日坤甸黃世劍寄福建泉州南安縣千金廟下虛街交瑞興大商號轉交家母黃門潘氏親收展國際掛號封（郵票已脫漏）。

基本郵路：坤甸（1918 年 10 月 8 日）——新加坡（1918 年 10 月 17 日）——

1　李志賢：《華僑特有的專遞服務——各幫信局及其行業組織》，載〔新〕柯木林主編《新加坡華人通史》，新加坡宗鄉會館聯合總會，2015，第 508–509 頁。

圖 2-14　戊午（1918 年）五月初十坤甸黃世劍寄福建南安僑批

圖 2-15　1918 年 10 月 8 日坤甸黃世劍寄福建南安國際掛號封

香港（1918 年 10 月 26 日）——廈門（1918 年 11 月 3 日）——泉州（1918 年 11 月 4 日）——南安。

　　兩封的寄件人、收件人均相同，只是一封為僑批封，另一封為國際掛號封。從收信人地址詳略看，僑批封簡單，國際掛號封所寫地址較詳細。不管是僑批封還是國際掛號封，均經過新加坡中轉。這可以說明坤甸寄中國的國際信件以新加坡為中轉的中心。其實，不僅是國際郵件，而且包括國際貿易、航運、金融等均以新加坡為中轉的中心。尤其要說明的是僑批封上沒有留下坤甸僑批經營者（信局或水客）的信息，我們可以推測，坤甸僑批經營者，應該是常常往返坤甸和新加坡的貿易商人，可能常住坤甸，也可能常住新加坡，在坤甸將僑批匯總後從坤甸乘船攜帶至新加坡再郵寄中國的可能性比較大。我們推測，在這其中，僑批經營者常會攜帶兩地的商品做些買賣，賺取貨物價差。[1]

3. 東興匯路：既是特殊僑匯線，又是戰時貿易線

　　雖然時代不同，但「東興匯路」的艱辛與危險，實際上不亞於水客時代的批路。東興匯路不僅僅是特殊的僑匯線，更是抗日戰爭時期中外交流的貿易線。

　　1941 年底，太平洋戰爭爆發，僑批海路線完全中斷。1942 年初，以陳植芳為代表的潮幫僑批業者不畏艱難險阻，積極探索，繞開日寇封鎖線，終於尋找到中越邊境附近的一處時屬廣東管轄的東興鎮，開闢出一條蜿蜒曲折的僑匯生命線——「東興匯路」，該路線成為在抗戰戰火中開闢的一條疏通僑批的祕密通道。

　　「東興匯路」的開闢，既顯示出僑批業頑強的生命力，又成為戰時中

1　黃清海：《印尼坤甸及「蘭芳共和國」——從兩枚坤甸封說起》，《閩商文化研究》2016
　　年第 1 期，第 59-67 頁。

國融入世界體系的一個切入口，成為中國保持與世界聯絡的活躍渠道。[1]「東興匯路」開闢後，大量僑批、物資流經東興市場，銀行、錢莊等金融機構及從事各種經營和服務的商舖店家在東興鎮如雨後春筍般湧現。在此期間，廣東省銀行、中國農民銀行、交通銀行、中國郵政儲金匯業局以及民營的光裕銀行、華僑聯合銀行等金融機構紛紛在東興設立辦事處，大力發展僑匯業務。在三年半時間裏，東興鎮有着戰時跨國金融中轉樞紐的地位，使得東興被冠以「小香港」之稱。

在東興匯路開通之後，東南亞一帶特別是越南、柬埔寨、泰國、老撾等中國周邊國家的僑批信局的人員紛紛攜帶金銀、外鈔、貴重物資從芒街鎮進入東興鎮。其中的一部分在當地的商貿市場中被變現（或兌換）為法幣，通過當地的銀行被轉匯至潮汕地區附近的國統區，一部分由僑批信局直接送達潮汕地區。

東興匯路不但運送了大量僑批款物，而且將友好國家和海外愛國僑胞捐獻和援助的抗戰物資及商品，如汽油、煤油、布匹、橡膠和名貴的中西藥品，源源不斷地從越南芒街鎮運進東興鎮，年貿易額竟達數億元以上。當時的東興港常有二三百艘船舶停泊在我方一側碼頭，年貨物吞吐量超 7 萬噸。這些戰略物資的輸入間接地支援了中國的抗戰。

「東興匯路」其實也是戰時華僑將救濟家人、支援國家抗戰的錢款、物資，交由僑批信局通過商貿與貨幣互換的形式，歷盡艱辛，輾轉運送，最終輸入中國，送到潮汕僑眷手中的路線。一方面從經濟上拯救了上百萬潮汕地區僑屬和民眾的生命，另一方面以民間的渠道為抗日戰爭輸送了急需的外匯資金和戰略物資。

4.「以物代匯」——幣物互換的特例

僑匯原來是海外華僑華人及港澳台同胞因與國內親屬的地緣、血緣關係而對家鄉的匯款，用途是贍養眷屬。所謂贍養就是首先保證生活必需的糧食

1　程希：《華僑華人與中國的關係：僑批業之視角》，《東南亞研究》2016 年第 4 期，第 90 頁。

和一些必要的日用品的供給。新中國成立後，在國家物資貧乏的情況下，為了鼓勵華僑匯款，保障緊缺物資優先供應給僑眷，國家實行了僑匯物資供應制度，發行僑匯物資供應券。僑眷憑供應券到華僑特供商店購買所需的商品。

　　然而，在 1958 年開始的「大躍進」期間，由於受「左」的思想影響，提倡共產主義社會即將來臨的「共產風」，不少僑鄉也颳起「強迫命令風」，向僑戶籌集黃金和外匯，傷害了華僑、僑眷的思想感情和破壞了僑鄉習俗。在 1960 年起的 3 年困難時期，出現自然災害等引起的大饑荒及缺糧狀態，國內物資十分緊缺。1960 年代後，國家先後實行優待華僑攜帶行李物品進口免稅辦法和放寬糧副食品進口免稅辦法。在這一時期，政府考慮到僑眷的生活，允許海外華僑華人和港澳同胞免稅向國內親屬寄送糧食、食油等食品，鼓勵僑批業經營進出口業務，為僑戶進口生活必需品。因而，有相當一部分贍家匯款被用於購買進口糧副食品。由於政府鼓勵「以物代匯」，因此該時期的僑匯大為減少。其實，在困難時期，相比於匯款，寄物對於僑眷來說能使他們得到更好的贍養。

　　一封於 1962 年 6 月由馬來亞芙蓉寄給福建南安碼頭劉林鄉泉龍典當厝劉敦填先生的家書（見圖 2-16），書信（原文見如下引文）裏明確寫有所寄食品的名稱。

慈愛母親大人膝下：

　　敬稟者，叩別以來迄今數拾載，諒想福體康安，舉家平善。查上月付託社壇鄉葉由雨君攜帶藍匙標麥粉壹包（拾斤莊）、生油壹珍，諒早日收否？以作充飢之需。即古曆五月十六日晨八點二十分育下麟兒，取名國鐘。產後母子平安。這是天公庇佑，萬幸至極。而弟媳結婚至今是否孝順嗎？有聽大人教示，有無成孕，回音來知。外地生理冷淡，土產敗價，利不及費，債務纏身，未能如願返梓一行，暫寬明年計劃就是。福體自珍，外地平善，免介。耑此，敬稟

福安

不肖兒敦牆叩稟

1962 年 6 月 28 日即古五月廿七日

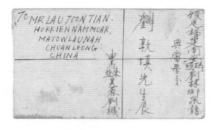

圖 2-16　1962 年 6 月馬來亞芙蓉寄福建南安劉林鄉掛號家書

　　這封家書寄發在國家困難的時期，國內物資十分貧乏，華僑匯款改為寄糧食副食品。信中明確寫上「麵粉壹包（拾斤莊）、生油壹珍⋯⋯以作充飢之需」。可見，依靠僑匯生活的僑眷在國內物資缺乏時期生活也是十分困苦的，他們感到此時收到食物比收到錢更好。1963 年以後，國內經濟逐步好轉，市場、物資供給狀況也有了改善，海外也就停止了向僑屬僑眷寄送食品。

　　隨着公社化農業生產的恢復，國內急需的是化肥。此時，國家鼓勵華僑用要匯款的僑匯在海外購買化肥寄回，國內僑眷再將化肥讓售給國家，以收取人民幣作為家費。[1]

　　根據《中國國情叢書：百縣市經濟社會調查・晉江卷》，1961 年晉江利用僑匯進口糧食、食油、副食品的數量是 1211 噸（價值人民幣 171 萬多元），1962 年進口這類物資 4143 噸（價值人民幣 653 萬多元）。另外，根據

1　2016 年 12 月 2 日筆者採訪親歷者陳意忠（1949 年在菲律賓出生）。他說，他是華僑家庭出身，他十幾歲在香港，目睹家族人通過僑批業購寄肥粉的情況，肥粉每噸 300 元港幣，有蘇聯的，也有歐洲的。

1991 年 9 月 29 日《福建日報》報道，在 1960 年代初期，晉江市利用僑匯進口了 1143 噸化肥。[1]

改革開放後，隨着計劃經濟向市場經濟的轉型以及商品經濟的發展，國內物資充足，只要有錢，誰都可以買到所需的食品、消費品，一些僑供票證被取消。但在對外開放後，回鄉探親的海外華僑華人、港澳同胞大量增加，加上海關放寬了對攜帶物品入境的限制，以及外匯市場上存在官方和黑市牌價的差異，直接帶入外鈔比匯入款項合算，因此，他們大量帶進如電視機、冰箱等耐用消費品，以及攜帶外幣現鈔回國。僑匯的輸入渠道方式轉變了，「以鈔代匯」「以物代匯」形式增多。從晉江來看，進入 1980 年代，每年回晉江探親的海外華僑華人、港澳同胞的總數約 5 萬人次，以每人次帶入港幣 5000 元計算，每年帶給晉江僑眷的港幣就有 2.5 億元。[2]

此後，由於中國經濟的發展，不需要贍家匯款的國內親屬增加了，而僑匯的用途已有轉變，僑匯匯回境內轉用於經濟活動，包括投資、創業等情況增多了。

「以物代匯」「以鈔代匯」導致狹義僑匯減少，但實際上説明了在國內物資市場不充分的情況下，僑匯與物資之間的轉換互動關係。從華僑華人轉移個人財富（大概念的僑匯）來講，在其轉移總量一樣的情況下，華僑會從有利於個人利益的因素考慮，採用最合適的、最有利的渠道轉入。

四、僑匯與貿易互動：資金頭寸跨國轉移

僑批信局轉移外匯資金的方式主要有：現金、匯兑（匯票）和與商品貿易互換。這裏主要討論匯兑問題。僑批的貨幣資金如何轉移到中國，外匯頭寸如何從海外銀行調入國內銀行，是僑批運作的一個關鍵問題，需要

1　〔日〕山岸猛：《僑匯：現代中國經濟分析》，劉曉民譯，廈門大學出版社，2013，第 54 頁。
2　〔日〕山岸猛：《僑匯：現代中國經濟分析》，劉曉民譯，廈門大學出版社，2013，第 54 頁。

僑批信局與國際銀行互動配合。

關於僑批信局如何進行僑匯頭寸的買賣與調撥，鄭林寬在《福建華僑與閩僑匯款》[1]一書中做了較為詳細的闡述。

1. 僑批信局調撥僑匯頭寸一般情形

在南洋的僑批信局收進了匯款，國內（如廈門）的僑批信局支付了匯款之後，兩地之間就產生了一種債權債務關係。這種債權債務關係的清結，假使不依賴其他可能的方法如商業上的賬款，或不借金銀運輸實現，則只有以匯兌來實現。華僑匯款或是直接由銀行匯回或是由僑批信局匯回。但海外僑批信局收進的是僑居地當地的貨幣，它們也必須經過外匯市場間接經由銀行折成本國貨幣匯回來。國際匯兌市場本身所受的影響因素極多，而匯款所經過的匯路不同，會對匯兌市場產生不同的作用。

假定南洋與廈門僑批信局間最簡單的清結匯款辦法，就是當南洋僑批信局方面發出一筆僑匯時，它在賬面上等於欠了廈門僑批信局方面同一數額的債務。假使廈門僑批信局在匯兌之外還兼營進出口，恰巧又預備在南洋辦貨，那麼它就可以委託南洋的僑批信局採辦一些南洋土產運回廈門，並以僑匯賬面的款額抵賬，這期間發生的只是「無形的匯兌」，相當於廈門僑批信局也對南洋僑批信局發出了等額的匯票。可是這種事情，並不常有，有時也沒有這麼簡單，因為貨款未必就等於僑匯款額，時間也未必能同步。假若南洋僑批信局方面不即時清結這筆款項，而將其拿來生利，廈門僑批信局方面就坐失了一筆利息；或是由南洋僑批信局方面給廈門僑批信局方面相當息金，作為存款收益。

第二種可能的清結方法就是廈門的僑批信局也兼營對南洋匯兌，即在廈門出售南洋匯票。這種僑批信局不多。

1　鄭林寬：《福建華僑與閩僑匯款》，福建調查統計（永安），1940，第 82–84 頁。

　　如果僑批信局本身不能經營直接匯兌，那麼它只有通過銀行匯兌方式清結相關債權債務。

　　銀行的匯兌有好幾種方式。其中的一種是南洋的銀行收進南洋貨幣計量的僑款，賣出國內貨幣計量的廈門匯票，持票人即以之向南洋銀行的廈門分行或代理銀行（代理店）支兌國內貨幣計量的僑匯款；同時廈門的銀行也可以用直接賣出南洋貨幣計量的匯票，收入國內貨幣來應付僑匯支出。

　　但是因為廈門一地對南洋匯票的需求並不多，所以僑匯還須經過香港、上海兩個外匯中心方能兌現。僑批信局方面有時不將款直接匯到廈門而先匯到香港，這是因為有利可圖。因為福建各地訂購的洋貨多數來自香港，在港付出貨款，故其對港匯總是求過於供，港匯的申水總比較折價高些，僑批信局即利用此種套利方法在匯價上謀取利益。

　　經營匯款的銀行也可運用同一方法將它們在南洋收到的外幣在上海或香港脫售出去，它們在廈門收到僑匯，也須立時在市場上出售港、滬兩地的匯票，以便在廈門收回國內貨幣，應付持票人來銀行提取僑匯款；不然，它們在港、滬兩地出賣南洋外匯的所得，就不能得到及時利用，這會使它們周轉不速，蒙受無形損失。這就是南洋、香港（上海）、廈門之間的三角匯兌方式。

　　廈門僑批信局並不直接發售南洋匯票，不過有時它也可以賣出一部分南洋僑批信局的匯票，以應付僑匯支出，其餘一部分則藉港、滬兩地轉匯沖賬，所以福建各僑匯收款地也會對滬轉匯。

　　此外，還有銀行間互相購買彼此匯票的事情發生。例如，甲、乙兩行同在南洋，甲行的匯水較乙行低，那麼乙行向甲行購買匯票匯回國內比它自己在廈門拋售南洋匯票而收回當地貨幣反而合算得多，於是乙行就購買甲行的匯票，讓其在國內的分行向國內中國銀行內地分行提取匯款，以應付自己簽發的僑匯匯票，因為兩行都把這筆款項當作僑匯，以致重複。這是在僑匯估計上常遇到的困難。

2. 國際外匯市場匯兌情形

對於匯兌而言，資金流動不分貿易的與非貿易的。在國際貿易市場上，國際商品貿易需要通過外匯進行清算，對於單一進出口業務來說，進口商收入貨物，匯出外匯資金；出口商輸出貨物，收入外匯資金。但國際貿易市場是由眾多的進出口商、眾多的進出口業務量構成的。在開放的國際金融市場上，對於銀行來說，它是經營貨幣生意的，只要按照客戶的要求和相關規定辦理客戶資金的劃撥或匯出匯入即可，對於客戶的資金用途，一般不太關注。

在調撥外匯頭寸時，僑批信局與國際銀行密切配合，一方面可提高匯款效率，另一方面可從中獲取匯兌利潤。當一名顧客匯寄一定數額的中國銀元時，僑批信局並不是將它立即匯出，而是等到個人匯款積攢到足夠大的數額或匯率有利時才向銀行開票。有些交易用中國的銀元來核算，有些經由香港的交易以港元來核算，但在中國僑鄉的僑眷最終收到的是銀元。在國際貿易、金融資本和投資中採用不同幣別計算，可能會產生差價，但是，在中國與東南亞的絕大多數商業活動中，港元是主要的結算貨幣。經過香港的鉅額匯票要經過兩次兌換，先換成港元，然後再換成中國的銀元。對於兼營進出口貿易的僑批信局來說，有時也用手中的資金沖銷在香港從事進出口貿易的賬款；有些僑批信局則從新加坡與香港間的金銀差價、匯率波動中獲取利益。[1]這樣，貿易、非貿易（僑匯）與外匯交易協同進行和相互作用，從而完成僑匯頭寸的調撥。

圖 2-17 所示為 1921 年 5 月 31 日馬尼拉黃開鉽致錦宅黃開物的僑批。批信內容提及天一信局匯票和單水，單水是指匯水。其原文如下。

1　〔日〕濱下武志：《全球史研究視野下的香港》，載國家清史編纂委員會編譯組編《清史譯叢》第十輯，張俊義譯，齊魯書社，2011，第 116–117 頁。

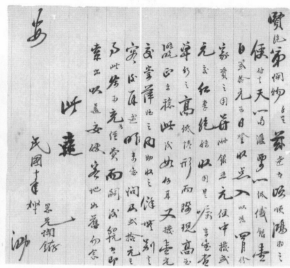

圖 2-17　1921 年 5 月 31 日菲律賓馬尼拉黃開鋪致錦宅黃開物的僑批

賢胞弟開物手足：

　　茲達者，頃順鴻羽之便，付去天一局匯票一紙，儎銀壹百式拾元，至日登收點入，以為四月份家資之用，並附銀五元，便中撥式元交紅李胞妹收用，是囑。來書查單水之高低情形，而際現高至壹佰零捌元正，未稔此後如何耳？又撥壹元交崇萍姪之內助收之，餘無別言，容後再述。昨來書問及式拾元之事，此條可充為經費，而嗣後伍拾元者，即索出以還安嫂，客地如舊，勿念。此達
安

愚兄　開鋪　泐

民國十年四月廿四日（1921 年 5 月 31 日）

　　對於寄僑批的華僑來說，他們會關注匯水的高低，以選擇有利時機寄匯僑批款項。而對於僑批信局來說，它們更會關注匯水的變動，畢竟信局所做的匯款量要比單一華僑的匯款量大得多。

　　僑批信局的資金頭寸調撥與銀行有所不同，僑批信局解付批款時會根據各國的貿易和習慣區別對待。例如，在新加坡買港幣匯單，在匯出地付

新幣買港幣匯單，在中轉調撥地的香港收港幣，再轉託銀行或銀號折算中國貨幣匯往國內僑鄉銀行。國內銀行根據香港銀行的委託按《僑匯解款表》逐筆託匯、逐筆解款，或付給僑批信局以便其登門送達僑眷，或直接付給收款人。還有就是採用比付方式，即在新加坡向香港發匯款通知單，在香港再向廣州發匯款通知單，在廣州賣出新加坡匯票，然後在三地之間進行匯款抵銷。而南洋大部分地方的僑批信局往往是向銀行買匯單直接寄回國內化解。泰國等地的僑批信局則在南洋購買大米等容易賺錢的貨物運到香港，賣貨易款，再將款項轉回內地進行解付。安南等地的僑批信局則將外幣現鈔運至香港，在外匯市場上拋售，所得款項用於解付批款。[1]

在這裏，我們選擇新加坡《叻報》上的廣告信息，從更為宏觀的大眾化、市場化的視角來考察新加坡的貿易、航運、金融匯兌，以及新加坡的經濟發展及對外交往的基本脈絡。

《叻報》是新加坡發行和行銷最久的中文日報，是研究「二戰」前新加坡以及那時期華人的珍貴歷史資料。由薛有禮於 1881 年 12 月創辦。從創刊日起至 1932 年 3 月停辦為止，該報總共刊行了 52 年。我們可以在網址 http://www.lib.nus.edu.sg/lebao/1887/lp001725.pdf 上查詢到 1887 年 8 月 19 日到 1932 年 3 月 31 日大部分日期的《叻報》資料。這裏，筆者從其中選出 3 份加以説明。

圖 2-18 所示為 1887 年 8 月 19 日（丁亥年七月初一）《叻報》刊發的《本月廿九日匯票行情》和《輪船開行》。《本月廿九日匯票行情》記載的是農曆六月廿九日，也就是報紙出版前一日（1887 年 8 月 18 日）的匯票行情信息。內容包括商品價格、貨幣兌換價格、匯價行情三個方面。一是商品價格，包括舊煙土、新煙土、上甲錫、叻甘蜜、叻島椒、白椒的價格。二是貨幣兌換價格：金盾行情，金盾一個六元三角；印度盾，一百元兑二百二十六盾；爪亞盾，一百元兑一百九十盾零五。三是匯價行情，如：

1　蒙啟宙：《僑批業：一條由親情串起來的海上金融絲綢之路》，《廣州城市職業學院學報》2015 年第 4 期，第 10 頁。

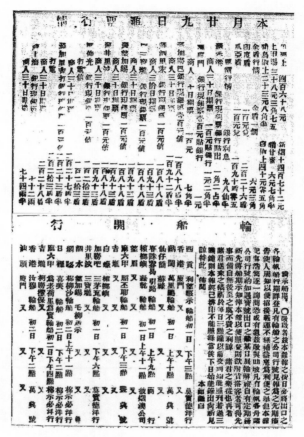

圖 2-18　1887 年 8 月 19 日《叻報》記載的匯市行
　　　　情和輪船開行信息

匯香港，銀行現銀票銀行貼出一角二占半，商人三十日期票一百元貼銀行
一元二角半；匯廈門，銀行現銀票壹百元貼銀行一元，商人三十日期票
一百元七角半；匯上海，銀行現銀票一百元值七十二兩，商人三十日期票
一百元值七十四兩半；匯仰光，銀行現銀票一百元值一百二拾三盾；等等。

　　以上信息涉及的地域以東南亞為主，但匯兌行情也涉及中國香港、廈
門和上海，未涉及歐美地區。有趣的是，匯香港和廈門的以銀元計價，而
匯上海的則以銀兩為單位計價。在 1933 年中國廢兩改元之前，官方採用的
是銀兩制，但香港和廈門係貿易與華人出洋和回國的主要口岸，受外洋金

融貨幣的影響，民間和官方已普遍使用銀元作為流通貨幣。因而，在國際匯兌時，香港和廈門均使用銀元作為計價單位。

在國際市場中，貿易、航運、金融三者有着緊密關聯，貿易離不開航運和金融，金融的繁榮需要有貿易作為基礎，而貿易也需要有航運來推動。因此，《叻報》在刊發這方面信息時均將其集中在一起，以便讀者閱讀。

不管是僑批局、水客還是進出口商，只要需要對外匯款，均可按照當時銀行公佈的匯市牌價兌換匯款，且不區分貿易結算款或是僑匯匯兌款。

圖 2-19 所示為 1928 年 2 月 10 日《叻報》刊發的《匯票行情一覽表》《輪船入口》《輪船出口》等。其中《匯票行情一覽表》列出了全世界 20 多個地方的匯票行情，除東南亞外，包括中國的香港、廈門、汕頭、福州、上海，澳大利亞的雪梨（今悉尼），英國的倫敦，美國的紐約，等等。很顯然，新加坡與中國的金融往來越發密切，同時也與歐美的金融中心有了往來關係。

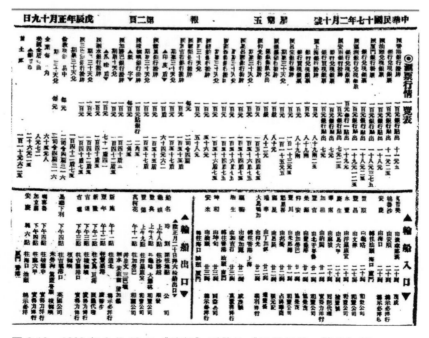

圖 2-19　1928 年 2 月 10 日《叻報》刊發的《匯票行情一覽表》等

　　圖 2-20 所示為 1932 年 3 月 31 日《叻報》（最後一期報紙）刊發的《市況一覽表》。《市況一覽表》列有金融類和 20 多類食品物品行情信息。金融類信息分為匯各國、匯中國、匯南洋、匯爪哇四項。其中，匯各國排在最前面，包括倫敦、紐約、巴黎、日本、舊金山、紐（新）西蘭等 13 處地方。匯中國項中，增加了廣州。可以看出，那時新加坡與歐美的經濟金融聯繫更加緊密，同時與中國也一直保持着緊密的往來關係。

　　上述所列的香港、廈門、上海、汕頭、廣州均為中國的主要貿易口岸，藉助於這些口岸銀行的外匯結算業務，僑批信局將僑匯資金源源不斷地從東南亞轉移到國內。

　　然而，僑批信局和銀行在實際操作時，為了在匯兌市場上賺取匯差，常常會採取三角匯兌、多角匯兌，包括套匯炒匯的方法將僑匯匯回國內。當然，這其中也隱藏着風險，不少僑批信局因為炒匯虧損而倒閉。

3. 僑批信局兼營業務的便利

　　僑批信局兼營其他業務是一種普遍的現象。一者，這是從商業利益出發的；二者，這有利於僑批業的發展。兼營進出口業務，有利於僑匯資金被調撥回國內；兼營其他各行業，有利於攬收從事各行業華僑的僑批匯款。

　　從僑批信局的產生來看，在國外，早期有不少僑批信局是由進出口商或洋行兼營僑批而成立的，到了後來，也有不少僑批信局從商業利益出

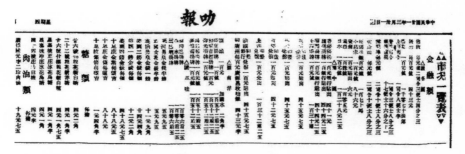

圖 2-20　1932 年 3 月 31 日《叻報》刊發的《市況一覽表》

發，兼營進出口業務或其他業務。在東南亞，兼營進出口業務的僑批信局一般規模較大，如僑通行、鬱利棧匯兌莊等。

在國內，1890 年代以後，一部分船頭行和與華僑有聯繫的出口商、進口商，以經營國際貿易為主，但也代理銀信業務。它們利用自身的優勢，通過貿易結算，代理海外僑批信局的資金承轉（外匯資金調回國內）業務，如有僑批的解付工作，則委託給內地批館或派送局辦理。[1]

圖 2-21 所示為 1928 年 2 月 15 日菲律賓宿務中華學校校報（英文版）刊登的宿務同興公司中文廣告，其內容如下。

> 敬啟者　本公司專營出入口貨，以五穀為大宗兼自置米絞麥絞，出品佳麗，物美價廉，早已膾人口。茲為僑胞利便起見，加添同興匯兌信局，專收漳泉內地，各方均有代理，專倩役人，傳遞敏捷，消息靈通，交款迅速。倘蒙惠顧，無任歡迎。

同興公司啟

從廣告中，我們可以看出，同興公司是一家進出口商，現在要兼營僑批業務。

新加坡成源公司匯兌信局位於源順街四十號，也是一家兼營銀信業務的進出口企業，在廈門自設有銘成公司分局，專營樹膠、土產、雜糧買賣，九八出入口商，兼營祖國匯兌銀信。[2]

根據對新加坡南洋中華匯業總會於 1947 年出版的年刊裏的僑批信局廣告做統計，刊登廣告的 52 家潮州人僑批信局中，兼營的就有 31 家，佔了近六成（59.6%），31 家兼營其他業務的僑批信局中有 8 家是兼營進出口生意的。沒有兼營其他業務的僑批信局中，有多家是屬規模較大且兼營其他業務的僑批信局的分號，如「有信莊匯兌信局」就是「有信莊」的分號。從這些廣告中可見潮州人僑批信局兼營的業務廣泛多元，從礦業到橡膠業和

1　中國人民銀行福建省分行國外業務處：《福建省僑匯業社會主義改造史料（1949~1958）》，1964 年編印，1996 年中國銀行福建省分行國際金融研究所翻印，第 2 頁。

2　新加坡或源公司匯兌信局廣告，載《南洋中華匯業總會年刊》第二集，新加坡 1948 年 6 月刊印。

圖 2-21　1928 年 2 月 15 日菲律賓宿務中華學
校校報刊登的宿務同興公司廣告

註：1928 年 2 月 15 日菲律賓宿務中華學校校報（英文版），
共 16 頁，只有這則廣告用的是中文（係筆者收藏品）。

藥業，從進出口、船運業到汽車行和腳車行，從廣告業到文具製造業和印刷業；所涉及產品從茶葉到酒和蔬果，從土產到化妝品，從中西布匹到中外雜貨，可謂琳瑯滿目、應有盡有。[1]

　　圖 2-22 所示為 1948 年新加坡金龍泰茶行匯兌信局在《南洋中華匯業總會年刊》第二集上刊登的廣告。新加坡金龍泰茶行匯兌信局分為茶行部、什貨部、匯兌部。其中，匯兌部可辦理電匯、信匯、票匯，匯兌範圍為上海、廈門、漳泉、廣州、廣東、潮汕、廣西、瓊州。分行代理點所在地區

1　曾旭波：《東南亞僑批信局經營方式初探——以潮幫批信局為例》，載賴宏主編《第六屆潮學國際研討會論文集》，澳門潮州同鄉會，2005，第 552–553 頁。

有：小坡、香港、台灣、哂郎依土登茶廠、沙撈越、馬六甲、吉隆坡。

　　僑批信局採取以一業為主、多種經營的方式有其傳承性因素和其他現實的需要。如早期水客遞送僑批，便是以兼營的方法賺取更多的利潤，並為匯兌批款的客戶提供其他採購服務，後來與之合作收批的小商店，即是僑批信局的前身，它們一開始更是以售賣雜貨和其他商品為主業，收取僑批只是它們增加收入和充實資金的副業。延續之前的做法，後來發展起來的僑批信局繼續採用這種有利可圖的兼營形式是順理成章的。收到的僑批款，正是它們兼營和投資其他業務的主要資金來源之一。[1]生意做大，門路多，各方資金交集流動，有利於僑匯頭寸的調撥。

四　典型案例：古巴僑匯與記賬貿易

　　華人移民古巴的歷史頗為曲折而富有滄桑感，而古巴的華僑匯款同樣是艱辛而具有典型性的。1960 年起，古巴華僑匯款與中古記賬貿易，便是一個僑匯與貿易緊密關聯的典型案例。首先介紹一下古巴華僑與僑匯的歷史。

圖 2-22　1948 年新加坡金龍泰茶行匯兌信局的新加坡廣告

資料來源：《南洋中華匯業總會年刊》第二集，新加坡 1948 年 6 月刊印，第 24 頁。

1　李志賢：《華僑特有的專遞服務——各幫信局及其行業組織》，載〔新〕柯木林主編《新加坡華人通史》，新加坡宗鄉會館聯合總會，2015，第 515 頁。

中國人聚居古巴源遠流長，超過一個半世紀未曾中斷，這可說是古巴華僑的一個獨特之處。古巴華僑與僑匯有着悠久的歷史。

1847 年 6 月 4 日，首批中國移民共 206 人作為「契約華工」，從廈門乘船抵達古巴哈瓦那港。1492 年 10 月，探險家哥倫布發現了古巴，而這個美麗的加勒比島國從 16 世紀起就淪為西班牙的殖民地。古巴盛產蔗糖，在 16~17 世紀，西班牙莊園主都是靠從非洲買進黑奴來經營甘蔗園和糖廠的。

19 世紀初，英國率先發起廢奴運動，西班牙在英國的壓力下只好停止買賣奴隸作為勞工。在這種情況下，為彌補勞動力短缺，西班牙人接受英國的建議，開始從亞洲移民。那時，中國移民都是被人販子轉賣到古巴和其他加勒比國家的。

在此後的幾十年裏，從中國東南沿海特別是五邑地區前往古巴的華工不斷增多。1870 年，古巴政府宣佈廢除華工的「契約」，在古巴的「苦力」都成了自由人。勤勞節儉的中國人在古巴的境況隨之日益改善，成了餐館、旅店、咖啡館等的主人。

1874 年，在古巴的華人已達到 10 多萬人，在當時的桑哈街上除了各種中餐館和中國商店外，還有好幾家電影院、戲院和麻將館；華人區建立了中文學校、醫院和養老院，並在哈瓦那國家公墓買下了墓地——中華總義山。

1893 年 5 月，古巴華僑建立了自己的組織——中華總會館，以維護廣大華僑自身的合法權益，它是拉美國家中歷史最悠久、規模最大的僑團之一。20 世紀初，古巴獨立，在中華總會館的影響下，古巴各類華僑組織紛紛出現。

自 1902 年古巴獨立後，中古兩國隨即建立了外交關係。古巴經濟在美國的控制下迅速發展，城鄉經濟持續繁榮，很多就業機會吸引了大量的華工，古巴成為美洲華僑華人聚集的中心。據有關資料記載，20 世紀初，在古巴的華人有二三十萬人，其中來自廣東台山的就有兩萬多人，古巴成為華人賺錢的天堂，哈瓦那華人區成為美洲最大、最繁榮的華人區。

1925 年，古巴自由黨獨裁者格拉多·馬查多·莫拉萊斯在擔任總統後，推行新政，導致華人主導的行業走向蕭條。1929 年，古巴被捲入資本主義經濟危機，古巴經濟走向衰退，加上排外風潮迭起，針對華僑的苛政

百出，華僑華人賺錢越來越艱難。

　　1943 年，美國廢除《排華法案》，此後，第二次世界大戰結束，美國經濟快速發展，古巴華僑大量移居美國，古巴華僑逐年減少。據古巴政府統計，1943 年古巴有華僑兩萬餘人。據《台山縣志》記載，1953 年古巴的台山華僑有 6833 人。這兩個數字都比最高峰時期減少了很多。

　　1959 年，在卡斯特羅領導的古巴革命勝利後，古巴推行公有制，古巴華人社區成為革命的對象。從 1960 年代初的國有化到 1968 年的「革命攻勢」，善於經商的華人，無論是巨商還是小販，財產全被收歸古巴政府。同時，古巴又推出禁止華僑匯款的政策，極大地傷害了華僑的心。古巴由於實行單一蔗糖經濟政策，一直無法讓經濟走出困境，華人陷於無處容身的境地。為求生存，華人掀起一波波的出走潮。據記載，1959~1960 年，成百上千的華人離開古巴。1961~1962 年走的人更多。1980 年哈瓦那發生 1 萬多人到外國使館尋求避難的事件，卡斯特羅宣佈想離開的人都可以離開古巴，立即就有 12.5 萬多人到邁阿密去，其中就有不少華人。[1]

　　隨着時間的流逝，老僑逐漸去世，又沒有新的中國移民到來，古巴華人的數量越來越少，華人社會日趨衰落，目前全古巴的華僑華人總共才有 1000 多人，華人區現在的居民大多數是華裔。[2] 古巴華人社區不再充滿生命力。

　　1960 年之前，古巴對華僑匯款未設限制。古巴華僑匯寄五邑地區的匯款和銀信早期大多經過香港中轉。在匯款方面，華僑先在古巴買擔保信（仄紙）寄到香港的金山莊，由金山莊兌現後交由來往於五邑與香港的「巡城馬」（水客）帶到五邑地區交收銀人；或者華僑直接在古巴買擔保信（仄紙）寄到五邑地區的銀信機構，銀信機構直接付現給收銀人，然後再由銀信機構自行或是通過「巡城馬」（水客）到香港從銀行處兌回現款。[3] 新中國成立後，古巴華僑匯款大多數由銀行辦理，但匯路須經過香港或廣州中轉。

1　黃卓才：《鴻雁飛越加勒比——古巴華僑家書紀事》，暨南大學出版社，2011，第 255 頁。

2　黃卓才：《鴻雁飛越加勒比——古巴華僑家書紀事》，暨南大學出版社，2011，第 297-298 頁。

3　李柏達編著《古巴華僑銀信：李雲宏宗族家書》，暨南大學出版社，2015，第 10 頁。

1960 年代初，古巴受到美國的封鎖壓制，實行嚴厲的外匯管制政策，禁止華僑匯款。古巴是中國的友好國家，中古貿易採取易貨方式，華僑匯款被限額匯出。這是一個特例，說明僑匯不僅是經濟問題，而且是涉及政治的問題。從這一案例中，我們可以看出國與國之間貿易與僑匯匯兌結算的互動關係。下面是一封 1965 年 10 月 25 日古巴華僑李維亮寄往廣東台山的家書：[1]

> ……再說表明，每年僑匯非是通匯。凡屬社會主義國家幣制不能通流國外，乃係市面通用幣，出國不值（無使用價值，不能流通），凡出口貨品需定金價放（方）能轉換。只因我中華人民共和國政府援助古巴物質浩大，應有盡有，將貨替代每年僑居古巴僑匯古幣（古巴貨幣）壹百萬元贍養親屬之故。除中國之外無一國做則（得），目前居留古巴僑民好多有款項不能寄，多（的）是，可知也。

1960 年 9 月中古建交後，兩國關係非常友好。1960 年 11 月，中古簽訂第一個經濟技術合作協定，該協定規定中國向古巴提供 6000 萬美元無息貸款。1961 年 9 月古巴總統訪華，中國同意購買 100 萬噸古巴蔗糖。正如信中所說：「中華人民共和國政府援助古巴物質浩大，應有盡有。」在古巴政府實施禁匯政策後，包括美國在內的其他國家在古巴的僑民一律被禁止匯款出國，古巴唯獨允許華僑每年匯寄不超過 100 萬比索的僑匯回國。但這種華僑匯款和以往的華僑銀信的寄送方式不同，因為古巴比索無法在中國兌換，它不是真正意義上的通匯。根據 1964 年 12 月 31 日中巴兩國簽訂的《中華人民共和國政府和古巴共和國革命政府貿易協定和支付協定》，兩國貿易以貨物相互交換的方式進行，且應遵循雙方進出口平衡的原則。根據該協定書，中巴兩國相互供應貨物的支付，將由中國人民銀行委託中國銀行和古巴國家銀行根據該支付協定和《關於執行中、古貿易和支付協定的技術細則和記賬辦法的銀行協議》，以及有關換函的規定辦理。即中、古

1　李柏達編著《古巴華僑銀信：李雲宏宗族家書》，暨南大學出版社，2015，第 197 頁。

貿易先以美元對貨物進行定價，然後進行等值交易。中、古之間的國際貿
易採用記賬式結算方式，同時實現了貿易與僑匯的平衡結算，也就是說，
古巴華僑每年 100 萬比索的匯款，要用中國進口古巴 100 萬比索的貿易商品
來補償（或是用中國無償援助的外匯額度來補償），即中國對古巴貿易逆差
100 萬比索，用於填補古巴華僑的匯款額度。這是特定歷史時期產生的特殊
僑匯結算方法。[1]

1961 年 4 月，中國銀行廣州分行根據中僑委和總行的要求，與古巴政
府和國家銀行進行了多次會談，並達成共識：旅古華僑匯款回國可向古巴
「中華總會館」進行登記，每月匯總一次，將匯款清單送古巴國家銀行匯交
中國銀行廣州分行解款。至是年底，古巴國家銀行先後向中國銀行廣州分
行匯入僑匯 2277 筆，折合人民幣 1300 萬多元。[2] 古巴僑匯的暢通不但對當
時廣東的經濟建設發揮了重要的作用，而且使北美洲的僑匯可直匯廣東省。

---

1   參見李柏達編著《古巴華僑銀信：李雲宏宗族家書》，暨南大學出版社，2015，第 198 頁。
2   蒙啟宙：《僑批業：一條由親情串起來的海上金融絲綢之路》，《廣州城市職業學院學報》
　　2015 年第 4 期，第 13 頁。

僑批局與其跨國經營網絡

　　近代中國的歷史是一段跌宕起伏的歷史，在中西方文明衝突、碰撞、交融之中，中華民族歷經歷經歷了一系列的巨大變革，經受了嚴峻的考驗。僑批及僑批業正是在這種歷史背景和自然地理環境下產生、發展和演化的。它源起於民間「草根」個體的金融與通信活動，進而發展為近代中國的移民金融與通信行業，並以民間渠道將中國與世界連接起來，為中國近代的社會變革與經濟轉型注入了新活力。在這裏，我們分析幾個典型的僑批局案例，加以說明。

　　在近代中國海洋移民的群體中，有這樣一部分人，他們面對海洋，甘冒風險，誠實守信、愛拚敢贏；他們所做的事業，是一種兼有跨國金融與國際郵政業務的特殊行業——僑批業；他們承載着國外僑民與國內眷屬之間的經濟與情感的橋樑；他們在芸芸眾生的海洋人物中是佼佼者；他們就是僑批商人。

　　郭有品與其天一信局、王世碑與其王順興信局，這兩節講述了僑批業的兩位前輩，信義、勇敢、開拓、開放、富有海洋特質的人格品行，以至於他們所創辦的信局持續經營幾十年，成為僑批業的典範。兩位前輩都是從水客單幹發展到經營僑批企業的，雖然同樣都富有中國傳統的家族式的管理色彩，但均能根據僑批經營的特點，結合個人信用、人脈關係（血緣、鄉緣、友緣等關係）、資本大小等情況擴展自身的經營網絡，以現代跨國企業的理念來經營管理僑批業務。天一信局作為雜幫信局[1]，以發展自身網點為

1　雜幫信局，也簡稱「雜局」，是指宋幫和洋幫業務均經營的信局。東南亞僑批分「菲幫」
　　和「洋幫」。菲幫又稱「宋幫」，係指菲律賓僑批業務；「洋幫」係指除菲律賓外的其他東
　　南亞國家的僑批業務，包括新加坡、馬來西亞、印度尼西亞、泰國、緬甸、越南等的僑
　　批業務。

主，兼以發展代理而形成網絡；王順興信局則是專營宋幫僑批業務，除在馬尼拉、泉州、廈門有三家自有機構外，均以代理的方式形成自身的業務網絡。兩家信局最終都因炒匯虧損，觸發資金鏈斷裂而告終結。

新加坡僑通行與廈門僑通批信局，分別設在東南亞華僑集散地的新加坡口岸和閩南僑鄉的廈門口岸。兩家僑通企業形成一個大的僑批運行網絡，以新加坡與廈門之間海路連接為主線，以兩個口岸為基點，各自向業務區域擴散，形成了兩邊呈喇叭形狀、中間由海路主連線連接的僑批運行體系。

正大信局綜合兼有頭、二、三盤業務，是一家在閩南地區較具代表性的雜局，經營網絡十分龐大，鼎盛時期在國內設有分號 31 家，聯號 2 家；在海外設有 37 家機構；營業網絡覆蓋英屬和荷屬殖民地以及菲律賓等地，共計 20 多個地區。正大信局以分號、聯號方式相互建立委託和代理關係，從而構建了區域廣泛的僑批跨國傳遞運營網絡。

一、郭有品與其天一信局

天一信局是閩南地區最具代表性的信局之一，它是一家雜幫信局，即宋幫和洋幫業務均經營，機構網點遍佈東南亞的主要華僑聚居地和閩南的主要僑鄉，業務涉及收批收匯、銀信承轉、頭寸調撥、登門派送、回文處理等環節，形成了為僑民提供寄信匯款一條龍服務的體系，建立起以自身設立網點為主延伸代理業務為輔的龐大跨國運營網絡。

在如今的福建漳州台商投資區角美鎮流傳村，有一座中西合璧的歷史建築，其規模及建築風格，從側面見證了天一信局昔日的輝煌。2006 年天一總局遺址被列為第六批全國重點文物保護單位。圖 3-1 為郵政部門發行的個性化郵票圖案，展示了天一信局現存的相關文物。

天一信局創辦人郭有品於 1880 年開始經營僑批，至 1928 年 1 月天一信局停業，歷時 48 年。郭有品的天一信局作為中國的民間國際郵局、國際匯兌局，是規模最大、分佈最廣、經營時間較長的早期民間僑批信局，以

其信譽之卓著、影響之深遠、創辦年代之早，在福建華僑史乃至中國郵政史、中國金融史上佔據重要的地位，創辦人郭有品因此成為閩商誠信的典範之一。[1] 有關天一信局的研究，已有郭伯齡、林南中、蘇通海、李英傑、賈俊英等學者從不同角度進行了探討。[2] 這裏，在介紹天一信局簡史之後，重點闡釋其信用典範、經營之道、經營管理網絡等。

1. 郭有品與天一信局

郭有品（1853~1901 年），字鴻翔，清代福建省龍溪縣流傳社（今漳州台商投資區角美鎮流傳村）人。父親郭振寧英年早逝，遺有四子，郭有品排行第四。他童年時聰穎好學，深得塾師器重而多學多識。同治八年（1869 年），年僅 17 歲的郭有品在開店舖的長兄郭有德的資助下隨客頭漂洋過海，前往呂宋經商。由於他忠厚老實、尊老敬賢且樂於助人，深得同鄉華僑、僑眷的信賴。同治十三年（1874 年），郭有品受一些富庶僑商的委託，開始充當水客，初時，他專門替呂宋僑商及其僱用鄉族的華工攜帶銀信回國。到家鄉之後，他親自登門將銀信送交給僑眷，並傳口訊，收取回文，待下幫南下時帶回馬尼拉交給寄批人。這種水客或客頭單幹的「一條龍」服務，深受當時華僑、僑眷的歡迎，因為僑眷除了收到銀項和家書外，還可從水客或客頭的口中了解到海外親人的近況信息，感覺十分的可信和親切。

郭有品在幾年的客頭生涯中領悟到經營僑批盈餘的豐厚，便在家鄉

1　參見《閩商文化研究》2010 年總第 1 期（第三屆世界閩商大會會刊），第 17 頁。

2　郭伯齡：《天一批館的歷史浮沉》，載泉州市僑聯等編《回望閩南僑批》，華藝出版社，2009，第 123–131 頁；林南中：《品讀「天一」僑批》，載泉州市僑聯等編《回望閩南僑批》，華藝出版社，2009，第 32–35 頁；蘇通海組編的《天一僑批信用戳》郵集榮獲 2007 年福建省集郵展覽一等獎；李英傑：《閩南天一信局簡史》，載黃清海主編《閩南僑批史紀述》，廈門大學出版社，1996，第 175–177 頁；賈俊英：《傳統與現代：近代僑批局的信用嬗變——以天一局為個案》，載世界海外華人研究與文獻收藏機構聯合會會刊《華僑華人文獻學刊》第一輯，社會科學文獻出版社，2015，第 29–54 頁；賈俊英：《淺析天一信局的經營、管理制度》，載福建省檔案館編《中國僑批與世界記憶遺產》，鷺江出版社，2014，第 212–232 頁。

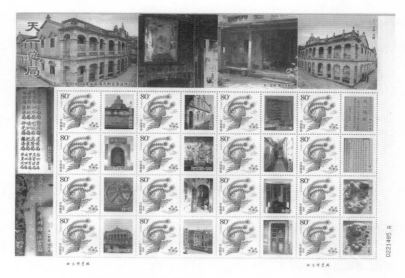

圖 3-1　郵政部門發行個性化郵票圖案展示天一信局現存的相關文物

龍溪縣流傳社創辦了漳州首家僑批局——天一批郊，總局設在龍溪縣流傳社，分號設在廈門及安海，投送範圍遍及閩南各僑鄉；海外設分號於菲律賓馬尼拉洲仔岸。郭有品創辦天一批郊後，自己在馬尼拉收取華僑銀信後，將信款帶回國，到家鄉後便僱請同鄉族人作為固定信差投送，並不准信差苛求工資、酒資或小費。

從客頭發展成信局的企業經營，這在僑批運作過程中，便開始實行了適當的分工。僑批業務要做大，收批收匯是源頭，是業務的關鍵，因此，郭有品本人在海外負責收批收匯並親自運送到國內，而派送工作則僱用他人去做。分工提高運作效率，才能進一步做大業務量。

1896 年大清郵政局成立，1897 年，郭有品的天一信局向大清郵政局登記註冊。隨着業務量的增加及國際匯兌業務的發展，1912 年改稱為「郭有品天一匯兌銀信局」[1]，1928 年 1 月天一信局倒閉。天一信局鼎盛時期在東南

1　該局名曾在《廈聲日報》刊登廣告，見蘇通海《漳州僑批史話》，福建人民出版社，2016，第 32 頁。印章用字有「郭有品天一匯兌銀信局」「郭有品天一匯兌銀信總局」「郭有品天一匯兌信局」「郭有品天一銀信局」等多種。

亞 7 個國家設有 24 家攬收銀信機構，在國內設有 10 家機構，包括在香港、
上海設立僑匯轉駁機構；僱用職員數百人。郭有品從做「水客」走單幫（整
個運作流程一人完成）的原始單幹形式開始，創辦天一信局，到專業化分
工的商業運作，進而發展為跨國金融匯兌和跨國函件的網絡化經營。一步
一步走來，從民間草根的鄉村信用到民間跨國信用，而這其中，隨之相伴
的是個人信用擴張的過程，即從個人信用發展為企業信用，再到進一步擴
張的過程。

2. 民間信用之典範

在清朝末年的鄉村，人們的活動範圍較為局限，鄉里鄉親交往講究的
是樸實的信用。個人信用的形象在民間樹立，需要個人平時的信用積累，
然而，有了突現的信用案例，通過民間宣傳與傳播，便能促使一個信用典
範的樹立。郭有品的個人誠信故事便是一例。

（1）郭有品的個人誠信故事

郭有品起初作為一名「水客」往返於家鄉福建閩南與菲律賓馬尼拉之
間，其中有一個最著名的故事。郭有品在一次運送僑批的途中，遭遇颱風
而輪船沉沒大海，所帶洋銀深埋浩瀚大海，他險些與僑批一併沉入海底，
葬身茫茫大海之中。他在被同鄉救出後，深感責任重大。海上遇險，所帶僑
批深埋浩瀚之海，可以說，這是遇到了天災。可是，郭有品為了解送僑批款
項，他毫不猶豫地變賣了自己的房產田物，兌換成洋銀，憑藉自己衣袋中一
同倖存下來的幾張名單及款項，一一賠償給僑眷。此事傳到華僑們的耳中，
瞬時使得「天一批郊」「郭有品批館」名聲大噪，美譽遠傳東南亞各地及閩
南僑鄉。天一信局的生意也由此與日俱增，興旺繁榮，乃至發展為中國歷
史上最大的民間僑批信局之一。這不得不把大半功勞歸功於郭有品個人誠
信的品格以及將此精神融入天一信局的經營之中的結果。天一信局誠信經
營是閩南私營僑批業中信用的典型代表，是中華民族民間信用之典範。

（2）個人信用的延續與擴張

　　1901 年（光緒二十七年），天一信局創辦人郭有品染疫逝世，其長子、時年 17 歲的郭用中（又名郭行鐘）在堂兄郭行端的輔助下，接管了天一總局。郭用中主理天一信局期間，在承接之前郭有品信用的基礎之上，繼續擴張信用，僑批的業務量銳增。

　　雖然郭有品已去世，但他的誠實守信已融入於天一信局的企業精神裏，其誠信依舊延續，其後代仍然藉助於先輩的信用作宣傳。為了更好地利用「郭有品」個人信用的金字招牌，1902 年天一信局名稱前面加上「郭有品」三字，天一信局改稱「郭有品批館」或「郭有品天一信局」，並刻製印章在僑批或回批上加蓋宣傳，這樣，郭有品個人信用在天一信局企業信用中得以延續。在 1901 年之後經營並留存下來的天一僑批實物封上的信用戳記，印證了上述的史實，讓我們一併看看早期在菲律賓、廈門、流傳、安海等地天一信局印章戳記。[1]

　　在菲律賓馬尼拉的天一信局使用「郭有品」三個字的信局名址章：

　　　　垠洲仔岸銅簧邊 138 號 / 大門內郭有品信局（見圖 3-2）

　　　　郭有品批館 / 垠住洲仔岸院前灼店 259 號 / 郭水仁理信（見圖 3-2）

　　　　郭有品批館 / 垠住洲仔岸院前朱細里店 251 號 / 郭水仁理信（見圖 3-2）

　　　　郭有品批館 / 垠住洲仔岸街朱細里 / 門牌 209 號 / 郭水仁理信（見圖 3-2）

　　　　郭有品信局 / 垠洲仔岸布店 138 號 / 郭曲沃林仰理信（橢圓形章，見圖 3-2）

　　　　郭有品天一銀信局 / 住垠洲仔岸朱細里畔 / 門牌第式佰壹拾九號內（見圖 3-2）

1　筆者至今未發現 1901 年之前的天一信局印章戳記。

天一信局在廈門的部分印章也有「郭有品」字：

郭有品天一銀信局住廈門水仙宮／理發分批／無取酒資／概交大銀（見圖3-3）

郭有品／天一局／住廈門水仙宮／理信專分大銀／無取酒資／第　幫（見圖3-3）

郭有品／天一局／住廈門大史巷／理信專分大銀／無取酒資／　幫（見圖3-3）

在流傳天一總局使用的部分印章戳記：

郭有品批館設在鄉社兼理番關分局／如回信逐幫接續／設法異常／分批無酒資／交龍銀送到貴家／免費住龍溪廿八都流傳社（見圖3-4）

郭有品天一匯兌銀信總局兼理郵政分局／要信逐日發付／設法異常／專分大銀／無取酒資／無甲小銀／住龍溪廿八都流傳社（見圖3-4）

郭有品天一總局／住龍溪流傳社／理信分大銀無酒資／第　幫（見圖3-4）

在安海使用的郭有品天一批郊印章戳記：

郭有品天一批郊晉南惠等處／信銀設在安海石埕街／理發分批／交大銀無取酒資／無甲小銀（見圖3-5）

圖3-2　郭有品天一信局在菲律賓馬尼拉使用的部分印章戳記

資料來源：錄自黃清海編著《菲華黃開物僑批：世界記憶財富（1907~1922）》，福建人民出版社，2016；黃清海主編《閩南僑批大全》第一輯，福建人民出版社，2016。

郭有品天一銀信局住廈門水仙
宮理發分批無取酒資概交大銀

圖 3-3　郭有品天一信局在廈門使用的部分印章戳記

資料來源：筆者僑批收藏品的印章戳記。

郭有品天一滙兌銀信總局兼理郵政分
局要信逐日發付設法異常專分大銀無
取酒資無甲小銀住龍溪廿八都流傳社

郭有品批館設在鄉社兼理番關分局如
回信逐幫接續設法異常分批無酒資交
龍銀送到貴家免費住龍溪廿八都流傳社

圖 3-4　郭有品天一總局在流傳使用的部分印章戳記

資料來源：錄自黃清海編著《菲華黃開物僑批：世界記憶財富（1907~1922）》，
福建人民出版社，2016，第 4、55、187 頁。

郭有品天一批郊晉南惠等處
信銀設在安海石埕街理發分
批交大銀無取酒資無甲小銀

圖 3-5　郭有品天一批郊在安海使用的印章戳記

資料來源：筆者僑批收藏品的印章戳記。

這些「郭有品」印章從清末一直使用至 1920 年代，表明郭有品個人的信用魅力在天一信局中一直發揮作用。

（3）繼承人對天一信局信用的管理

天一信局作為一家跨國的信用企業，信用管理顯得十分的重要。郭用中主理天一信局之後，僑批業務蒸蒸日上。究其原因，固然與海外華僑社會這一時期經濟較為穩定且呈上升勢頭的利好因素有關，但另一重要的因素，還是要歸因於郭用中善於運用父輩的信用關係，精心經營，且與他建立起一套完整的信用管理制度有着密切的關係。一方面他繼承了其父「信譽為首，便民為上」的經營之道；另一方面他加強了制度化管理，各項工作井井有條、有章可循。

1. 通過加蓋信用戳在僑批載體上，樹立公眾信用形象

樹立公眾信用形象，除了需要自身做好外，還需要大力宣傳。對於信局來説，僑批實體本身就是一個很好的宣傳載體，信局刻製信用戳在僑批上加蓋宣傳，便利又省錢。信用戳作為看得見摸得着的實物，是僑批局制度信用的一個重要體現，天一信局在不同時期、不同地區所使用的印鑒和印戳，形式和內容上也有所區別，但信局章戳將僑批局的口頭約定以實物的形式確定下來，以實物的形式作為信用行為的承諾，其中的內容則可看作僑批局與華僑、僑眷所定的契約。從圖 3-2、圖 3-3、圖 3-4、圖 3-5 可以看出，天一信局在不同時期、不同地區所使用的章戳各異，即使同一地方的天一信局，也因經營場所的改變，名址印章也會改變，如菲律賓馬尼拉的天一信局，至少使用過 6 枚不同的章戳。

天一信局注重利用信用章戳進行信局業務宣傳，一般章戳是連同局名、信用文字、地址為一體刻製的，蓋在僑批封、回批封或信紙上，公佈傳遞信局信息，公開透明，信息對稱，既為宣傳業務拓展而更新，也便於社會的監督，並可防止社會上的假冒。例如：

> 本局分批現交銀／議酒資分毫無取／交大銀無甲小銀／若有被取或甲小銀／祈為註明批皮或函來示本局／願加倍送還貴家／決不食言　乙巳

年天一再啟（見圖 3-6）

乙巳年即 1905 年，使用「再啟」，說明天一信局在 1905 年之前就有此佈告或已使用過類似的信用章。天一信局明確告示，信差要講信用，不允許額外索取小費等。從落款看，此枚信用章是天一總局所刻製的。

在一份 1910 年 7 月 10 日回批封上蓋有安海天一信局的紅色信用章：

　　本館交大銀無工資 / 若是被取或甲小銀 / 祈註批皮來示 / 本局願加倍坐還貴家 / 決不食言 / 戊申　安海天一局啟（見圖 3-7）

戊申即 1908 年，說明該章刻製於 1908 年。

我們注意到，在流傳社的兩枚信用戳（見圖 3-4，左和中）中分別有「兼理番關分局」「兼理郵政分局」文字。經分析，天一信局作為民間企業在戳記上直言地宣傳兼理番關、兼理郵政業務，證明了天一信局在當地的實力

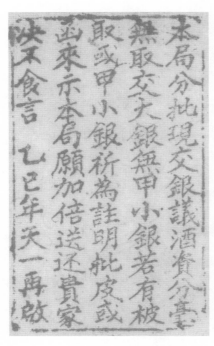

圖 3-6　1905 年天一信局信用章　　　圖 3-7　1908 年安海天一信局信用章

與信用度，因為要能代理郵政分局的商家必須遵循光緒廿七年六月十五日大清郵政官局《殷實舖戶代郵政開設分局章程》。[1] 反之，如果沒有足夠的信用基礎根本不可能成為番關代理機構和國家郵政局的代理機構。

1914 年 11 月 22 日菲律賓華僑黃開物寄給其在家鄉錦宅社黃振昌的僑批（見圖 3-8），由天一信局轉駁。該封的背面蓋 5 枚印章，其中一枚天一信局信用章文字：

本局無寫批之例 / 貴客須知

誰敢假冒本局之夥 / 向批家回信勒取工資 / 天厭之 / 倘有此情 / 請註明批皮來知 / 此佈　流傳天一主人

1921 年（民國十年）菲律賓寄漳州龍海錦宅鄉僑批封，蓋有流傳天一代理局南興民局章，文字：

本局無寫批之例 / 貴客須知

誰敢假冒本局之夥 / 向批家回信勒取工資 / 天厭之 / 倘有此情 / 請註明批皮示知 / 以便究辦 / 此佈 / 庚申流傳天一局再啟

南興民局分信（見圖 3-9）

「庚申」即 1920 年。又如：

本局分信送到批家 / 專交大銀 / 不取工資 / 並無代寫回信之例 / 如有等情請函告 / 當究辦 / 此佈 / 流傳郭有品天一匯兌信局啟（豎排 4 排字）[2]

天一批郊泉安勢信銀 / 設在安海石埕街理發 / 分批交大銀 / 概無取酒資 / 又無甲小銀（見圖 3-9）

天一批郊泉城勢信銀 / 設在泉城新橋頭理發 / 分批交大銀 / 概無取酒資 / 又無甲小銀（見圖 3-9）

---

1   吳寶國：《王順興信局代辦「郵政分局」之研究》，載泉州市僑聯等編《回望閩南僑批》，華藝出版社，2009，第 30 頁。

2   蘇通海：《漳州僑批史話》，福建人民出版社，2016，第 37 頁。

圖 3-8　1914 年 11 月 22 日菲律賓馬尼拉寄錦宅社僑批

資料來源：錄自黃清海編著《菲華黃開物僑批：世界記憶財富（1907~1922）》，福建人民出版社，2016，第 32 頁。

圖 3-9　流傳、安海、泉州天一信局信用戳記

資料來源：筆者僑批收藏品的印章戳記。

　　上述列舉的天一信局的信用戳，使用時間為 1903~1926 年，印章中除了名址外，戳記的文字常有「交大銀，無甲小銀，無取酒資」等字樣，說明當時僑眷十分重視匯款足額問題。「交大銀，無甲小銀」可減少兌換差價損失，「無取酒資」說明匯兌費用已由海外匯款人支付，國內不必付資費。

天一信局針對當時華僑、僑眷最關心的匯款足額問題，在僑批或回批上加蓋相關章記，規範操作，並提醒華僑僑眷監督，以贏得華僑、僑眷的信賴。在僑批上加蓋「無取酒資，無甲小銀」字樣的信用戳，從側面反映了當時社會上存在郵差索要小費現象，信局加蓋信戳告示，意在規範投遞行為，樹立信用。

天一信局的兩枚戳記（圖 3-8 右和圖 3-9 左）寫明不代人寫回批，這是因為，若是由天一信局代寫回批，則內部工作人員容易相互勾結，寫出錯誤信息，監守自盜。由此可見，天一信局在內部監管方面也做得十分規範。1918 年，天一信局還特別刊登緊要廣告對此進行重申：

> 天一局不會代寫回批，所有代寫回批者都是不合規矩的。如果有批夥勒寫回批，請指名告訴天一局，將送官嚴懲。因為若批夥代寫回批多次，就會摸清顧客底細，久而久之就能夠以多報少。[1]

有些信用戳不但完整記錄了僑批局在國內或國外的詳細地址，還讓人了解到僑批局的經營風範。這種信用戳的使用，便捷又省錢，在彰顯僑批局金融誠信的同時，也達到了良好的廣告效應。這種獨特的宣傳方式，既規範投遞行為，也樹立公眾信用，體現了僑批局經營者的智慧。

2. 信用制度化管理

郭有品創辦的天一信局很注重信用，經營上井井有條，管理上不僅有嚴格的規章制度，而且還有許多便民措施，例如，僑民寄批，信局必發給寄批者「票根」，以備查詢；每次批信均配有「回批」紙，以供僑眷回覆僑批時使用；收解僑匯手續正規，明確匯款費率，僱用固定信差，嚴禁向僑眷索取小費，等等。

1　賈俊英：《傳統與現代：近代僑批局的信用嬗變──以天一局為個案》，載世界海外華人研究與文獻收藏機構聯合會會刊《華僑華人文獻學刊》第一輯，社會科學文獻出版社，2015，第 40 頁；轉引自《郭有品天一匯兌銀信局緊要廣告》，載全國圖書館文獻縮微複製中心編《民國珍稀短刊斷刊──福建卷》第 5 卷，2006，第 2191 頁。

　　嚴格管理信差的制度。信差直接與僑眷接觸，信差的個人信用直接影響信局的信譽。一是為防止信差向僑眷索取小費，批封上常蓋有告示章，以時刻告誡信差不許索要、不准勒索。二是千方百計提高派送效率，為及時將僑批送出去，信差常常是晝夜不分地工作，各派送局平時做好各項準備工作，船一到口岸，即從郵局領出，分揀僑批，迅速派送，日夜趕工，減少解付環節，縮短解付時間。三是做好僑匯保密工作，因凡寄來大批款項時，有的僑眷就要掘地埋藏，只怕大批額的僑匯風聲一傳出，倒楣的事就會隨之而來，因此，信差對僑匯保密是責無旁貸的。

　　嚴格的收發交接制度，這是僑批局制度信用的另一體現。為了保證海外僑胞的辛苦錢能夠萬無一失，僑批局建立了一整套嚴格的收發交接制度。批款和回執都具有統一的規格，按此規格印發表格。寄批人在表格中填明收批人姓名、地址、批款數額和寄批人的姓名、地址，由僑批局的工作人員將表格中所填寫的內容，照抄到賬簿，然後將其編號，逐日移交司櫃匯入總賬。最後，經理會逐件查核，在批封背面蓋上僑批局印章。凡是有僑民寄批，信局必須發給寄批者票根，以備查詢。

　　圖 3-10 所示為馬六甲天一信局經辦代理商號怡成號發給寄批人陳玉坑的票根。文字：

　　　MALACCA（章）天一信局。茲列第（135）幫在（馬六甲）收過（陳玉坑）官來信（乙）封銀（四元），立即關繳進，到廈本局，派夥親送，銀批齊交，不支工資並無甲盾，寄客家中，毫免郵費。此據。

　　　天運（乙）年（十）月（廿九）日

　　　怡成號住馬六甲吉靈街收信（章）

　　天一信局在經營上很注重信用，而它提升信用的方式也是從最初的個人人格信用上升到企業制度信用。隨着業務的拓展，天一信局逐步建立起一整套制度信用。通過制度化管理，不但規範自身信用行為，而且保障它在市場交易中的利益不受侵害。

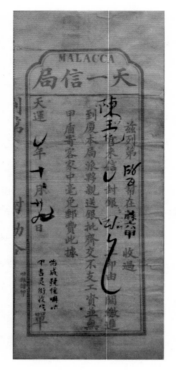

圖 3-10　1925 年（乙年）天一信局發給
寄批人陳玉坑的票根
資料來源：僑批收藏家蘇通海藏品。

3. 貼近需求，便民至上

　　下南洋移民族群寄信匯款的強烈的市場需求催生了由水客為僑胞捎信、帶錢、帶物的初始形式，「開啟了僑批業的源頭」。清末郭有品充當水客，既帶錢帶物帶信，也可傳口信，貼近華僑民生需求，貼近僑鄉基層社會的實際，倍受華僑、僑眷的歡迎。貼近需求，便民至上，這一做法在天一信局一直沿用着。

（1）字號響亮，貼近民心

　　「天一」亦可解釋為「天下第一」之意，寓有服務質量天下第一、信譽

天下第一、經營規模天下第一、傳遞速度天下第一、通信質量天下第一等意。天一批郊的「天一」，取自漢儒董仲舒的《春秋繁露‧深察名號》中的「天人之際，合而為一」，即「天道與人道、自然與人為」合二為一，天一徽志是用「天」字周圍用「一」字呈圓形包圍着，頂部留一空白，寓意天下一家，表達了郭有品創辦僑批局的仁愛之心，對於海外華僑與萬里之隔的故鄉眷屬來說，「天一」拉近了彼此之間的距離，使他們身感親近之情。[1]由此可見創辦人用心之精明。

（2）講求信譽，樹立品牌

天一信局開辦後，始終以「信譽第一，便民至上」作為座右銘，創始人郭有品早期對華僑的每批銀信均親自收取並押運回家鄉。有了「海難誠信」的故事，郭有品的名望譽滿南洋，華僑深為信賴。郭有品病逝後，其長子郭用中延用郭有品的人格信用，將天一信局改名為郭有品天一匯兌銀信局，分設信匯部和批館，實行專業化經營與管理。為滿足海內外華僑、僑眷匯寄銀信的不同需求，又在南洋華僑較多的地方設立分局，進一步拓展市場空間。

（3）嚴格管理，應對競爭

天一信局有一整套嚴格的規章制度，包括交接手續、匯率、佣金等。對於容易造成不良影響的信差派送僑批時索取小費、代寫回文之事，更是採取多方面措施加以管理。所有僑批均由匯款華僑自定匯費，嚴厲禁止信差向僑眷苛求匯費；為防範信差向僑眷索取小費，批封上常蓋有「概無取酒費，又無甲（搭配）小銀」「理批信，專發大銀，無取酒資無甲小銀」「照批分銀，概無取酒資，無甲小銀」等告誡戳。由於天一信局嚴格內部管理制度，注重信用，所以，也成為大清郵政的代理機構，方便了僑鄉民眾，滿足了人們對當時郵政的需求。

1　郭伯齡：《天一批館的歷史浮沉》，載泉州市僑聯等編《回望閩南僑批》，華藝出版社，2009，第 124 頁。

（4）服務周到，便民至上

天一信局為客戶服務也有其獨到之處。如每次批信均配有「回批」紙，以供僑眷回覆家書時用；海外收寄信款時一般在船期前二至四天就預先通知寄款人，並派人挨戶詢收；匯款時如款項一時未便（沒有現款），信用可靠者均可以先墊款匯去，待回批到時再向其收回墊款；每批僑信到達天一信局，天一信局就在樓前升「天一旗」，附近幾個村莊遠遠便能望見，僑眷互相傳告及時領取，對於未領取的，天一信局於次日分別投遞；遇到遠途前來寄信往海外者，天一信局還專設休息房提供休息之便或招待食宿。

（5）提高僑批運作效率

天一信局的另一重要舉措便是提升送批的速度。僑批業如同今日的快遞業一樣，遞送的速度也是企業制勝的關鍵，天一信局深懂其中道理。

1920 年以後，天一信局購置了南太武、正太武、鴻江 3 艘汽船，經營卓崎—廈門、石美—廈門航線的客貨渡運業務。爾後，漳州、石碼船商陸續建造汽船和機帆船，航行於石碼—廈門、石碼—金門、漳州—石碼—廈門、漳州—石美等航線。

內行航運的增加一定程度上提升了國內僑批的遞送速度，更加方便僑眷，也促進了僑批業的發展。

（6）熱心公益，樹立公眾形象

信局所做的是熟人熟客的業務，有信譽、有熟人、有公眾形象才有更多的業務。天一信局及其主人通過興資辦學，樹立公眾形象，擴大社會影響力，反過來又可促進業務的發展。天一信局創始人郭有品富裕之後不忘家鄉父老，於 1898 年興辦義塾，聘請塾師任教，村裏學童免費入學，塾師的食宿、薪金由天一信局提供。郭有品還在流傳社創辦「喚醒堂」，為貧苦鄉人施藥施棺、賙濟族親，逢每月十五日請塾師在喚醒堂傳孔孟之道，講

忠孝故事等，教育後人克己復禮，忠孝勤儉，並同族人共訂村規，嚴禁族人吸鴉片、賭博，清除村內娼館，對一些不務正業、屢教不改者，資助船費遣往南洋謀生，深得鄉人稱讚。

郭有品病逝後，其子郭用中秉承父願，仍致力於村民教育事業，捐獻水田作為尚田，改義塾興辦「私立流傳高、初兩等小學」，擴聘教師，興建教室及教員宿舍。天一信局除免費為教師供膳外，對已婚生育的女教師還僱保姆替其看管孩子，一時成為佳話。1921 年天一信局又拆舊辦公樓擴建教室，成立龍溪縣七區第一私立流傳女子國民學校。1928 年，天一信局宣佈停業後，仍為流傳小學提供每年 2400 銀元作為辦學經費，直到新中國成立後公立流傳小學建立才停止。

4. 跨國網絡，遍佈東南亞和僑鄉各地

從水客郭有品到郭有品的天一信局，隨着僑批業務的發展，天一信局除了發展自身機構外，還通過發展代理局擴大網絡，提高運作效率，以滿足業務的增長需要。

隨着國際貿易增長與國際金融的不斷創新，天一信局為適應時代需求，除做傳統的僑批業務外，還增設上海、香港機構，增辦「國際匯兌」業務，並改名為「天一匯兌信局」，進而涉及國際匯兌的金融領域，成為收批、傳遞、送批及僑款匯兌等全功能的匯兌信局。

（1）機構擴張，網絡覆蓋東南亞主要僑居地

郭有品在流傳社建立了天一信局之後，1891 年，又在廈門、安海、馬尼拉設立三處分局。郭有品的長子郭用中子承父業之後，協同弟弟行樂、行廉，精心經營，兢兢業業，使信局發展得很快。

天一信局開辦早期，在國外，以菲律賓馬尼拉為據點，向東南亞各國輻射；在國內，以廈門、安海、流傳為據點，向閩南各僑區開始輻射。

表 3-1　郭有品天一信局海外機構一覽表

國　家（局數）	局　名	地　址		主持人（關係）
菲律賓（7）	呂宋天一局	馬尼拉（Manila）洲仔岸朱細里		郭水仁（郭有品友人）/郭尚本 / 郭曲沃
	宿務天一局	宿務（Cebu）		黃雅焱（石尾人，今為石美）/ 郭尚聯（郭用中長子，生於 1897 年）/ 蔡兆慶
	怡朗天一局	怡朗（Iloilo）		蔡兆慶 / 黃雅秋
	三寶顏天一局	三寶顏（Zanboanga）		郭尚鐘（郭有品的孫字輩為尚）
	蘇洛天一局	蘇洛（Sulu）		
	怡六岸天一局	怡六岸（Ilagan）		郭景藍
	甲答育天一局	甲答育（Calbayog）		
印尼（7）	吧城天一局	吧達維亞（雅加達、Batavia）		郭元中（郭有品姪子）
	井里汶天一局	井里汶（Ceribon）		
	壟川天一局	壟川（三寶壟、Semarang）		
	泗水天一局	泗水（Soerabaia）		郭芩生
	巨港天一局	巨港（Palembang）		郭尚變（郭有品的孫字輩為尚）
	萬隆天一局	萬隆（Bandung）		
	把東天一局	吧東（Padang，西蘇門答臘省首府）		郭尚聯
馬來西亞（4）	吉隆坡天一局	吉隆坡（Kuala lumpur）		郭時中
	檳城天一局	檳城（Penang）打鐵街		郭誠中（郭有品次子）先負責檳城，後到香港
	大吡叻天一局	大吡叻（霹靂、Perak）		郭尚偉（郭有品的孫字輩為尚）
	馬六甲天一局	馬六甲（Malacca）吉靈街		

（續上表）

國　家 （局數）	局　名	地　址	主持人 （關係）
泰國 （2）	暹羅天一局	曼谷（Bangkok）Siam	
	通扣天一局	通扣（宋卡、SongKhla）	
越南 （1）	安南天一局	順化（Hue）	
新加坡 （1）	實叻天一局	新加坡（Singapore） 源順街	黃瓊瑤
緬甸 （1）	仰光天一局	仰光（Rangoon） 貓禮蒁	
柬埔寨 （1）	金塔天一局	金邊（Phnom Penh）	

資料來源：1. 天一總局 1911 年各分局聯合奉送的賀禮西洋鏡上所刻各分局名稱；
2. 作者收藏品及所見藏友收藏品；3. 已發表的及相關文獻記載的資料。

　　至 1921 年，天一信局的國外局達 21 家：菲律賓（7 家）的呂宋（今馬尼拉）局、宿務局、怡朗局、三寶顏局、蘇洛局、怡六岸局、甲答育局；印度尼西亞（7 家）的巴城（巴達維亞，今雅加達）局、井里汶局、壟川（三寶壟）局、泗水局、巨港局、萬隆局、把東（吧東）局；馬來西亞（2 家）的檳城局、大呲叻（今霹靂州）局；泰國（2 家）的暹羅（今曼谷）局、通扣局；越南（1 家）的順化局；新加坡（1 家）的實叻局；緬甸（1 家）的仰光局。國內局達 8 家：流傳總局、廈門局、安海局、香港局、馬鑾局、漳州局、浮宮局、泉州局。

　　天一信局鼎盛時期，在海外設有機構 24 家（見表 3-1），在國內有 10 家（見表 3-2），僱用員工數百人。1921~1926 年，每年收匯 1000 萬 ~1500 萬銀元。表 3-1、表 3-2 所列只是天一信局自身的機構，但實際上在海外各地的天一信局均有眾多的代理機構或代理人。如圖 3-10 所示，住在馬六甲吉靈街的怡成號就是代理天一信局的收批機構。

表 3-2　郭有品天一信局國內機構一覽表

序號	局　名	地　　址	主持人
1	天一總局	流傳鄉（今屬漳州台商投資區）	郭用中（郭有品大兒子郭行鐘）
2	廈門天一局	廈門鎮邦路／水仙宮／大史港	郭和中（郭有品三兒子郭行樂）
3	安海天一局	晉江安海石埕街	郭炳坤
4	香港天一局		郭選魁 郭誠中（郭有品二兒子郭行廉） 郭尚本（郭有品的孫字輩為尚）
5	馬鑾天一局	馬鑾（今廈門集美區）	郭選魁
6	漳州天一局	漳州南市泰來	郭叔爾
7	浮宮天一局	龍溪浮宮（今屬龍海市）	丁必恭
8	泉州天一局	泉州南門新橋頭	郭元助
9	上海天一局		郭安甫
10	港尾天一局		蔡慈清／郭志千

資料來源：1. 天一總局 1911 年各分局聯合奉送的賀禮西洋鏡上所刻各分局名稱；2. 作者收藏品及所見藏友收藏品；3. 已發表的及相關文獻記載的資料。

　　在僑批的經營中，海外收批是源頭，海外信局的設立是關鍵。天一信局海外網點設立，一般基於市場運作考慮，主要有如下幾個方面：一是業務資源，是不是閩南籍華僑聚居地；二是人脈關係，是否有合適的負責人；三是能否運作，航運、郵政、銀行是否設立，運作成本如何；四是該網點在整個僑批運作網絡中是否發揮作用。

（2）批路、匯路的運作流程

　　對於僑批的運作方面，它是不同於管理層級的。圖 3-11 表達的是天一信局的管理網絡，代表機構內部的管理層級。管理層級一般在於投資的關係，按照投資的份額是否有控制企業的關係，總局與分局有上下級關係，

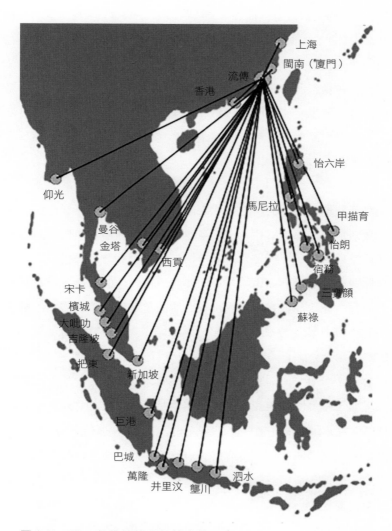

圖 3-11　天一信局的管理網絡分佈示意

總局、分局與代理局則是相互委託代理關係。

我們認為，僑批有三大事，對於國內僑眷來講，是接到海外來信，收到隨信的款項、接信銀後寫回批；對於華僑來講，是寫批信，附上要寄的錢款，收取回批；而對於信局來講，則是批路、匯路以及如何規避風險增加盈利。

天一信局的經營網絡與管理網絡是交疊的，並非完全一致。天一信局的經營，包括批路、匯路的選擇，雖然具有草根性，但也必須按照當時的國際郵政、國際金融、國際貿易等實際情況進行，必須藉助於更強大的郵政、金融、貿易、航運等大的網絡系統進行開展業務，並且必須因時而變、因地制宜。

1. 批路

批路就是僑批信件的國際傳遞線路。批路在海外的主要節點口岸，以馬尼拉、新加坡、巴達維亞、曼谷等地為主；在國內以廈門口岸為主。當然，這些海外口岸與廈門要有通航、通郵才可藉助傳遞僑批。不過，只要海外口岸與廈門有通郵關係的均可能作為僑批運送的郵路。但在具體的僑批運轉過程中並非都是直接，在沒有直航的情況下，常常需要中轉或中間停靠。如廈門—新加坡航線，也可能經汕頭、香港中間停靠。這種情況，僑批的郵程就會更長了。

在海外僑居地，信局利用親友、熟人的親緣、血緣、地緣的關係，利用個人人脈、華僑開設的商舖，撒開網絡，廣收僑批，然後集中到口岸，以信局的名義，將僑批匯集封包，通過國際郵局寄往廈門郵局。

僑批總包到達廈門後，由廈門天一信局領回，按照收批人的地域按廈門、安海、流傳等地進行分類，對於泉州片區和漳州片區的僑批封包，由信差（交通差）分別運送安海局和流傳總局。這兩個局收到僑批總包後再將僑批區分派送線路，分給各自的信差連同信款一併進行登門派送。信差同時向收批人收取回文，派送信局匯集後，原路寄發海外，轉交寄批人。

由此可知，僑批的批路以「南洋口岸—廈門」之間的海路為主連接渠道，雙向運行，而在兩頭以南洋口岸、廈門為節點，各自擴散形成扇形的跨國通信網絡。

天一信局收僑批、送銀信都有一定的規範程序，以方便華僑和僑眷為原則，服務周到，用現在的話來說就是「比較人性化」，因此，深得華僑、僑眷的喜愛和信賴。

隨着僑批業務的不斷增加，天一信局作為透局，為提高僑批的匯轉速度，逐步改變「單打獨鬥」的狀態，構建了收匯局、承轉局、派送局三個層次的業務流程，實現了僑批業務的分工協作體系。而在這其中，「幫號制度」發揮了積極的作用。幫號是僑批用以管理登記的辦法，僑批局依照僑批封背面的幫號編碼登記造冊，連接整個傳送過程，成為連接僑批快速周轉的紐帶。顧客寄發僑批時，海外收匯局的人員會當面依照「賬本碼」編好號數，使用「蘇州碼」或繁體數字戳印或書寫在批封上，及時登記造冊，副冊隨批封同時寄出。根據這個副本，收匯局、承轉局、派送局之間據以交接。每個僑批局都有其相對固定的客源，承轉局、派送局可以根據已有的登記，查詢獲得具體的地址。僑鄉派送局的批差在收到回批後，都要按幫號分別進行銷號，然後送到廈門承轉局，廈門承轉局按照海外幫號銷號整理後再匯總寄到收匯局銷號。這樣就是信差到派送局銷號一次，派送局到承轉局銷號一次，收匯局送達寄批者後最後銷號，一共三次。雖然在實際操作過程中耗費了大量的人力、物力，但是這樣的操作流程基本保證了不出差錯，不會丟批、漏批，增加了企業的信用。對於此種做法，在當時的郵政局是無法可比的。

蘇通海先生收藏的一本 1918 年天一信局賬冊[1]，記載了 1917~1918 年天一浮宮分局的詳細賬務，全年一共有 108 幫，接收批信 13264 封，涉及金額為大銀 153671 元，平均每天 426.86 元。天一廈門分局從海關（郵政）領回郵件總包後，須把僑批按區分揀，重新編號，登記造冊，即使單枚僑批也是如此，所以，從正月開始直到臘月（農曆十二月），一共有 108 幫，一幫不漏。回批的流程應該也是如此，派送員把僑批分發到僑眷家中，把款

1　蘇通海：《年終結賬——解讀天一局浮宮分局一本流水賬》，載《漳州僑批史話》，福建人民出版社，2015，第 47-50 頁。

項、家書交接清楚，僑眷寫好回批；匯攏之後，按原來的幫次，編號發回廈門天一分局，再發往國外。

2. 匯路

匯路就是將海外的貨幣如何調回國內的匯兌辦法。在水客郭有品時代一般是帶回原貨幣，即僑居地國家的貨幣，一般是銀元（洋銀）。在僑批信局時代，僑批款項屬於僑匯，是一種非貿易外匯，受制於國家的外匯收支管理，但在整個國際金融匯兌體系中，國際銀行不分貿易與非貿易款項，統一作為貨幣兌換與資金劃轉的業務進行處理。因此，信局必須藉助於國際金融匯兌體系將僑批的資金頭寸調回國內。僑批業務運轉有四個環節：收攬、承轉、分發以及資金頭寸的調撥。天一信局是一家透局，它的僑批資金的運作網絡都是由天一信局組織統籌運作的。為了提高效益，方便調撥資金，天一信局在中國貿易中心口岸的上海和香港設立機構，負責各局的資金調撥。

在清末民初，海外僑匯資金的匯兌大都控制在外國銀行，尤其是滙豐銀行手裏。民國後，隨着東南亞華資銀行的設立，部分僑匯的國際匯兌業務才逐步轉入華資銀行辦理。同時，天一信局改稱天一匯兌銀信局之後，也逐步建立了自身的匯兌體系。

僑批的匯兌形式也由最初的信匯逐漸發展為集信匯、票匯、電匯三者為一體。在國際金融活動中，這些外匯交易屬「現匯買賣」，也稱為「即期外匯交易」。

僑匯的承轉是關鍵環節，風險控制十分重要。南洋收進了匯款，會用其周轉賺錢，分為金融流通和貿易流通兩種途徑。金融流通是指信款在三角、四角甚至多角外匯市場進行周轉，利用匯率差異套取差額利潤。當然，這風險很大，套匯方向錯誤，虧錢也快。貿易流通是指利用匯款在南洋、香港、上海、閩南之間進行的土產販賣，賺取貿易差額利潤。金融和貿易都會受到市場波動的影響，進而影響僑批局的運作。

僑匯的傳速則還需通過資金調撥機構如國際銀行、匯兌莊等進行周轉。南洋收匯局向國內承轉局轉送時，僑匯款和批信並不一定會同時到達。海外局收進匯款，要轉入國內局，國內局要將匯款支付給僑眷，當兩

地之間匯兌不及時之時，便產生了債權、債務的關係。這一債務關係通過第三外匯市場（通常是上海局或香港局）進行結清。當匯兌率波動較大的時候，炒匯就近似於賭博。例如，香港的「有信銀莊」每天都打探金融行情。正常情況下，匯兌的三角、四角流轉過程中，廈門承轉局握有主動權。因為僑批局的書信和清單直接寄到廈門局，批款經上海或香港流轉後也需匯到廈門局。當廈門承轉局認為外匯交易耽擱其解付信款時，就會催促轉匯機構，進而對轉匯機構的信用造成影響。轉匯過程中三角、四角關係之間的牽制作用相當明顯。天一信局的獨特之處在於它擁有自己的收匯局、承轉局、派送局以及上海和香港的資金調撥機構，在交易中更加便利，然而其家族式管理模式使得監管缺乏，容易產生監守自盜、盲目炒匯的問題。1928 年，天一信局因炒匯而倒閉。一位目睹當年天一信局倒閉過程的親歷者曾這樣描述：

> 這種牌價起落預購匯款，有類於資本主義市場中證券交易所投機性質的買空賣空，如果掌握不好，極易垮台。我記得廈門市當年有一家天一局莊就因為預購匯款，隨着牌價跌落虧折到一百多萬元，令人咋舌。[1]

3. 運作流程

海外收匯局設在東南亞各國，負責收攬僑批。華僑可以到天一信局的店面匯寄僑批，也可以等收批人上門收批。僑批局工作人員收到僑批後會開一收據給匯款人，此項收據為製好的三聯單：一聯交由匯款人作為收據，一聯作為存根，一聯寄回國內的經理人。在僑批中的匯款多為當地貨幣，由天一信局將其兌換為本國貨幣，兌換之後的數額即為華僑匯款的數目。匯款人要在信封上左方標明匯款的數額，有時也會先由天一信局依批據墊付匯款，等到國內家屬的回信寄到僑批局時再向匯款人索要匯款。收匯局收到批信以後，寄交到國內的承轉局。款項則是另匯，閩南僑匯常以匯廈

1　賈俊英：《傳統與現代：近代僑批局的信用嬗變——以天一局為個案》，載世界海外華人研究與文獻收藏機構聯合會會刊《華僑華人文獻學刊》第一輯，社會科學文獻出版社，2015，第 42-43 頁；轉引自《福州工商史料》第一輯，1984，第 143-144 頁。

門為原則，但是因為國內各地匯水市場的漲落，也常有匯至香港或上海，後轉匯到廈門的。

廈門分局為承轉局，是南洋與內地之間的承轉機關，負責承轉進出口的僑批，以及回批的抄底、封發及批銀報頭盤局調撥等。匯款則是由當地銀行（多為滙豐銀行）匯寄回廈門，其中經過的時間所生利息歸僑批局所有。同時，南洋僑批局也可以利用收集到的匯款在南洋當地購買國內緊俏的商品，運到國內後轉賣賺錢，多出來的錢又是僑批局的利潤。廈門分局收到匯款通知後，登記其匯款來去地址、姓名及款額。國內承轉局雖有時未接到南洋的現款，但仍會按照僑信所寫款額分送各收款人，19世紀中葉開始，大批的閩南人經廈門移居東南亞各地，使廈門成為東南亞華人移民的出入口岸。這些遷居東南亞的移民寄回僑鄉的匯款也隨之以廈門為集散地，因而廈門是閩南經濟、金融中心，是華僑出入口岸和國際郵遞口岸，它的繁華就在於它是一個轉運口岸。因此，閩南僑匯的承轉局均設在廈門口岸。

派送局常常設立在僑鄉，即僑批分發的中心處，此時有流傳、安海、馬鑾、漳州、泉州五個分局，負責將信、匯分發到戶。解送人員多名，解送人員多是聘請親戚或者是有裙帶關係的人擔任，在僑批旺季時還會聘請臨時信差參與。派送範圍幾乎遍及閩南大小各個僑鄉。

天一信局的網絡成為一種國際的通信匯兌聯網，有固定的收匯辦事機構和店面。天一信局在以後的發展過程中，不管是新建還是重組，僑批局的機構形式都是遵循或者仿造天一網絡的模式，以收匯局、承轉局、派送局交接委託互成網絡，分工更加明確、細緻，以公司統率收匯、承轉、派送業務或者聯網形式組成國際大網絡，運轉僑批的書信和匯兌業務。正是這樣一張龐大、複雜的僑批局組織網絡，承載了源源不斷的僑批與回批在南洋與閩南之間的流動。

資本大的匯兌信局，如天一信局，常利用匯水漲落行市做買賣匯單生意，因為普通信局收到僑匯後常先利用該款周轉他項牟利，僑信到達國內後，信局都爭相匯款，此時市面匯出款比較多，匯水行情比較漲。天一信局看準這一時機，常常反其道而行之，事先大量買入匯單，到此時匯水行

情高漲時再行拋售，以此從中牟利，因此，買賣匯單也成為匯兌信局的主要業務之一。正是這種充滿投機的市場環境之下，許多信局因此而倒閉，天一信局也不例外。

上海曾經是遠東最大的貿易中心，當然也成為中國僑匯的承轉中心之一，閩南僑匯也有一大部分經由上海轉匯。在上海設立匯兌信局，還與華僑投資和匯水有關。閩南地區的東南亞僑商多，1920 年代後在上海的投資增多，用以投資和投機、經上海中轉的僑匯也增多，中國的福建、上海與美國、東南亞（菲律賓為多）之間因僑匯資金的流動而聯繫頻繁。福建幫商人將貨物運到上海，先開期票由上海匯兌信局收購，即「買匯」方式，匯票到期就在上海收回，利用兩地貨物與資金的互動，產生的不同的差價，從中牟利。再者，為賺取匯水。1930 年代初，不少菲律賓華僑將菲律賓土特產輸往美國，所獲得的貨款由美國匯往上海然後轉匯到閩南或者留在上海投資，既便利又能夠謀取暴利。1934~1937 年白銀風潮，菲律賓僑批業為了爭取僑匯，採取降低或免收手續費的做法，將僑匯通過美國匯往上海，再由上海購票或購現運送至閩南地區廈門，賺取廈、滬白銀差價。上海的閩南僑匯可以分為以下幾種情形：閩南華僑用於上海投資的僑匯、應轉匯到閩南地區的僑匯、留上海贍養家庭的僑匯。「閩南僑匯的轉匯和僑匯的運作大大增加了上海福建幫的經濟實力，使上海福建幫在 1920~1937 年的 18 年間，維持了上海各商幫老二的地位。」[1] 由此可見，天一上海分局的作用，一則利用上海金融市場中心的便利將海外天一信局攬收的僑匯頭寸調回國內閩南，提高天一信局僑匯的整體運作效率；二則利用上海金融市場的活躍與機會，賺取匯水差價。

1921 年後到 1929 年世界經濟危機前夕，東南亞一帶曾遭遇通貨膨脹，物價暴漲，許多僑商一敗塗地，尤其以菲律賓受損最重，普通華僑的經濟收入也受到嚴重影響。與此同時，閩南社會則是政治鬥爭和匪患嚴重，加

1　陳楚才、陳新綠：《上海福建幫與閩南僑批關係拾掇及剖析》，載泉州市僑聯等編《回望閩南僑批》，華藝出版社，2009，第 161 頁。

之中國銀行走向成熟，逐漸控制了閩南的金融業，天一信局又在年關兌現的緊要關頭炒匯失利。一系列因素作用下，天一信局應付不來，最終黯然退出了歷史舞台。1928 年，天一信局停業以後，其在廈門的房產也轉賣給了中國銀行廈門分行。

誠然，天一信局倒閉的原因是多方面的。信局經營者沒有認識到僑批信局只具「草根性」的「小金融」，而過多地參與西方先進大銀行開展的金融創新業務，大做匯水買賣投機，因香港、呂宋分局買賣匯水投機嚴重虧損，觸發系統資金鏈斷裂而不得不關閉。

郭有品從一名普通的水客、客頭做起，發展成為清末民初閩南最大的僑批信局。由「水客」走單幫的初級銀信傳送方式，再到專業化、國際化連鎖經營，建立起一整套銀信攬收、承轉交接、委託派送、資金調撥的經營機制，為後來的僑批業經營奠定了基本模式。這其中除了郭有品人緣好、頭腦靈活、善於經營外，誠信是其發展和壯大之本。

天一信局以郭有品的信用為基石，以家族企業為管理模式，以血緣和地緣關係發展客戶擴展業務，以設立固定的僑批國際收發網點建立起收匯、承轉、派送、回文處理的一整條僑批、僑匯運作鏈，成為跨國的僑批運營公司。天一信局的網絡化經營模式、專業化的分工合作，提高了僑批業的運營速度和信用，對於推動閩南地區僑批業的發展起到了良好的借鑒作用。

二、王世碑與其王順興信局

與天一信局是雜局不同，王順興信局[1] 專營菲幫（又稱宋幫）業務，而且是一家典型的家族式企業。王順興信局基於做專一處的理念，其業務網

1　本節參考陳如榕《王順興信局訪尋拾遺》，載泉州市僑聯等編《回望閩南僑批》，華藝出版社，2009，第 39–44 頁；莊少月：《王順興信局探析》，《閩南》2010 年第 4 期，第 52–56 頁；《百年僑批那些傳奇人和事》，《東南早報》2012 年 7 月 23 日，第 A06 版；常慧：《僑批的變遷——以王順興信局為中心》，《閩商文化研究》2013 年第 1 期，第 48–55 頁。

絡以代理的方式為主，自有機構僅在馬尼拉、泉州、廈門三地設立。

王順興信局專營菲律賓僑批的主要原因是，泉州晉江華僑以旅居菲律賓為主。有移民才有僑批，移民多僑批才會多。據記載，在菲律賓的華僑，以閩南人居多，到 1886 年，已有登記的旅菲華僑達 9.36 萬人，七成多居住在馬尼拉。1939 年泉州籍菲律賓華僑 8.29 萬人，佔福建籍菲律賓華僑 8.54 萬人的 97.1%，佔菲律賓華僑總數 11.05 萬人的 75%，佔福建華僑 135.95 萬人的 6.1%。[1]1958~1960 年，晉江籍菲律賓華僑 36 萬人，佔泉州籍菲律賓華僑 52.79 萬人的 68.2%。[2]

王順興信局經營僑批業務可以從創辦人王世碑涉足南洋「水客」開始算起。清咸豐元年（1851 年）王世碑開始做起南洋「水客」業務，經過艱難創業，終於成為一位有名的「客頭」。1898 年，他創辦王順興信局，並在大清郵政局註冊登記。此後，王順興信局僑批業務逐步進入繁榮階段，後來為了適應匯兑市場的需要，改稱王順興匯兑信局，直到 1935 年匯兑信局關閉，歷經 85 年（1851~1935 年）。

王順興信局得以歷經三代興盛，作為一家私人的僑批企業，能持續經營僑批業務 80 多年之久，留史於僑批業，這在泉州僑批史上是僅有的。當然，在這其中蘊含着王順興信局獨特的經營理念、經營方式等。王世碑一生頗為傳奇，他從一個窮苦的水客，到泉州「郵政之父」，進而成為無人不曉的僑批業界翹楚，是僑批閩商勇於拚搏的典範之一。

目前，王家後人仍在全世界開枝散葉，頗有成就。王順興信局遺址於 2009 年被列為第七批福建省重點文物保護單位。圖 3-12 為個性化郵票，展示了王順興信局遺址和文物。

1　　卓正明編《泉州市華僑志》，中國社會出版社，1996，第 11 頁。

2　　卓正明編《泉州市華僑志》，中國社會出版社，1996，第 13 頁。

圖 3-12　個性化郵票展示王順興信局遺址和文物

1. 王世碑與其王順興信局

　　王順興信局創辦人王世碑（1832~1912 年），泉州新門外王宮鄉（今屬泉州市鯉城區江南街道）人，自幼家境貧寒，以剃髮為業。清咸豐元年（1851 年），19 歲的王世碑前往廈門謀生，經友人介紹，在一條往返廈門和呂宋（今菲律賓）間的大帆船上當船工，逐漸熟悉海上航行生活。那時，開往呂宋的航船主要搭客，兼收貨載，往返一趟要 20 多天，如遇暴風大霧，則需要一兩個月甚至更長時間。

　　泉州地方旅菲僑胞眾多，常有往來船客。此時，正值下南洋的大潮，初次南下呂宋的新客也越來越多，王世碑善於航海，深知海途艱苦，旅客局促艙中，暈船思鄉，肉體精神俱受折磨。世碑對於搭客，每每盡心照料，對初嚐海上旅途之苦的新客，更是體貼入微，因此，得到搭客好感。華僑在外思念家人，稍有粒積，也要寄批回家盡贍養之責。由於當時國內外郵電、銀行業尚未開通，海外華僑只能於祖國來船時尋覓熟悉的鄉親捎帶書信與銀款回家，但機會難得，往往不易碰到，旅居山區小埠的人，甚

至數年不得一寄。世碑人緣極好，認識者漸多，王宮鄉鄰近各鄉，原多呂宋客（菲律賓華僑），前來委託者日多。世碑對他們深表同情，毅然代為傳書送款，於回家時，代為遞送分發，並於下一航次回報委託人，使華僑與家鄉親人之間得以互通信息。起初，只是為熟人義務傳遞，並不收費，但委託人為表示謝意，常送禮為酬。由於他的信用日著，互相傳報，即使不認識的人也輾轉託人請其帶錢傳書，並給予酬勞。世碑從此辭去船工一職，專以代客傳送信款為業，成為職業「水客」。當時菲律賓屬西班牙統治，華僑匯款最初係用「拐銀」（西班牙銀元）、「鷹銀」（墨西哥銀元）原幣交付，水客或客頭將其帶回家鄉分發，收 2% 的酬金，在鄉里交款後，取回文返回呂宋交寄批人為憑。

世碑成為職業「水客」後，以代華僑傳送信款為業，同時兼帶新客出洋，發展成做「客頭」，專做「走水」生意，業務興旺，於是訂下規則，正式向寄批人收取手續費，賺取佣金。當他賺了一定名望和資本後，還僱用水客或家鄉人、族人參與。在一封 1908 年菲律賓馬尼拉寄晉江青陽的王順興信局僑批封（見圖 3-13）上，加蓋「沈扶助手在垟月收寄王宮客頭分送」章，其中「沈扶」係水客，「王宮客頭」係指王世碑。但此時僑批的派送應該並非王世碑親自做，而是由王順興信局僱用信差派送的。

圖 3-13　1908 年菲律賓馬尼拉寄晉江青陽的王順興信局僑批封

1896 年中國設立大清郵政機構，王世碑瞅準商機，於 1898 年掛牌正式創辦王順興信局，專營菲律賓僑批（宋幫），在泉州新門外王宮鄉的總局兼辦郵政代辦所（其印章見圖 3-14），成為泉州最早的郵政代辦機構，由此，王世碑被譽為泉州「郵政之父」。

19 世紀末，閩南地區南下菲律賓謀生的人愈益增多，王世碑的業務亦益興盛，遂召其姪兒王為針前往馬尼拉協助，得到在馬尼拉的友人同意後，將信局開設的異文齋刻印店內，王世碑即在此開設馬尼拉王順興信局，專營信款及匯兌業務。在圖 3-13 的僑批封背面蓋有「泉城新門外王宮鄉／王為針偕弟為奇／在泉辦理郵政分局／並收垠信／逐幫繳回／所有分送信項概用大銀／無收酒資／寓垠新街尾新路異文齋／門牌第 79 號」章，記載了王順興在家鄉的地址「泉城新門外王宮鄉」和馬尼拉的地址「新街尾新路異文齋門牌第 79 號」。而且還讓人了解到信局的主人（王世碑之子王為奇和王世碑之姪王為針）和他們的經營風範。

1912 年，王世碑去世。我們可以從其家族 1906 年《闛書》得知，在這之前，王世碑已將信局交由後人王為針、王為奇等打理，使王順興信局得以順利地延續經營發展。

在當時，泉州市井流傳這樣的話：「在王宮，沒聽到王為針（「王順興信局」第二代掌門人之一）敲銀的聲音，肯定走黴運。」這一細節足以體現當年王順興信局的興旺。當時每幫船王順興信局經手的僑批最少數百封，多則兩三千封，如遇上春節、清明、中元等節日，更是增加二至五倍！王

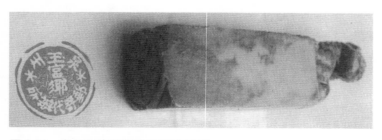

圖 3-14   泉州王宮鄉郵政代辦所印章

資料來源：泉州市僑聯等編《回望閩南僑批》，華藝出版社，2009，第 12 頁。

順興信局生意愈加紅火，如日中天！正因為如此，在王宮鄉老一輩人中間流傳着那句話。「敲銀聲」象徵着生意紅火，王宮鄉的人們聽到王順興信局的敲銀聲，仿佛也就安心許多。因為，每當收到大幫批銀，鷹銀、拐銀、龍銀、袁頭、孫頭等銀元時，多種銀元難免會魚目混珠，要想辨別銅銀、錫銀、焊銀其啞聲和重量是否充足，必須敲銀聽聲，加以分類整理。那句幽默而又帶些調侃色彩的坊間老話，正是王順興信局繁榮的真實寫照，也反映了大量銀元通過僑批信局渠道從海外輸入國內的歷史事實。

2. 嚴格的家族式管理制度

　　王順興信局有着嚴格的家族式管理制度，我們可以通過王氏家族的契約文書了解詳情。我國古代常見的家族性契約文書，包括鬮書、約章、遺書，都是舊時家族分家的一種契約文書。王順興信局通過一系列家族性契約文書，約束家族成員講家規，嚴格企業管理，避免了許多家族內部糾紛與矛盾的發生。

　　20 世紀初，伴隨着全球化浪潮的推動，海外交通也日益發展，馬尼拉與廈門之間的輪船開通[1]，大大改進了僑批的運送方式和效率，僑批寄送的數量大幅度增加，也縮短了往返的時間。王順興信局大約每半個月來一幫僑批，業務量較以往多出好幾倍。起初，王順興信局由為針、為目、為奇、為皮四人皆從中協助王世碑打理，有時多人管理難免意見不統一。在這種情況下，信局創辦人王世碑放權分工，於 1906 年農曆十一月立下的《鬮書》，為了避免兄弟之間「起嫌隙」，明確寫道：「其客頭此途係為奇、為針兩人掌理，日後得失與為皮、為目無干，不得藉言生端諸事。」

　　光緒丙午年（光緒三十二年）十一月《鬮書》（摘要）：[2]

1　馬尼拉與廈門之間最早開通的輪船為「泰山號」。

2　根據泉州市僑聯等編《回望閩南僑批》，華藝出版社，2009，第 18-20 頁的圖片資料釋讀文字、標點符號係筆者所加。

全（同）立鬮書兄弟（長房、式房）的為針、為目、為奇、為皮，
竊慕往古，同居兄弟固樂其永好，而人情變態，世代難保⋯⋯分為四份
鬮額，禱神拈定，諸凡開載明白，俱係至公無私，各宜安分照鬮管業，
無得紛更，今恐無憑，仝立鬮書壹樣四本，各執壹本永為存照。

長房長孫王清溪應份：──在小呂宋買粵漢鐵路式佰股的銀，壹仟
大圓，得失皆伊造化。⋯⋯

──分小呂宋及在厝賬項折實並存現銀合共式萬陸仟玖佰零三大
圓，除抽充買交輪並贍養及長孫兼為皮螟蛉醫病，並為紅娶妻生涯，共
銀玖仟壹佰大圓。除外尚剩銀壹萬柒仟捌佰零三大圓，作四份分，每
份分去肆仟肆佰伍拾大圓零柒角伍占，其客頭此途係為奇、為針兩人掌
理，日後得失與為皮、為目無干，不得藉言生端諸事。

王順興信局生意愈見興旺，名聲更噪，此時又逢「好光景」，僑批生意
蒸蒸日上，從南洋流入王宮鄉的銀元源源不斷。

1912 年，享年 80 歲的王順興信局創始人王世碑去世了，其業務由為
針、為奇兩人共同負責。藉着時代的春風，王順興信局一天比一天興旺。
因開辦時間久，王順興信局深得僑胞信任，營業愈益發展，乃增用人員，
開設分支機構。在廈門則以廿四崎腳會文堂書莊為代理，泉州則在王宮鄉
家中。

為奉行立信立本的信條，以便「親兄弟明算賬」，確立長遠的規則，為
針、為奇於 1926 年簽訂《約章》三拾三條，又於 1930 年增修《條約》貳拾
三條。內容明確各自房宅產權及王順興信局、順興隆布莊兩途生意雙方股
權、營業執照法人及法定住址、核結日限、核結得失攤分、經理人職能範
圍、分紅及薪金、食宿補貼、私項利息標準、兩地赴任及互派子嗣規定、
隨行家眷待遇、雙方子女制約關係、個人家眷無妄之災、親友借欠處理、
公私置物、應酬及認捐、親戚喪喜事應酬、年節忌辰祭掃、社戲、社會義
舉、慈善公益、投資權宜、簽批權限、內外舖局人事聘用權等，諸多事宜
均有明細之規定，由為針、為奇兩相認可簽押並嚴格執行。

（1）1926 年《約章》

民國十五年（1926 年）十二月，王為針、王為奇立下《約章》（見圖 3-15），除分拆厝宅管理權外，主要是制定順興信局和順興隆布莊的規章制度。摘要部分原文如下：[1]

　　且夫家庭骨肉之間，每每釁起鬩牆戈操同室者，其故何歟？究厥由來，無非權利之不平均耳。余兄弟有鑒及此，思有以杜其漸而防其微，不得不慮之深而謀之遠。此對於一切權利所必嚴重制裁審慎支配也。溯自前清光緒丙午年，為針與為奇、為目、為皮曾為一度之分析，經立《鬮書》四本，各執為憑。嗣以營業上之關係，針與奇分而仍合，藉收指臂之效，而目與皮不與也。此二十年幸賴祖宗默相，兄弟和衷，外則商號頗有擴充，內則產業亦有增建，而我兄弟兩人固始終為一，毋有違言也。所可慮者，家中人口逐漸加多，生齒既繁，眾心難一，未必皆能曲相體諒，而不致於滋生誤會。則與其使之有可藉口，不平則鳴；何如使之無可生心，有條不紊？欲免後日之轇轕，決宜未雨而綢繆，爰秉至公，推求利弊，折衷一是，詳訂規條，總使及身可並行而不悖，更期盼人須恪守而違是，則余兄弟仝立《約章》之本意也。

　　……

　　茲將順興信局核實結存資本彬銀伍萬伍仟肆佰元：

　　王為針應壹半的彬銀式萬柒仟柒佰元，

　　王為奇應壹半的彬銀式萬柒仟柒佰元；

　　式條合共彬銀伍萬伍仟肆佰元。

　　又將順興隆布莊核實結存資本彬銀陸萬元：

　　王為針應得資本壹半彬銀三萬元，

　　王為奇應得資本壹半彬銀三萬元；

　　計式條合共彬銀陸萬元。

1　根據泉州市僑聯等編《回望閩南僑批》，華藝出版社，2009，第 24-26 頁的圖片資料釋讀文字、標點符號係筆者所加。

圖 3-15　1926 年王順興信局《約章》

　　茲將協訂諸章程臚列於下：

　　第壹條　順興信局營業照即（利申舍）公用王清安之名，住址在小呂宋岷埠撈示描乳迎街門牌三百一十九號。

　　第弍條　順興隆布莊營業照即（利申舍）公用王針之名，住址在小呂宋岷埠洲仔岸街門牌五十八號。

　　第三條　營業照順興信局、順興隆布莊雖用王清安、王針之名，每年核結得失皆為針、為奇各得壹半攤分，不得異議。

　　第肆條　公訂兩途生理所用之營業照名即（利申舍名），該人不得擅自代人當官保釋以及擔任等等事項，宜守規約為重。

　　第五條　凡在岷里拉掌理信局兼督理布莊，無論為針、為奇受任，薪金全年彬銀壹仟捌佰元，無出身花紅；為針、為奇不受職者，要任別人，不能照例薪金，應另行會議酌定之。

　　第陸條　凡在家掌理信局兼管家事者，無論為針、為奇受任，薪金每月給以大龍五（伍）拾元，無出身花紅；為針、為奇不受職者，要任別人，不能照例薪金，應另行會議酌定之。

　　第柒條　在岷里拉經理一職任期以弍年為限，如為針、為奇要告老時，要命繼任之人及順興隆布莊經理一職，皆宜兩相同意認可，方有效力。

第捌條　在岷里拉經理信局任期以弍年為限，倘未滿任有事急應旋家或滿期因事不能赴任，應互相函會接替，或有同意之人續受亦可。

第玖條　順興信局、順興隆布莊兩途生理每年核結一次，以陽曆年終為限，照算呈閱。

第拾條　公訂諸交關賬項除順興隆布店照舊章外，本信局諸客如拖欠日久，已無來往全數收入冇賬集，若有還者當記來賬，死者開銷。

第拾壹條　議訂順興信局、順興隆布莊照所合資本，可謂豐足，今後逐年結算，所獲之利，全數均分，記在各人在息項內，以便應用。

第拾弍條　各人凡有私項，可在於本公司內每月給利息四釐，逐月清算。

第拾三條　公訂為針、為奇除有在息項各人可支外，設若應支侵入股本，以壹仟元為限，逾額則應知會認可，然後許支。惟利息每月照坐，本公司壹分項數，不論多少。

第拾肆條　在岷凡掌理信局以及布店，不論謀作何項，生活所有得失，悉數歸公，不得營私，以昭正道。

第拾五條　如在泉州倘有友人招作生理或予以贊助項，兩相認可，即歸公司。設若不同意者，可由個人作為已有，與公司無涉。

第拾陸條　公司在岷如要再擴張生理項，為針、為奇兩相認，可方得推行。

第拾柒條　議定兩途生理，無論順興信局、順興隆布莊，設若不利不得使虧，蝕過資本四成，理應兩相知會，再籌進止，以圖無虞。

第拾捌條　王清鏡、清溪、清輝、清樓、清岸、清悅等雖有股東之名，皆係乃父偕作商字之用，非他已有份額，無權干涉兩公司之事，所有事權應歸乃父為針、為奇主持，以免混亂。

第拾玖條　凡掌理岷埠信局職任，帶有家眷來岷者，信局內倘無位置可住，應當別租，其租金、福食均歸公司理之（每月計以三拾元為限）。

第弍拾條　凡屬公事，不論在家或小呂宋意外受禍被罰應開等項，全數歸公開用。

第式拾壹條　凡各人子姪孫不得在公司內任意支項，如任兩公司為夥者，亦不得侵支過薪金以外，設有違犯者，各父老應坐理之，不得推諉。

第式拾式條　凡屬親戚扯借銀項以及來往欠款，應由各人抵當，不得推入公司，以符責承，兩毋推辭。

第式拾三條　凡屬朋友借項，如屬公交，不得出借過式佰元，逾額應行知會，如同意方可付出；否則，歸個人自理，公司不負職任。

第式拾肆條　各人子孫婚姻嫁娶以及生男育女、喪喜等事，各自擔當，方無厚薄，公司惟三餐飯菜付足而已。

第式拾五條　此後各人人等來往川資等用，暨由各人自給，公司無涉。

第式拾陸條　自丙午年世碑叔（父）在日，與為目、為皮四柱分爨，立有《鬮書》外，後為針、為奇原將生理家事再聯合作，計有順興信局、順興隆布莊生理及厝宅經支配外，其所建南門馬路三層樓屋全座及龍眼樹欉（叢），為針、為奇各得壹半，俟諸後日均分，其餘田園暫擬充作奕光公鬮輪四柱輪流承當，值當之年，每逢年節忌辰祭掃，歸其辦理，然須候待他日實行，充當時核計確數若干，錄登鬮書，以昭永遠。

第式拾柒條　公司此後只備家中日食飯菜，以及年結忌辰祭祀及應酬諸親朋喪喜事兼內外捐款，餘者不干公司之事。

第式拾捌條　凡親戚喪喜事除屬先祖之戚，應歸公司辦理，其餘各人自理。

第式拾玖條　此後凡置傢俱等物，如合公共應用者，可由公司購買之，為屬私家物件者，則歸各人自置。

第三拾條　此後凡田園、樹欉（叢）、厝宅、店屋等業無庸建歸公司，由各人合意者買為己有。

第三拾壹條　凡遇有事無合本章之約，應行知會兩可，方能進行，不能擅自為之。倘逢緊急之事，不能等候知會者，可以暫行後達。

第三拾式條　如以《約章》尚有不周，可以會議增改，期無缺漏。

第三拾三條　所立諸章程，為針、為奇兩相認可簽，簽押在末，務須切實履行，不以越軌，以垂久遠而重約法。

可以看出，自創始人王世碑去世後，王順興信局由為針、為奇在泉州及菲律賓兩地之間輪流主持，每兩年更換一次。二人經營管理生意業務井然有序，共同立下《約章》，逐漸顯示出現代企業經營管理的某些特點。這也是促進王順興信局持續發展的重要原因之一。

由於業務發達，經營有道，王順興信局年有盈利，王氏家族日益富裕，於是，1920 年代末到 1930 年代初在家鄉王宮鄉建築船樓和奇園兩棟「洋樓」。船樓主人王為針於 1925 年在王宮霞塘建造形似大船的宅院建築群，佔地總面積約 700 平方米，於 1929 年竣工。前座呈船首之狀，後座騎樓式排屋，呈船尾之形，既融入西式又不失傳統；雕花木門、百葉窗戶、廊間槍眼密佈，內庭有隱式天井，精巧細節隨處可見，有些許南洋風格。緊隨其後，王為奇興建「奇園」樓，於 1928 年奠基動土到 1930 年告竣，歷時 3 年。佔地總面積約 2000 平方米，採納次子清輝與英國人共同設計的別墅藍圖，12 根刨光的通頂歐式圓柱，展示了古羅馬的風韻，十分氣派。第一層高約 4.5 米，沿着 29 級台階即可登上二樓，整座建築的地基被特意墊高約一米，以防洪水侵入樓中，樓內設有望遠鏡、槍眼、暗道等，歐式風格，洋氣十足。這兩座建築群在當時的王宮鄉可謂是鶴立雞群，獨佔鰲頭。2009 年，兩座建築群被列入福建省級文物進行保護。

（2）1930 年《鬮書》

民國十九年（1930 年）八月，王為針、王為奇又訂立《鬮書》，對《約章》進行補充：[1]

> 前清光緒丙午仲冬，余兄弟及為目弟、為皮弟曾經壹度分析立有《鬮書》四本，各執壹本為據。余兄弟因營業上的關係，旋即仍合，而為目、為皮弗興焉。民國丙寅冬間，余兄弟雖有分析之提議，旋亦打銷弗果實行，惟時厝宅支配鬮分各自管理，若營業問題、不動產問題、經濟

1　根據泉州市僑聯等編《回望閩南僑批》，華藝出版社，2009，第 20–22 頁的圖片資料釋讀文字、標點符號係筆者所加。

問題，則訂立規條載之《約章》，藉資遵守而已，迄今又伍年矣……趁吾兩人健在及身和平解決，以善其後之為得也。遂乃當面協商，平心妥議，對於厝宅、店屋、田園、果樹、營業、經濟諸問題，應合者合之，應分者分之，應歸併者歸併之，應制裁者制裁之，家用器物則支配而均分之，雙方俱經同意，兩家之罔有違言，因立《鬮書》兩本，各執一本為憑，其丙午年立之《鬮書》、丙寅年訂之《約章》並保存之，以供參考，若求手續較為完全者，則必以是本為根據焉……

　　——順興信局既有資本，為針、為奇各得壹半，得失盈虧照份均攤。

　　——順成錢莊既有資本，為針、為奇各得壹半，得失盈虧照份均攤。

　　——順興信局、順成錢莊所有傢俬器具現歸公用，如免用時，為針、為奇即均分之。

（3）1931 年《約章》協議增修條約

民國二十年（1931 年）六月，王為針、王為奇在 1930 年《鬮書》基礎上，又對《約章》協議增修條約，摘要如下：[1]

　　——垺中信局設經理一人，總理內外壹切事務；幫理壹人，掌理局內財政。以值任者為經理，未值任者為幫理。由為針、為奇互相輪流。倘若本人未能親往任，由各人選派一人充任之（不論子孫、外人均可）。

　　——經理人薪金每月彬銀壹佰伍拾元，幫理人每月薪金彬銀伍拾元。任期以滿足國曆兩年為限。倘須選派外人充任，無論選派者與受派者所定薪金多少，局中均須照所議經理人壹佰伍拾元、幫理人伍拾元之數給予選派者，不得增減。

　　——關於局中進出款項及一切文件有必須簽號者，應由經理人與幫理人聯名簽押方有效力，倘若未經聯名簽押者，所有責任應由單獨簽押之方面獨負其責。

1　根據泉州市僑聯等編《回望閩南僑批》，華藝出版社，2009，第 22–23 頁的圖片資料釋讀文字、標點符號係筆者所加。

——以後經理人及幫理人不論是為針／為奇本人，抑或子孫或外人充任，如有帶眷住宿局內者，食宿費應依所帶人數多少照市價津貼公司伙食厝租，如局內無處可容，應另向外別租。

——幫理人除每月支領薪金彬銀伍拾元外，賞年則於年終時視得利之多少臨時酌定，至經理人除薪金外，不再給賞。

——公益義舉如以公司名義（即順興、順成）捐題者，應由公司負責。若以個人名義者，則由個人負責。

——為針所築書房之樓牆係跨為奇廻向規帶，日後為奇如欲增築層樓、抑欲翻蓋，認為必要時應即拆卸重築新牆。

——人生禍福所難預料，倘逢無妄之災或遭意外之變，所受損失應由個人自理，不干公司之事。

——為針、為奇如欲往垠視察信局營業者，所有來往川資旅費均各自理，惟食宿兩項應由公司供給，但不得支領薪金。

——為針、為奇如同時在泉，對於泉州信局、銀莊應共同監督，每月各支薪金大洋五（伍）拾元。倘兩人之間一人赴垠值任時，無論何人在泉，對信局、銀莊仍需分別監督，但薪金每月仍以伍拾元為限，不得藉故多支。

——垠中信局如為針值任經理時，泉局得由為奇派其子孫一人辦理局中事務。如為奇值任垠局經理時，泉局事務改由為針派其子孫一人辦理之，薪金則固定大洋三拾元。倘自己乏人，得以僱用外人，每月薪金改定大洋式拾元。賞年無論自己子孫或外人均於年終臨時酌定。

——為針、為奇對於垠泉兩局應負職務，自己不能躬往選派外人充任時，對於受派人如有違法舞弊，選派人應負完全責任。

——凡民國二十年以前之事，除賬項錯誤應互相坐外，其餘無論任何事件，雙方均不得舊事重提。

——本約章如有未盡完善時，經雙方同意，得以遂時修改。

——前訂《鬮書》《約章》如與本約違背者，應以本約為憑。若本約所無者，則以前定《鬮書》《約章》為憑。

3. 家族主營僑批，涉足多項經營

從王氏家族的《鬮書》《約章》等規章制度中，我們可以看出王氏家族主營僑批銀信業務，兼營或涉足多項經營。

（1）主營僑批銀信業務

與其他僑批信局相比，王順興信局的經營具有明顯的地域性和跨國網絡化特質。王順興信局專營菲律賓僑批銀信，這與早期出國的泉州華僑多在菲律賓謀生有直接的關係；僑批的流通往返於菲律賓僑居地和泉州僑鄉之間，因此具有明顯的跨國網絡化經營特點。在信局時代，菲律賓王順興信局收取批信後，通過國際郵局將菲律賓僑批轉寄到廈門信局，廈門王順興信局將來件迅速轉去泉州，並把泉州信局的回件迅速寄去呂宋，廈門信局同時負責分發廈門全島及鼓浪嶼的信款；泉州信局則辦理派送信款及匯兌事宜，當收到廈門信局轉運來的僑批，立即把批信按派送線路（批路）分類，同時從銀行領取現金，配好家批和錢項，交由信差分發到各鄉鎮，最後將僑眷回文帶回局裏並轉廈門，再郵寄至菲律賓馬尼拉局。

王順興信局在王宮鄉有專職信差 16 人，其中有負責包括晉江、南安及附近等地的直接派送；而石獅、安海、水頭、馬巷、同安、安溪、永春、詩山、惠安等地則委託當地信局或商號代為派送。除此之外，還有專門負責人兼出納、文書兼記賬等工作人員。

由於王順興信局服務比較周到，所用人員較他局多，工資亦較高，一個信差每月工資有 30~40 元不等，送批時每人補貼午膳費 2 角，如要過江過溪等則會另發渡船費。因而所收信款手續費，比其他信局每元高二仙（分），即其他信局每元收三分，本局每元收五分，每封信另加信件來回郵票費。開始，年營業額不過數千元，旋即增加到萬餘元。後來不斷增加，達到五六萬元（用匯票的不包括在內）。

王順興信局收匯以居住在馬尼拉的華僑為主，兼及山頂、州府等地。凡屬外島客戶，多由郵政寄來信札及匯票，以外埠來往賬入戶。凡是碰到

船期，皆提早三四天通知客戶，以便前往收信或送回文。如一時款項不便，視其信用可靠者可予代借墊，先行寄出，候回文來時再收款。如有急事也可代用密碼電報轉達，或代調查事情；如遠途來客並招待食宿。一般僑胞日中忙於店務，無暇寫信，則於收市關門後代其執筆，訴述衷情，遙慰家人。馬尼拉客戶碰到船期唯恐遲寄不及，客人多連夜趕到信局中寄辦批信，常直至夜深，而王順興信局和睦周全的服務，如同一個宗鄉社團所起的作用。

　　王順興信局經營的僑批實物封上的印章信息，展示了其相同的堂號，不一樣的時間背景，所刻製的章戳文字也不同，以此印證王順興信局童叟無欺的誠信風範，這也是僑批郵路川走者留下的最有趣的點睛之筆。下面列舉幾件。

　　1905 年菲律賓寄晉江僑批上 2 枚印章字：

　　　　順興號／王為針／為奇／為目／帶信／泉城新門外／住居王宮鄉。[1]

　　1907 年僑批實物封上蓋有 2 枚印章字樣[2]：

　　　　泉城新門外王宮鄉王為針偕弟為奇／在泉辦理郵政分局並收垺信逐幫繳回／所有分送信項概用大銀無收酒資／寓垺新街尾新路異文齋門牌第 79 號（簡稱「泉城」章）

　　　　許長印手在垺　月收寄王宮客頭分送

　　1908 年 7 月 3 日僑批實物封上除蓋有同上「泉城」章外，還加蓋「沈扶助手在垺　月收寄王宮客頭分送」章（見圖 3-13）。

　　1913 年菲律賓寄晉江僑批封上加蓋印章字樣：

　　　　客頭王為針收交廈門廿四崎腳會文堂書莊分送（見圖 3-16）。

　　1920 年代僑批封上加蓋印章：

1　泉州市僑聯等編《回望閩南僑批》，華藝出版社，2009，第 93 頁。
2　泉州市僑聯等編《回望閩南僑批》，華藝出版社，2009，第 93 頁。

圖 3-16   1913 年「客頭王為針收交廈門廿四崎腳會文
堂書莊分送」章

曾瑞宇在垠　　月寄王宮客頭分送

自己在垠　　月寄王宮客頭分送

晉邑王宮鄉王為針偕弟為奇在垠 / 逐幫收繳唐信概送大銀無取酒資 /
兼辦正泉苑水仙種發兌如假聽罰 / 寓垠新街尾異文齋印館門牌 79 號

1926 年 4 月 26 日王順興僑批封上加蓋 2 枚印章：

王順興信局兼理郵政代辦所住泉新門外王宮鄉

鄭華灶在垠　　月寄王順興信局分送

1930 年泉州王順興信局寄菲律賓馬尼拉回批封上加蓋 2 枚信用章：

王順興信局住垠撈示描乳迎門牌 319 號 / 批箱第 74 號兼辦正泉苑號
水仙種發售 / 住在泉州新門外王宮鄉郵政代辦所 / 代理處設在廈門廿四
崎腳會文書莊

茲收王順興交來信銀　　 / 在垠　月批後所列第　　號（見圖 3-17）

1930 年代，王順興信局封上印章有：

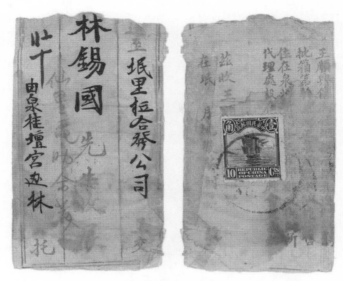

圖 3-17　1930 年泉州王順興信局寄馬尼拉回批封

資料來源：王燕燕藏品，錄自李良溪主編《泉州僑批業史料》，廈門大學
出版社，1994，彩圖。

小呂宋／王順興匯兌／信局／住撈示描乳迎 319 號／泉州新門外王宮
直透寄回

自己在珉　月寄王順興信局分送

1932 年有印章：

小呂宋／王順興匯兌／信局／住撈示描乳迎 319 號／泉州新門外王宮
（見圖 3-18）

　　從以上種種章戳，我們可以看出王順興信局的經營風範，以及經營範
圍的轉變，如 1930 年代的印章出現「匯兌」兩字，這就說明信局已轉向傳
統的僑批業務與匯兌業務並舉的時代。

　　與天一信局設立自己的信局機構以擴大網絡規模不同，王順興信局
則以發展代理為主，在菲律賓，以馬尼拉為據點，利用血緣、鄉緣及友緣
發展代理網絡，廣攬銀信業務。圖 3-19 所示為 1932 年馬尼拉王順興信局
（ONG SUN HENG 319 DASMARINAS P. O. BOX 84 MANALA P. L.）。

　　寄本國信封，我們認為信局係辦理僑批所用的。在國內，除在廈門設立承轉機構外，只在家鄉泉州王宮設立機構，大部分僑批的派送業務委託給各僑區的派送信局或商號代為辦理。

圖 3-18　1930 年代小呂宋王順興匯兌信局章

資料來源：錄自泉州市僑聯等編《回望閩南僑批》，華藝出版社，2009，第 27 頁的彩圖。

圖 3-19　1932 年菲律賓馬尼拉王順興信局寄本國信封

（2）涉及多項經營

王氏家族除主營僑批外，還代理國家郵政業務，同時涉足布莊、銀莊、投資等業務。

1. 代理郵政業務

中國的國家郵政遠遠落後於西方國家，僑批其實也開闢了民間的國際郵路，因此，在地方服務百姓的國際郵局開辦之初，往往藉助於民間的力量代理。從遺留的一些僑批封、《鬮書》和《約章》等資料的內容中，我們發現王順興信局除主營僑批外，兼營多項業務。在上述王順興信局信用戳的僑批封上，有「在泉辦理郵政分局並收垞信」字樣，可知王順興信局不僅做海外僑民匯兌和通信業務，而且代辦國內郵政業務。據泉州集郵者吳寶國在其文章《王順興信局代辦「郵政分局」之研究》中分析，在當時清廷統治時期，由於受到帝國主義列強的控制和干預，為了「發展大清郵政」而限制民間批館信局的發展。而王順興信局刻用印章公開表明他的商號也是大清郵政官局的「郵政分局」，證明王順興信局還是「有點底氣的」！

現在保留於王為針後人手中的「泉州王宮鄉郵政代辦所」郵戳是難得的證物，這枚戳記呈圓形和有「米」狀圖案，還存留較早中英郵政的某些氣象。它印證了王順興信局代辦官方郵政業務的史實。雖然只是「代辦所」，但在那個時代，也顯示出王順興信局的信譽與實力，它是清廷郵政廈門總局最早設置在泉州的郵政代辦所，是迄今唯一發現的極其珍貴的泉州清末民初郵政戳記實物。

2. 涉足的多項業務

多種經營也是王順興信局的另一經營特色。王順興信局資本日益雄厚，並兼營多種行業。

1906 年的《鬮書》中寫道：「在小呂宋買粵漢鐵路二百股的銀，一千大元得失皆伊造化。」

1926 年王為針和王為奇二人的《約章》第二條寫道：「順興隆布莊營業照即（利申舍）公用王針之名，住址在小呂宋岷埠洲仔岸街門牌五十八號。」

專售美國進口布料。

在泉州開設順成錢莊，經理林文鋪，初在土地前，後遷新橋頭。在廈門鼓浪嶼創辦中華電燈廠；在廈門中山路「斗米斗」渡頭向海外開設同濟錢莊，由王清溪負責經營；又在同濟錢莊旁開設太原汽車行，由王清輝主管經營，代理銷售美國 Chiy Uen 牌各型車輛及零件。在王為奇寫於 1937 年的《鬮書》[1] 中也有詳細的記載：

> 余自少而壯以至衰老，殫精竭力，萬苦千辛，與從兄為針於小呂宋合營順興信局、順興隆布莊，於泉合營順成銀莊，於廈投資合辦太原汽車公司，合股夥開同濟銀莊，慘淡經營，不遺餘力，無非欲貽厥子孫，俾可享受餘蔭蔗豐履厚也。近年以來運塞時乖，天不默相，凡有所輒謀則遭失敗。順興隆此營業不佳，自動收盤。太原受十九路軍之政變虧空，只剩一殼，不得不讓權退股。同濟以所合非人，經理不善喪失不貲因而割棄。順興則以匯水狂跌，損失奇重，影響及於順成，支撐不來，相繼倒閉。數拾年艱難締造曾不幾時傾覆以盡，非特血本虧蝕無餘，甚且債務負累極鉅，罄所有以償尚不及拾之一，興思及此，痛心曷極，天不悔禍災生靡已，既悲家難以哭子喪，余誠何辜而遭此虐耶。余生有五子：長清鏡、次清輝、三清樓、四清岸、五清乾（吳氏出）。而清樓早卒，清鏡今春復病逝。當此外患內憂交攻迭逼，余惟一之希望，爾曹能合心協力，共同奮鬥，重振已墜之家聲，顧及爾兄弟各皆友愛，如姆娌何上不能體讓親心，下恐有乖骨肉靜觀默察。家庭現分歧之象，骨肉恐分裂之痕，合作無望，已成不可掩之事實，嗟嗟，局勢如斯，余雖不忍分拆，而實已無可避免，欲罷不能，余亦只得含痛出此為徹底之解決已耳，苦無長物可貽子孫，爰將一切產業在公局債務尚未解決前管理權暫屬吾有者一一列明，邀同宗族戚友妥議支配，除提作余老妻贍老費，而長媳子均長大足以自立，惟有酌給三媳蔡氏以示恤寡外，其餘分作五份寫成五鬮，當眾照拈，憑鬮管業，以昭公允。但余不能不預先聲明者，

---

1   其實是一份遺囑。根據泉州市僑聯等編《回望閩南僑批》，華藝出版社，2009，第23-24 頁的圖片資料釋讀文字、標點符號係筆者所加。

將來債務如經解決不幸而致於破產，爾曹拈得之產業仍當交出歸公償債；若倖免破產能獲保存，則爾曹盡可永遠管掌或自有而無欠，抑轉禍為福歟，悉屬爾曹之運命，余固無能為役也。此時既表同情，他日勿得反悔，尚其識之。余書至此，余心滋痛，好自為之，望各努力。父手書（「王為奇印」）

可以看出，王順興信局發展到鼎盛時期，跨領域進行多種經營，涉及多種行業，包括金融、投資，開辦布莊、銀莊等，還與他人合資辦汽車公司、電燈廠，從事製造行業。如果沒有雄厚的資本做後盾，是完全不可能實現的。而這些投資的原始資本則來自最早經營的王順興信局。可以說沒有王順興信局長期以來的繁榮發展，就沒有後來這些「新興產業」的出現。

受海外市場經濟的影響，王順興信局將海外各種先進的經營理念和經營方式、管理制度不斷地帶回僑鄉，投資辦實業，也有力地推動了僑鄉社會的進步與發展。

4. 王順興信局的經營分析

綜觀王順興信局創辦、發展、壯大直至最後衰落的 80 多年狀況，國內社會動盪、國際社會變化多端是其歷史背景，影響着信局的生命周期。儘管如此，王順興信局的社會貢獻和歷史作用也是顯而易見的。在其繁榮時期，企業進行擴張，業務規模有所擴大，經營領域有所擴展，經營方式有所改變，從海外吸收了一些現代企業的管理理念融入企業等。

王順興信局是在特定歷史條件下產生的建立在家族網絡基礎上的一種特殊金融機構，它在自身營利的同時，更成為連接僑鄉與僑居地的紐帶，並在泉州僑批甚至是閩南僑批史上佔據着舉足輕重的地位。其在爭取僑匯、溝通僑情、疏導華僑資金流向、接濟僑眷生活方面都起到了重大的作用。同時，它避開了銀行、郵局郵寄時的煩瑣手續，為華僑和僑眷提供了許多便利。

（1）海外華僑的經濟實力是最直接影響僑批局業務量的因素

1920 年代開始，菲律賓的僑批業進入了蓬勃發展時期，菲律賓華僑所經營的僑批局收攬的僑批，大部分通過閩南的僑批局解付，而由於閩南人移居菲律賓的人數眾多，寄回福建家鄉的僑批數量也相應較多。因此，華僑人數以及經濟實力的增長，使王順興信局的年營業額從不過數千銀元，增加到萬餘銀元，1930~1935 年，銀信含匯票業務量逐年增加，甚至達 100 萬銀元，相當於今人民幣 1 億元。

（2）王順興信局對僑鄉的社會文化生活起到了一定的促進作用

20 世紀 20~30 年代，泉州地區匪患猖獗，尤以泉州南門外的土匪陳清祺最為張狂，當地遂聘用霞州村有名的拳師詹庭南和陳海負責團練，而據說團練的費用就是由王順興信局支付。而且在此多事之秋，信局的第二代經營者王為針先生還於 1930 年在家鄉泉州市鯉城區浮橋鎮王宮鄉創辦了陶英小學，足見其對教育之重視。對此，有一塊青石匾刻為證，「校董王為針先生熱心教育，獨力捐資建築校舍，學校得以成立，如斯盛德合刊諸石，以垂永久。民國二十年十月陶英學校全體敬立。曾遒書」。同時，王為針、王為奇在家鄉王宮分別興建的船樓和奇園，既融入南洋風情又不失傳統，它們不僅見證了王順興信局的輝煌歷史，而且也為人們研究僑批文化、僑鄉建築文化等方面提供絕好的素材。

（3）企業自身原因與當時社會的惡劣環境導致信局倒閉

王順興信局是一家管理較為嚴格的家族式民間金融企業，企業一直由家族成員控制與經營，而沒有從社會上吸收更為高端的人才參與企業的經營。20 世紀以後，伴隨着東南亞殖民地的大力開發，與之相應的西方先進銀行技術的融入和金融業務的創新，王順興信局的經營者也都積極地參與。他們將信局名稱改為「王順興匯兌信局」，但沒有充分認識到其是「草根性」的「小金融」，沒有適應資本主義市場經濟的運作模式與發展規律，

大大偏離了原本傳統的僑批業務，而過多地參與大銀行的業務，大做匯水買賣投機，加之缺乏有效的外部制度約束，終因無法自我克制，而導致停業而倒閉。

王為奇之子王清乾對王順興信局倒閉的現象是這樣記述的：[1]

> 通郵通匯以後，遞寄信款已不像早期攜帶現款往來，而應按匯價起落購買匯單。票水買賣是商戰中一件很複雜微妙的事情，因匯價變動牽連國際物價金融行情，往往某一國家之政治動向也會影響票水匯價。因素既多變化無常，可以多日不變，也可以一日數變，買賣票水的人，可以暴富，可以聚窮。往往難以捉摸。一般信局的盈虧，既視匯價變動而定，主要業務乃由送信而轉為匯兌，進而演變成為買空賣空，投機性質更為嚴重。經營此業已非我祖父時代，靠個人忠厚誠實確守信用就可以成功。順興局在第二代（我的父叔輩）已轉入匯兌時期，但初期還能穩紮穩打，不多冒險固能維持先業。及到末期見匯兌行業規模日大，也情不自禁斗膽投機大做匯水買賣。及我伯父和父親年老，把業務交給我伯父的一個兒子和我的一個哥哥主持，年輕人放手大搞雄心勃勃，不料一時失策吃到大虧。1935 年終因買空賣空的失敗弄到破產，致泉州創辦較早的王順興信局宣告倒閉。我祖父白手起家，辛苦經營的事業，遂到第三代而垮。

導致王順興信局倒閉的另一重要原因是當時惡劣的社會環境。據晉江縣統計員王家雲的調查，1935 年有包括順興信局在內的 9 家信局歇業，其主要原因是 1931~1932 年，閩省政局紛亂，閩南一帶，到處非兵即匪，民辦僑批局毫無保障，經常發生信款被匪截劫、送批員遇害等事。1937 年王為奇在《圖書》中也有提道：「順興隆此營業不佳，自動收盤。太原受十九路軍之政變虧空，只剩一殼，不得不讓權退股。」

1　陳如榕：《王順興信局訪尋拾遺》，載泉州市僑聯等編《回望閩南僑批》，華藝出版社，2009，第 43 頁。

王為奇之子王清乾在回憶中寫道：[1]

> 信局業務日行發展，盈利日豐，歹徒的垂涎也日甚。國內國外，都曾遭到劫奪，損失不輕……不僅信局數萬新款全被劫走，連局東各房兄弟私人財物、首飾細款，也都給搶光，損失慘重。惟該幫信款遂巡劫，本局仍設法挪借如數分送，以保信用……家鄉匪禍，使人寢食難安，然託足海外，也非全是樂土。詎 1927 年秋間，也是一個夜間，人員正忙於準備明天船期寄送信款手續，忙到半夜還未關門，突有十多名暗探闖入，分為數組，樓上下到處亂翻，暗中以十二支仔賭牌放置一個桌角，誣為聚眾賭博，不但把人抓走，還把當日所收信款全部搜去，指為賭款沒收，又受到一大損失……迭次損失，使業務上遭到困難，深感當時國內外社會秩序不佳，危害商人正當營業……

不可否認，雖然王順興信局的倒閉累及不少華僑和僑眷，但它退出歷史舞台是社會發展的必然。王世碑個人在海上常年累積的信用資本，是其可以從事「客頭」，進而創辦僑批局的基礎，而其後代將王氏家族的業務進一步拓展，更是在此信用資本上的延伸。這種個人鄉族社會信用體系，實際上是一種傳統的人際信用關係，並被靈活地運用於王氏家族的僑批經營、錢莊經營、布行經營及相關的投資生意上，使得家族企業持續經營 80多年。

王順興信局雖然已不復存在，但其以王世碑個人信用為根本，以嚴格的家族經營模式進行企業擴張，秉承顧客至上的經營理念，其經營方法、經營特點為我們建立具有中國特色的現代郵政體系和金融市場帶來了不少啟示，值得學習。同時，它的興衰也告誡後人需遵循經濟發展的規律，切勿盲目營利、投機取巧。

1　常慧：《僑批的變遷——以王順興信局為中心》，《閩商文化研究》2013 年第 1 期，第54-55 頁。

三、新加坡僑通行與廈門僑通批信局

在海內與海外僑批網絡中有兩個關鍵節點，分別是海外僑居地和國內僑鄉口岸港口。海外僑批經營者利用親友、熟人的親緣、血緣、地緣等關係，撒開網絡，廣泛收集僑批，藉助於在大埠頭口岸的國際郵政和國際銀行將僑批銀信傳遞到國內口岸，而後由國內信局分送到僑鄉各地收批僑眷手中，並將回文原路返送到海外信局，送交寄批華僑手中，這樣，形成了往返於南洋──中國之間，以海路為連接的雙向傳遞，並以海外僑居地口岸和國內僑鄉口岸為雙節點，呈現扇形的華人通信與匯款的僑批傳遞網絡。

以僑通行為例，介紹僑批網絡在海外口岸新加坡與國內口岸廈門之主連接，由此兩處口岸為基點，各自向業務區域擴展。這樣，兩邊顯喇叭形狀、中間海上連接、交錯縱橫的僑批運行體系便形成了。

1. 新加坡僑通行網絡與林樹彥 [1]

在新加坡華族行業史上，民信業（處理華僑匯款回國的行業）曾佔重要席位。尤其是在抗戰勝利初期，百業待興、經濟不景氣的情況下，只有民信業一枝獨秀，成為新加坡各行業的主流。當時，整個新加坡民信局分為福建幫、潮州幫、瓊州幫、廣東幫及客幫。五幫信局合約二百餘家，極一時之盛。而林樹彥的僑通行即是當年民信匯兌界的領袖信局。僑通行多種經營業務對於僑批匯兌業務的作用，融入貿易與金融之中。

僑通行是新加坡經營閩幫華僑匯款的著名民信局之一，曾經是南洋最大的僑批匯業局，在整個僑批運作流程中的角色介於僑批局與銀行之間，

1　參考〔新〕柯木林《新加坡民信業領袖林樹彥》，載〔新〕柯木林、林孝勝《新華歷史與人物研究》，新加坡：南洋學會，1986 年第一版，第 171–179 頁；〔新〕柯木林《林樹彥》，載《世界福建名人錄》（新加坡篇），新加坡福建會館，2012，第 185–187 頁；〔新〕柯木林《僑匯・僑批・民信業──新加坡僑匯與民信業》，載《新加坡華人通史》，新加坡宗鄉會館聯合總會，2015，第 497–506 頁。

僑通行並不做具體的僑批信件業務，只做金融方面的匯兌業務。

僑通行創辦人林樹彥，字成木，祖籍福建省安溪縣官橋鎮赤嶺村。民國二年（1913年）出生。民國十七年（1928年）林樹彥15歲時，在家鄉里養中學畢業後，即南來荷屬東印度占碑，任該埠中華總商會祕書及中華會館座辦。後因不滿受薪生活，遂辭去祕書和座辦職務，自設泉安公司於占碑埠，經營樹膠及土產生意。1937年，他轉到新加坡尋求發展機會。鑒於當地閩南華僑眾多且時有匯款回國之舉，僑匯事業甚可經營，於是，1938年4月他創設僑通行，經營僑批匯兌業務，地址在源順街（即直落亞逸街），商號僑通，取其「溝通僑匯」之意。

僑通行創辦以後，業務突飛猛進，於是，又在小坡美芝律設分行，除經營僑批匯兌業務外，兼營土產雜貨等。不久，日本侵華戰爭爆發，林樹彥即開始注意發展中國內地非佔領區業務，並在泉州、香港等地設立分行。經營3年餘，至1942年2月新加坡淪陷，僑通行僑批匯兌業務便完全停頓。在這期間，林樹彥轉營暹羅（今泰國）及印度尼西亞土產糧食生意。

林樹彥在20世紀30年代崛起，而且業務能夠發展得如此神速，這與他本人自強不息的精神、精明能幹的品質及謙虛和藹的態度不無關係。他在占碑任商會祕書及會館座辦時，曾以這兩個機構經費為基礎，並得到該地僑長李昭喜的協助，將原有的中華學校擴大改組，並自任該校祕書一職。這種三位一體的組織方法，使得原來死氣沉沉的商會、會館與學校，都顯得朝氣蓬勃。由此可見他的管理與組織能力。

早期在印度尼西亞華人社會所累積的經驗與商場智識，也為他日後的事業發展，起到了一定的作用。由於他很早就出來社會活動，善於交際而能靈通市面行情，成為他事業成功的要素。他兩個能幹的弟弟（香港方面的林誠致[1]與印尼的林成章）對他事業的發展，也有極大協助，因為這兩地的商場情況，都由他們提供資料。所以，林樹彥身在新加坡，卻能遙控

1　在《泉州市志》卷四十七《泉州與港澳關係》中，記載香港僑通行，住址德輔道中264號2樓，負責人林誠致，經營匯兌出入口等業務。

港、印兩地的業務，為日後自身的大展宏圖奠定了堅實的基礎。

1945 年秋太平洋戰爭結束後至 1950 年代的最初幾年，是僑通行業務的全盛時期，也是林樹彥個人的聲譽、地位與財產的黃金時代。這個時期的特徵是：林樹彥一方面鞏固與發展了民信匯兌業務，另一方面經營更多實業，並將自己塑造成當年聞名東南亞最年青的華人社會領袖。

當時，僑通分行遍設各地，營業範圍及僑匯網絡更及全中國、新馬和印度尼西亞等處。舉凡香港、上海、福州、泉州、古田、廈門、巴城（即今雅加達）、巨港、泗水、沙撈越、怡保、吉隆坡、馬六甲、檳城等處都有分行（約 25 間）。每間分行至少有職員十餘名，單就總行一處就有四五十名。至於收匯數額方面，也由戰前的每星期一二十萬元增加到四五十萬元。這是僑通行業務發展的巔峰時代。而原本在戰前居新加坡民信界第一把交椅的和豐、信通、正大等幾家馳名的民信局，也不得不退位讓賢了。僑通行在此時已遠近馳名，成為新馬民信業的主流。在廈門，僑通批信局在抗日戰爭勝利後初期的業務發展，有時超過同業。[1]

1944 年，林樹彥擴充經營組織，成立「僑通企業有限公司」（Kiaw Thong Enterprise Ltd.）。之後，除主要民信業務外，還自行購置大小輪船川行各埠，批發中國國貨。

1945 年秋，林樹彥以新加坡各幫匯兌公會聯席會議代表的身份（這一聯席會議是由林樹彥出面邀請閩、潮、瓊三幫匯兌公會組成的，臨時辦事處即設在僑通行），一面晉謁英軍政當局，一面懇請新加坡中華總商會致電中國政府速定匯率，以恢復僑匯事宜。結果中南僑匯乃於 1946 年 3 月 18 日（星期一）正式開放（其實新加坡信局已在 1945 年 11 月 22 日復業收匯）。同年，林樹彥因鑒於戰後方興未艾的民信業，乃聯合各幫民信界領袖，發起組織「南洋中華匯業總會」，為同業及僑民謀福利，並蟬聯數屆會長。

從 1947 年僑通企業有限公司廣告（見圖 3-20）中，我們可以了解公司

1　黃清海主編《閩南僑批史紀述》，廈門大學出版社，1996，第 78 頁。

的業務情況，僑通行設有：銀信部、國貨部、航業部，還辦理信託業務，代理廠家出品等。相當於現今的企業集團性質，多種經營，以中介服務和流通領域為主。

僑通企業有限公司

銀信部：南洋各埠設立分行辦理僑信，國內遍設分行及代理處自遞銀信。

國貨部：批發台灣、安溪及其他國貨國產名茶（各埠分行均有批發）。

航業部：自置大小汽船川走各埠，代理輪船運輸各埠貨件（凡寄儀、押匯、代辦、代兌均可接辦）。

辦理信託業務，代理廠家出品，通訊接洽，條件公平。

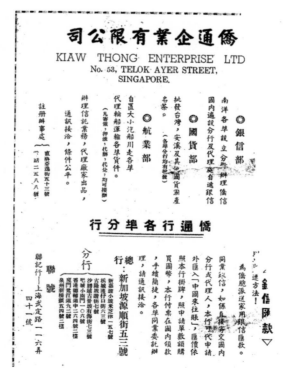

圖 3-20　1947 年僑通企業有限公司廣告

資料來源：《南洋中華匯業總會年刊》第一集，新加坡 1947
年 4 月刊印，封底廣告。

僑通行各埠分行

銀信匯款：以迅速方法，為僑胞派送家用銀信匯款。

同業銀信，如係直接寄交國內分行或代理人，本行可代申請外匯入「中國來往賬」，匯價依照本行掛牌，照申請單數額購買國幣，本行付票在國內領款，手續簡捷，各埠同業委託辦理，請通訊接洽。

總分聯號地址。總行：新加坡源順街五三號。分行（8 家）：新加坡小坡米芝律一五七號，檳城港仔口街六三號，吉隆坡諧街七號，沙撈越古晉坡有海街七三號，巴城小南門一〇六號，香港德輔道中二六四號二樓，廈門鷺江道九二號，泉州新橋頭五四號二樓。

聯號（1 家）：聯記行——上海武定路一一六弄四十一號。

1948 年 6 月刊印的新加坡《南洋中華匯業總會年刊》第二集封底刊登僑通企業有限公司廣告（見圖 3-21），其中僑匯業務有兩個部分，主要文字如下：同業轉匯的匯款和僑胞家用的信款。辦理信託業務，代理廠家出品。

圖 3-21　1948 年僑通企業有限公司廣告

資料來源：《南洋中華匯業總會年刊》第二集，新加坡 1948 年 6 月刊印，封底廣告。

通訊接洽，條件公平。僑通行總行設在新加坡源順街五十三號。僑通行各
埠分行（14 家）：香港、上海、廈門、福州、泉州、古田、吉隆坡、馬六
甲、巴城、怡保、古晉、巨港、檳城、新加坡小坡（見圖 3-22）。

　　1949 年 10 月中華人民共和國成立以後，由於政治環境的改變，減少了
匯款的需求，僑匯從此萎縮。僑通行各地分行相繼結束營業，而在國內的
投資或信局分行，也進行了社會主義改造，統歸國營或由國營的「僑匯服
務社」所取代。僑通行民信業務低潮的同時，林樹彥所經營的中國土產生
意也宣告失敗。1953 年，林樹彥所代理的一批銷售新馬及菲律賓等地的中
國土產（十餘萬箱的生貨），在菲律賓因進口成問題，不得不將全部存貨傾
銷本地。但因本地市場銷售有限，大量存貨銷售不出，在船上腐爛。這次

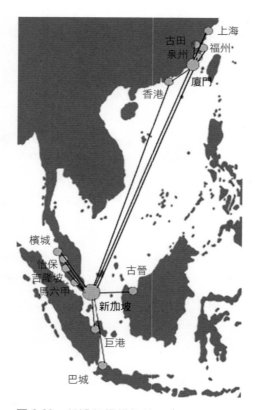

圖 3-22　僑通行機構網絡示意

的損失至少 50 萬元。僑通行受此雙重打擊，從此元氣大損。之後，僑通行雖然尚有營業，但規模已大不如前了。

　　1958 年僑通企業有限公司的廣告宣傳，業務包括銀信匯款、中國茶葉、錫蘭茶粉、爪亞茶粉、進出口貨、蘆柑汁等。僑通行業務主要是批信局匯款：凡寄家用匯款、同業轉匯、信款，本行均可代為辦理。申請外進入中國來往賬，匯價公平，交款快捷。通匯：中國大小城市鄉鎮及香港九龍等處（見圖 3-23）。

　　1970 年代，僑通行只是經營少許僑匯、本地與周邊國家轉口貿易、中國土產貨物進出口等。[1]

圖 3-23　1958 年僑通企業有限公司廣告
資料來源：南洋中華匯業總會《匯兌特刊》第三集，新加坡 1958 年 1 月刊印，第 93 頁的廣告。

1　〔新〕柯木林：《林樹彥》，載《世界福建名人錄》（新加坡篇），新加坡福建會館，2012，第 185–187 頁。

2. 廈門僑通批信局網絡

　　在新中國成立之前，私營民信局是接受國民政府交通部郵政總局管理的。1934 年，郵政總局取消國內民信局，但對專營僑民銀信的定名為「批信局」，仍准予營業。從這一觀點看，廈門僑通局應該在 1934 年之前設立。如若不是的話，就是之後承頂他局並改名的。而對於新加坡僑通行而言，它們之間只是代理而已。

　　新中國成立後，僑通局因新加坡負責人的關係，業務一蹶不振。從目前僑批收藏的情況看，現存的僑通行批信並不多，以新加坡僑通行為中心的南洋網絡主要經營僑批的匯兌業務，也就是辦理業務以國際金融匯兌為主，考慮的是如何將南洋的貨幣轉換成中國的貨幣，從銀行或匯兌信局的角度考慮，如何將外匯頭寸調回中國國內，匯率如何，從客戶角度着想，手續如何辦理更為簡便等。我們先分析一張 1947 年交通部郵政總局頒發給廈門僑通批信局的執照（見圖 3-24），其詳細記載了該局國內與國外的分號、聯號名稱、地址和代理人名單：

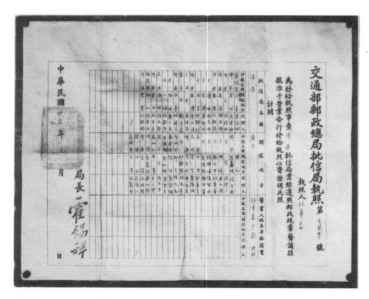

圖 3-24　1947 年交通部郵政總局頒發給廈門僑通批信局執照

交通部郵政總局批信局執照　第壹貳零號

　　執照人：林章恭

　　為發給執照事。查僑通批信局業經遵照郵政規章聲請掛號，准予營業，合行發給執照，以資證明。此照。計開：（見表 3-3）。

表 3-3　僑通批信局國內外開設機構情況

批信局名稱			開設地方			營業人姓名 年齡 籍貫		
僑通			廈門			林章恭　五八歲 思明		
分號	開設地點	代理人	分號	開設地點	代理人	分號	開設地點	代理人
	國內		國外					
翼貽堂	永春	黃振炳	僑通	新加坡	林金樹			
錦昌	泉州	吳祥插	僑通	新加坡	林樹彥			
僑通	泉州	林培垣	僑通	吧城（今屬印尼）	王元團			
裕通	安海	謝綿頭	僑通	麻六甲（今屬馬來西亞）	林車甫			
僑通	惠安	林獻茂	僑通	檳榔嶼（今屬馬來西亞）	陳啟水			
僑通	漳州	游克明	僑通	吉隆坡（今屬馬來西亞）	謝傳集			
僑通	安溪	廖啟明	吉興	日里（今屬印尼）	郭春生			
僑通	同安	陳錦輝	文明	呂宋（今屬菲律賓）	黃振誠			
裕安	安溪	廖水清	僑通	馬尼剌（今屬菲律賓）	廖克美			
大成	安溪	廖修忠	僑通	砂撈越（今屬馬來西亞）	林光彥			
榮合	安溪	劉金泰	宗成行	仰光（今屬緬甸）	陳文包			
僑通	永春	林濟蘇	萬春堂	怡保（今屬馬來西亞）	曾智強			
僑通	福州	廖子蘇	金龍泰	新加坡	曾智生			
僑通	上海	林敬茂	開平	新加坡	陳文中			
建隆	福州	程文鑄	萬和利	居鑾（今屬馬來西亞）	章文雙			
僑通	莆田	林世房	成隆	新加坡	蔡玖榜			

（續上表）

批信局名稱			開設地方			營業人姓名 年齡 籍貫		
僑通			廈門			林章恭　五八歲　思明		
分號	開設地點	代理人	分號	開設地點	代理人	分號	開設地點	代理人
程茂盛	涵江	陳榮庭	捷發	泗水（今屬印尼）	蔣濠江			
僑通	雲霄	林敬聰	益成興	巨港（今屬印尼）	林敬田			
僑通	香港	林誠致						

註：地名部分為今地名

局長：霍錫祥

中華民國卅六年九月（蓋「交通部郵政總局」）

從表 3-3 我們可以看出，僑通批信局在國內機構有 19 家，其中直屬（同名）機構有 11 家，分佈在泉州、惠安、漳州、安溪、同安、永春、福州、上海、莆田、雲霄、香港，還有 8 家代理機構。

在海外機構有 18 家，其中直屬（同名）機構有 8 家，分佈在新加坡、新加坡小坡、巴城（今屬印度尼西亞）、馬六甲（今屬馬來西亞）、檳榔嶼（今屬馬來西亞）、吉隆坡（今屬馬來西亞）、馬尼拉（今屬菲律賓）、沙撈越（今屬馬來西亞）；還有 10 家代理機構，分佈在印度尼西亞日里、泗水、巨港，菲律賓馬尼拉（呂宋），緬甸仰光，馬來亞怡保、居鑾，新加坡。其分佈情況見圖 3-25。

從表 3-3 看，新加坡林樹彥的僑通行與廈門的僑通批信局係總分機構的關係。但它們之間既有交叉，又有各自的代理網絡，能夠發揮各自的人脈和優勢，擴大網絡，做大業務。

僑通行在抗日戰爭勝利後初期的業務發展，有時超過同業。[1] 抗戰勝利

1　黃清海主編《閩南僑批史紀述》，廈門大學出版社，1996，第 78 頁。

上海
福州
閩南（廈門）
香港
仰光
馬尼拉
檳城
怡保
吉隆坡
日里
馬六甲　沙撈越
新加坡
巨港
巴城
泗水

圖 3-25　1947 年廈門僑通批信局海內外機構分佈

後，僑匯業務恢復暢通，林樹彥與他人組織南洋中華匯業總會，共謀民信業務發展。僑通行經營業務遍及中國及新、馬、印尼各國，在香港、上海、廈門、福州、泉州、古田、雅加達、吉隆坡、馬六甲、檳城等處設分行 25 所，其中僑通行廈門分行開設在廈門鷺江道九二號。

新加坡僑通行只辦僑民匯款業務，並不直接經營僑批信件業務。民國時期「僑通行廈門分行」印製有專門的匯票，為直式帶票根。圖 3-26 所示為未使用品，票面右側有民國紀年、票根和英文行名「KIAW THONG EXCHANGE AMOY BRANCH」，票面正文內容是：「列　　字第　　號，在　匯過　寶號／先生來　到　　，見票限　天將款付交或持票人／人單兩認取領此據。僑通行驗付。」圖 3-27 所示則為民國 37 年（1948 年）12 月《廈門僑通行匯款通知書》，加蓋「僑通行匯兌部，廈門海後路二號」章，該筆華僑匯款應該是採用電匯的，電報到廈門後，僑通行委託派送時填寫的通知書，顯然，該筆匯款並未附帶家書。

圖 3-26　民國時期「僑通行廈門分行」匯票

圖 3-27　1948 年 12 月《廈門僑通行匯款通知書》

四、正大信局

正大信局是一家在閩南地區較具代表性的信局，它既可直接對外收匯，又綜合兼有頭、二、三盤業務，經營時間從 1920 年代末至 1950 年代的 30 多年時間，其收匯地區包括今新加坡、馬來西亞、印度尼西亞、菲律賓及香港等地的諸多城市，國內投送網點也遍設閩南泉州、廈門、漳州及福州、莆田和涵江等地。

1. 正大信局分聯號網絡

從國內與海外兩個視角來看，正大信局的分聯號隨着業務的發展與變化而不斷進行增減。正大信局鼎盛時期在國內設有分號 31 家，聯號 2 家，共 33 家機構（見表 3-4）；在海外設有 37 家機構（見表 3-5）。營業網絡覆蓋英屬和荷屬殖民地以及菲律賓等地，共計 20 多個地區，屬大型批信局。不過，正大信局並不屬福建最大批信局，其分聯號數次於晉江建美（80）、鼓浪嶼捷興（95）和廈門合昌批信局（144）。[1]

正大信局以分號、聯號方式相互建立委託和代理關係，從而構建了區域廣泛的僑批跨國傳遞網絡。

新加坡柯木林先生在《新加坡僑匯與民信業研究》一文中表明，正大信局在新加坡於太平洋戰爭之前，就與和豐、信通等幾家成為新加坡馳名的民信局。而抗戰勝利後，正大信局則沒有復業，在 1947 年度新加坡「閩僑匯兌公會」中沒有正大信局的會員名單。在南洋匯業總會的 1948 年年刊的廣告上顯示，新加坡有一家收匯信局名為「興隆信局」，正是國內廈門正大信局的分莊（見圖 3-28）。[2]

1　焦建華：《近代跨國商業網絡的構建與運作——以福建僑批網絡為中心》，《學術月刊》 2010 年第 11 期，第 136–137 頁。

2　《南洋中華匯業總會年刊》第二集，新加坡 1948 年 6 月刊印，廣告。

表 3-4　1945 年底正大信局國內分聯號情況

序 號	僑批局名	開設時間	經營地	經 理
1	正大	1930 年	鼓浪嶼	郭尚霖
2	正大	1930 年	安海	林海藤
3	正大	1930 年	晉江	廖介智
4	正大	1930 年	龍溪	洪石才
5	正大	1930 年	石碼	姚啟明
6	正大	1930 年	流傳	郭淑爾
7	正大	1930 年	白水營	郭自在
8	正大	1930 年	浮宮	徐東海
9	正大	1930 年	石美	黃協成
10	正大	1930 年	海滄	林連靜
11	正大	1930 年	馬鑾	陳聯興
12	正大	1930 年	同安	郭瑞麟
13	正大	1930 年	金門	曾玉田
14	正大	1930 年	安溪	白鐵漢
15	正大	1930 年	惠安	駱瑞成
16	正大	1930 年	永春	鄭賢士
17	正大	1930 年	閩侯	施賡棠
18	正大	1930 年	永嘉	楊大山
19	正大	1930 年	莆田	陳國華
20	正大	1930 年	涵江	唐伯堯
21	信通	1930/8/1	雲霄	王文濤
22	正大	1934/11/1	馬巷	吳迪菊

（續上表）

序 號	僑批局名	開設時間	經營地	經 理
23	正大	1934/11/1	集美	黃江源
24	正大	1934/11/1	新垵	
25	正大	1934/11/1	港尾	
26	正大	1934/11/1	水頭	
27	正大	1934/11/1	洛陽	楊九使
28	正大	1934/11/1	詔安	沈中元
29	正大	1935/11/1	佛曇	楊羽祥
30	正大	1935/11/1	高浦	鄭文成
31	正大	1936/11/1	角尾	陳大油
32	正大	1936/11/1	東山	王可成
33	大福	1939/11/1	閩侯	施盛美

表 3-5　1945 年底正大信局海外分聯號情況

序 號	僑批局名	經營地	今屬國家	開設時間	經 理
1	信通	新加坡（Singapore）		1930/8/1	張怡勝
2	振源	同上		1930/8/1	蔡玉傅
3	紹昌	同上		1930/8/1	洪紹世
4	豐隆	同上		1930/8/1	黃添福
5	正通	同上	新加坡	1936/11/1	陳乞昌
6	大中	同上		1936/11/1	郭尚深
7	協茂	同上		1939/8/1	黃玉帶
8	福安	同上		1941/8/1	高水源
9	源崇美	同上		1941/10/1	顏惠薹

（續上表）

序　號	僑批局名	經營地	今屬國家	開設時間	經　理
10	洪怡祥	檳榔嶼（Pulau Pinang）		1930/8/1	洪怡祥
11	天美	吉打（kedah）		1930/8/1	黃贊波
12	順美	同上		1930/8/1	黃恆蒼
13	源公司	江沙（Kuala kangsar）		1930/8/1	蔡長樹
14	新和興	同上		1939/8/1	李植鹽
15	新福順	柔佛小苯珍（Johore Little Jane）	馬來西亞	1939/8/1	陳梧材
16	源安和	同上		1941/5/1	余紹澤
17	順茂	薩拉瓦克（Sarawak，沙撈越）		1939/8/1	何清萬
18	聯慶	同上		1939/8/1	蔡榮傑
19	新泉和	太平（Taiping）		1939/8/1	何福民
20	順安	巴達維亞（Batavia，雅加達）		1930/8/1	謝俊扮
21	漳合興	同上		1939/11/1	郭雲騰
22	永昌	同上		1941/8/1	陳專
23	高隆興	巴鄰旁（Palembang，巨港）		1930/8/1	高奄知
24	源公司	同上		1939/8/1	李火爐
25	源和	北加浪岸（Pekailongan）		1930/8/1	張天想
26	同成興	孟加錫（Kota Makassar）		1939/11/1	劉樵山
27	南順	棉蘭（Medan）		1939/11/1	蔡長傑
28	錦裕	繆阿爾	印尼	1941/9/1	鄭錦元
29	漳合興	三寶壠（Kota Semarang）		1930/8/1	郭志漢
30	五美	山口羊（Singkawang）		1930/8/1	李炳文
31	源成興	泗水（Surabaya）		1930/8/1	黃江漢
32	南生	梭羅（Solo）		1939/8/1	陳添興
33	閩南	徹里賓（Cheribon，井里汶）		1939/11/1	黃武漢
34	建裕	萬隆（Dandung）		1939/8/1	陳福順
35	振昌	占碑（djambi）		1939/8/1	陳雨水

（續上表）

序 號	僑批局名	經營地	今屬國家	開設時間	經 理
36	利民	馬尼拉（Manila）	菲律賓	1930/8/1	黃必爛
37	天安	同上		1940/11/1	蔡賜敏

資料來源：1. 參考劉伯孳依據福建省檔案館館藏（1945）56-5-2004 檔案整理的，載《閩南僑批業的運作體系論析》（《閩南》2016 年第 3 期）；2. 焦建華依據廈門電信局檔案室藏，廈門郵電局檔案，案卷號 839-5「福建區 1940 年各批信局總分號清冊 6」，載《近代跨國商業網絡的構建與運作——以福建僑批網絡為中心》，《學術月刊》2010 年第 11 期。

圖 3-28　廈門正大信局分莊——新加坡興隆信局廣告

　　新中國成立後，正大信局接受社會主義改造，整個網絡機構有了很大的變化。

　　1950 年代的廈門僑批業概況中，列出的正大信局境內營業網點及境外聯號資料，[1] 明顯比新中國成立之前少了許多網絡機構。具體如下。

1　黃清海主編《閩南僑批史紀述》，廈門大學出版社，1996，第 32 頁。

正大（廈總局）。境內聯號：正大（泉州）、正大（安海）、正大（安溪）、正大（石碼）、洪和安（漳州）、景祥（海滄）、金振興（港尾）、春記（永春）、大福（福州）、新豐（同安）、佳泰（集美）、恆利（涵江）。境外聯號：南方、黃啟勛、正記、林家錫、萬春堂、元亨、協來利、謙信（香港），南昌、崇美（星）〔馬〕，五美、大興、海外（棉蘭）〔印尼〕。

在《1949~1958 年閩省僑匯業一覽表》廈門欄[1]中，正大信局的海外聯號地域是「新馬、印尼、香港」，類型則是「頭二三」盤局。而《僑批業機構一覽表·1948 年閩省僑匯業一覽表》廈門地區欄[2]中，正大信局的海外聯號地區則是「菲、新馬、印尼」，類型被定為「二盤」局。相比之下，後者多了菲律賓，少了香港，前者多了香港，少了菲律賓，原因是新中國成立後，菲律賓僑批匯兌改為電匯，而香港則成為東南亞僑批的中轉中心，菲律賓僑匯都通過香港中轉匯至中國內地的。

其實，正大信局一直就是一家包含頭、二、三盤的綜合型僑批局。在一些僑批實物與資料的互證過程中，我們發現，正大信局網絡代理機構超過上述所列之數。在一封 1948 年由印度尼西亞巨港寄往安溪的僑批中，所使用的是印製好的信簡。該信簡印有收批機構為印度尼西亞巨港「高隆興匯兌船務出入口商」，而其僑批解付局為「廈門正大匯兌莊」（見圖 3-29）。這家「高隆興匯兌」代理機構並未列入上述正大信局的網絡機構之內。可見，正大信局在海外的收匯網絡是相當龐大的。

關於正大信局的開設時間。據王家雲《1930~1935 年晉江縣僑批業調查》記載：安海正大信局成立於 1928 年，係合資 1000 元資本額，1935 年職工 7 人，年辦理僑匯額 30 萬元，收匯地域為菲律賓和新加坡等地。泉州城內正大信局成立於 1930 年，係合資 1000 元資本額，1935 年職工 12 人，年辦理僑匯額 65 萬元，收匯地域為菲律賓和新加坡等地。而 1932 年 6 月《廈門工商大觀》記載：正大信局地址大史港 23 號，當事人陳子德。可見，

---

1   黃清海主編《閩南僑批史紀述》，廈門大學出版社，1996，第 260 頁。

2   黃清海主編《閩南僑批史紀述》，廈門大學出版社，1996，第 254 頁。

圖 3-29　1948 年印度尼西亞巨港經廈門正大匯兌莊轉安溪僑批

1932 年之前，在廈門已設有正大信局。然而，從僑批運作的流程看，廈門正大信局的設立應早於安海和泉州，因此，我們認為，正大信局應是 1928 年之前就成立的機構。

作為閩南僑批業較大的中轉和派送局的代表，正大信局的網絡由海外網絡和國內網絡組成，有機地構成了一個自成體系的範例。其海外網絡不僅涵蓋了東南亞的主要大埠頭，如小呂宋（馬尼拉）、新加坡、檳城、巴達維亞、泗水等主要城市，而且馬來西亞的江沙、吉打、沙撈越，印度尼西亞的梭羅、孟加錫等類似的小地方也設有網點。其國內的網絡則幾乎涵蓋了閩南地區的主要僑鄉，甚至包括閩侯、涵江、莆田等地。

與網絡機構佈局相對應的是正大信局涉及的收批來源地，包括新加坡，馬來亞的怡保、馬六甲、檳城等地以及印度尼西亞的巴達維亞、泗水、巨港等地。批信局分號、聯號以及之間的互相代理關係也清晰地顯示出正大信局網絡大體的構建情況。

2. 正大信局的批信運作

正大信局的海外機構向寄批人攬收僑批，集中整理後，在海外的口岸

通過國際郵局整包寄往廈門郵局。僑批到達廈門後，在廈門的正大信局向郵局領取，分別批路，發送各地僑鄉的解付局登門派送，同時收取回文，集中廈門，寄發海外。在這裏，我們通過 4 枚正大信局使用過的回批封及相關的信息，進一步了解信局運作的一些細節。

正大信局廈門總局、安海分局、泉州分局均製有專用回批封及後期配有信紙，以供僑眷使用。回批封由初始時加蓋文字，發展為印刷封，封上印刷的信息越來越貼近當時客戶的實際需求及應注意的事宜，體現了正大信局服務僑胞、僑眷通信匯款之細緻。通過印製規範化的回批封及信箋以供僑眷使用，也體現了正大信局作為較大信局的實力與經營風範。

圖 3-30 所示為 1937 年 5 月 8 日晉江東石寄馬來亞加智埠（今馬來西亞霹靂州太平市加地鎮）[1] 的回批封。該封為廈門正大信局印製，安海正大信局使用。封上文字經 4 個印版（章）加蓋而成：正面版「送交 / 收啟 / 專交大銀 / 無取工資 / 緘 / 廈門正大信局」，背面版「　局　日　元」，背面另分別加蓋「安海正大局住石埕街 / 專交大銀免工資」「郵政禁令回文只限一張 / 如有夾帶他人函件重罰」章。內信加蓋「正大信局絕交國幣 / 絕無分發信用短票」告示章。封背面右中「× 二一」（蘇州碼），表示 1937 年 4 月 21 日馬來亞加智埠寄批日；內信寫信日為丁年三月廿八日（蘇州碼，農曆），即公曆 1937 年 5 月 8 日，是晉江東石收批人寫寄回文的日期；期間郵程 17 天。

圖 3-31 所示為 1940 年 9 月 19 日由郭岑（今泉州晉江市東石鎮郭岑村）寄馬來亞加地埠的回批封。該封為泉州正大信局印刷封，正面文字「送交 / 正大僑信局贈（中間）/ 郵政禁令回文只限一張 / 如違重罰」，背面文字「　局　日　元 / 分信員」和「啟事 / 信差尚敢強取工資 / 拒絕勿給 / 如有刁難請告本局 / 泉州新橋頭正大信局啟」。封背面右中的蘇州碼 8 月 28 日

1　圖 3-30 至圖 3-33 均為同一戶回批，收件人均為郭燕趁，收件地點應是一樣的，但因書寫人不同，書寫地名時有所不同，有加智埠、加地埠、太平埠，但均指今馬來西亞太平市加地鎮。

表示 1940 年 8 月 28 日為馬來亞加地埠的寄批日，內信寫信日為民國十九年八月十八日，即公曆 1940 年 9 月 19 日，是收批人寫寄回批的日期；背面日期章「中華民國廿九年十月四日收到」，表示馬來亞加地埠寄批人於公曆 1940 年 10 月 4 日收到回批。來回郵程 37 天。

圖 3-30　1937 年東石寄馬來亞加智埠回批（使用安海正大信局封）

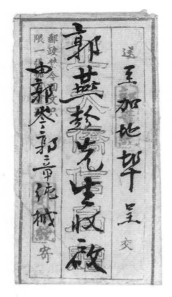

圖 3-31　1940 年 9 月泉州正大信局印製的回批封

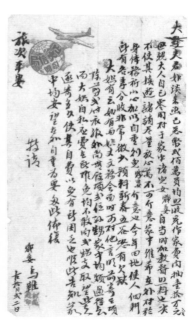

圖 3-32　1947 年安海正大分局回批封及內回文

　　圖 3-32 所示為 1947 年 12 月由泉晉（東石）寄馬來亞太平埠（今加地鎮）的回批封及內信，該封為安海正大分局印刷封，正面文字「送交／正大僑信局贈（中間）／郵政禁令回文只限一張／如有夾帶他人函件重罰」，背面文字「　局　日　元／分信員」和「啟事／信差尚敢強取工資／拒絕勿給／如有刁難請告本局／安海石埕街正大分局啟」。封背面右中的蘇州碼 11 月 24 日，表示 1947 年 11 月 24 日馬來亞太平埠寄僑批；內信寫信日為十月廿二日（農曆），即公曆 1947 年 12 月 4 日，是寫寄回文的日期；背面日期章「中華民國卅六年十二月拾號收到」，表示 1947 年 12 月 10 日太平埠寄批人收到該回批。來回郵程 16 天。內信紙左上角印有飛機、地球圖案和「正大信局敬贈」字樣，是信局的宣傳廣告標識，表示信局經營地域範圍大、傳遞迅速的意思。

　　圖 3-33 所示為 1953 年 5 月由東石寄馬來亞加地埠的回批封及內信。該封為正大僑信局的印刷封，正面文字「送交／收啟／郵政禁令回文只限一張／如有夾帶他人函件重罰」，背面文字「　局　日　元」和「正大僑信局／總局鼓浪嶼中路 B284 號／泉分局晉江新橋頭／漳分局漳州城門頂和豐內／碼分局石碼後街門牌 21 號」。內信回文寫於一九五三年古四月十八日即公曆 1953 年 5 月 30 日，1953 年 6 月 11 日到達馬來亞加地埠，單程 12 天。從此枚回批封上的信息可知，正大僑信局的國內機構已相當的少，僅存廈門總局 1 家，分局 3 家。

　　上述回批封均印有郵政禁令告示。1930 年代初，交通部郵政總局取消國內民信局，而保留經營海外函件的批信局，並規定「回文不許夾帶他人信件，如被查獲，第一次警告，第二次罰款，第三次取消批照（營業執照）」。1935 年 12 月 31 日又頒佈《批信事物處理辦法》，其中第十條規定：「批信局……匿投回批件數或夾帶他件者，除罰兩倍郵資外，依前項規定（第一次罰 15 元，第二次罰 37.5 元，第三次罰 75 元）減半處罰。」於是，各批信局為避免被查、被罰等不必要的麻煩和損失，便紛紛在回批封上印刷郵政禁令，或刻製宣傳戳記加蓋在信封、信箋上，一者表示批信局遵守郵政總局的規定，二者提醒華僑、僑眷注意，不要違章。

圖 3-33　1953 年正大僑信局回批封

　　隨着交通、通信技術的不斷發展，僑批、回批的運作速度和效率不斷提高，郵程時間縮短。當然，對於具體的僑批遞送郵程還與時局、天氣等情況有關，但總體郵程是縮短的，如 1947 年郵程是 16 天，1953 年縮減至 12 天。

3. 正大信局的批款運作

　　正大信局的資金跨國轉移和頭寸調撥是依靠國際銀行進行的。國際銀行包括華僑銀行等華資銀行、中資的中國銀行和外資銀行。採用的匯款方式主要是票匯或電匯。現以華僑銀行為例加以説明。

　　正大信局是一家經營東南亞僑批業務的僑批信局，規模大，網點多；與此時期的華僑銀行同樣有着較為廣泛的網絡機構，因此，正大信局的海外機構得以通過各地華僑銀行調回華僑匯款資金。一張 1933 年 9 月通過怡保（IPOH）華僑銀行簽發給廈門華僑銀行兌付的匯票，收款人為正大信局，匯票背面有正大信局的公司章和周經理私章，匯票賬面金額為 200 元

（見圖 3-34）。從 1933 年 9 月 20 日開票發出，至 10 月 5 日廈門華僑銀行到賬簽章支付，時間周期為 15 天，以當時的跨國銀行間的結算，是相當快捷的，為僑批信局節約了寶貴的時間。

　　1937 年 10 月 15 日印度尼西亞泗水匯廈門華僑銀行交正大信局收的電匯單（見圖 3-35），是正大信局海外機構通過華僑銀行網絡電匯調撥頭寸的例證。

圖 3-34　1933 年 9 月怡保（IPOH）華僑銀行簽發給廈門華僑銀行兌付的匯票

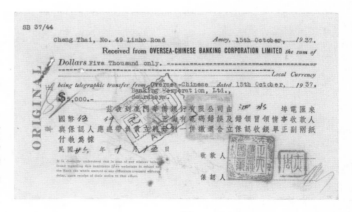

圖 3-35　1937 年 10 月印度尼西亞泗水匯廈門華僑銀行交正大信局收的電匯單

從華僑銀行匯票和電匯單顯示，正大信局利用了華僑銀行在東南亞的網絡機構，包括新加坡、吉隆坡、檳城、怡保、巴達維亞（今雅加達）、泗水等地來進行頭寸的調撥，這即是華僑銀行開展僑批款項頭寸調撥的例證。可以推測，正大信局海外機構與華僑銀行在東南亞地區有機構交集的地方，使華僑匯款資金均可方便進行跨國的匯兌轉移。

4. 正大信局的民間記憶

1995 年 5 月筆者採訪了原正大信局職員安貽池先生，根據他的工作回憶資料，我們可以發現，在整個僑批網絡中，登門派送解付環節是如何提高效率的，除了派送員不辭辛勞外，信局之間合理調劑批路以減少重複勞動，更是有效的辦法。在新中國成立後，國家銀行對於三盤業務實行聯合派送，可以說是之前做法的進一步延續。現將回憶資料整理如下。

　　1935 年春，我進入安海正大信局，據悉正大信局係石碼流傳社郭奕周先生創辦的，總局設在廈門海後路，經理郭奕周、陳朝基，泉州分局設在新橋頭，經理林海藤，安海分局設在石埕街，經理陳朝謙。

　　當時，安海正大分局人員約 10 人，會計蘇天存、郭國瑞，後調換蔡誠意，信差郭國培、郭國楚、黃則燥、安貽池、陳可哈、林燻兆，炊事員王祿叔等。

　　當時，廈門一般到批船期（包括十三港駁仔船）每個月約到批 5~6 次，廈門僑批總包封由郵局寄入安海，遵章貼郵票，安海持「正大領信」印章領回，並將全幫僑批抄好幫單，核算相符後分各線派送。

　　本人派送沿海一帶僑批，即從東石、塔頭、金井、圍頭、塘東、洋下、南沙崗、福全、溜江、石圳等約百個鄉，每幫派送需要留宿在僑眷家中 2~3 夜，派送後需要沿途收回文回局裏銷號。

　　約 1936 年，廈、安之間有中興、錦興、凱歌、凱旋、飛龍、飛鳳等輪船川走，一段時間僑批回文有託輪船運送，而正大信局純屬透局，機構遍設海內外，一向保持僑批回文迅速、準確，曾經一再向僑胞、僑眷保證在 10 天內僑批、回文往返。看到東石碼頭比較深、潮水早進，自然

輪船早起航。為更上一層樓，約 1937 年正大僑批回文來往改變委託東石僑光、飛安船舵手遞送（偷漏郵資），我派送沿海一帶，為爭取回文適應東石潮水起伏，及時繳交僑光、飛安輪船往廈，不辭風雨勞瘁、披星戴月，積極完成任務。

日寇南侵，第二次世界大戰發生，僑匯斷絕，正大發給員工 6 個月遣散費讓其回鄉，數年之間，別求生計。

1945 年 9 月，抗日戰爭勝利後，僑批初復，正大局僑批為數不多，安海正大分局僅通知我一人擔負全局派送工作。唯有南征北戰、東伐西討，完成派送任務。

安海批路蜿蜒曲折，由於各局信差派送工作量很大，因而影響僑批回文速度。通過局與局信差與信差之間，在互利互濟情況下，進行批路相互調整，這樣從彎徑幾乎變成直徑，減輕了信差派送工作量，還加速了僑批回文速度。

正大信局對員工待遇很好，當每月發放薪水時，依照《廈門日報》大米最高價格發給，我的米薪每月 300 斤，此外年底獎金（賞年）很可觀，記得那年，賞年 10 多擔米。我曾經把那些錢買臭油 10 擔存放在蕭冷店中，以防物價上漲。

圖 3-36　1947 年元旦廈門正大總局全體職員合影

　　正大信差收入全部依靠薪水，正大信局局規很嚴格，不許信差向僑眷索取小費，一經發現，第一次警告，第二次記過，第三次開除，可見正大透局重信譽，派送又保證迅速準確。

　　新加坡正大信局設在小坡吉寧巴仔街，屬透局（頭盤局），它擁有雄厚的資本，一向對海外廣大顧客聲明「回文付錢」。意思是說，每幫所收的僑批錢款，全部由新加坡正大信局預先墊付，待國內局派送到收批人並及時收取收批人回文繳回新加坡後，當新加坡正大信局即按照所有回文全部送到各自顧客（寄批人）手中，這樣，寄批人就得知國內親人已收到僑批款項，就將匯款還清給正大信局，這就叫作「回文付錢」。

　　「外付」和「內匯」都是指有信封的僑批。「外付」就是由信外付××元，「內匯」就是由信內夾寄匯票××元，這是寄錢的形式不同。可是新加坡僑胞凡寄一封僑批，內有信箋與國內親人溝通消息，不論那封僑批「外付」多少錢，僑胞都要付給信局批傭坡幣2元。這批傭就是包括把那封僑批「外付」××元派送明白和收回文繳交僑胞手中的工資或手續費。至於「外付」比較大筆的批款，除批傭外，僑胞還要以匯水（匯率）計貼信局。「內匯」就是匯票夾在僑批信封內。當時幣制貶值，既有美匯，也有港匯，信局分別依照美鈔、港幣的匯率及數目多少收取匯費。[1]

1　安貽池：《正大僑批局工作回憶》，載黃清海主編《閩南僑批史紀述》，廈門大學出版社，1996，第208-210頁。

全球視野下僑匯與海外華人金融網絡

　　近現代的世界經濟是全球化的經濟，各類資源是全球性的，市場也是全球性的。物流、貿易和金融的不斷發達，使得各種資源配置成本降低，各類交易更為頻繁。在全球化市場的推動下，各國的經濟比以往聯繫得更加緊密，形成了日趨密切的相互依賴、相互依存關係，各種商品和服務通過海洋貿易活動越來越自由地在國與國之間流動，以滿足各國、各區域人們對物質和精神的需求。

　　從國家層面看，國與國之間的各類交易不僅包括商品、勞務等有形的貿易，而且包括借貸、投資等涉及貨幣資金流動的活動。在用貨幣資金為統一計量的賬務核算中，我們可以用國際收支來衡量一個國家的經貿狀況。因而，在近代以來，各國都十分重視國際收支問題，通過國際收支平衡表反映本國與其他國家之間的商品、債務和收益的交易以及債權債務的變化，以體現本國的國際貿易關係、國際經濟關係以及經濟結構和經濟發展水平。隨着經濟全球化進程的推進，國與國之間經濟往來關係越發緊密，越需要進行國家核算，越應重視國際收支問題。

　　在全球化時代的背景之下，特別是在鴉片戰爭之後，中國東南沿海民眾下南洋，成為近代中國人參與全球化進程的開始。下南洋的族群需要將所賺取的財富通過僑批業的渠道轉移回家鄉，以贍養親人。這種財富轉移大部分是通過貨幣形式進行的，因而就出現了單向的跨國貨幣資金流動，即所謂的僑匯。這些僑匯資金是中國與國際之間形成金融聯繫的一個重要因素，體現為中國國際收支的一個重要組成部分。這裏，我們分析了近代以來僑匯對於中國國際收支所發揮的作用。

　　跨國的金融網絡並非是孤立的，而是建立在移民和貿易的基礎以及實體經濟發展之上的。下南洋之人以苦力勞作為主要謀生手段，但其中不乏

成功的華商。東南亞華人實體經濟的發展，特別是華人商業圈的形成和華人企業集團的出現，帶動了華人移民的增加；另外，華人企業規模擴大，促使其投資領域更加廣泛，隨之而來的是貿易、航運乃至金融等行業相應地擴展，涉足地域也從東南亞擴展至歐美地區，進而形成以東南亞地區為中心，既連接母國又延伸至歐美等地的全球華人商貿與金融網絡。

專注僑批僑匯研究 40 多年的國際漢學家濱下武志教授對僑批匯兌問題有着更深刻的探究，他認為，在 19 世紀初約有 400 萬華人居住在東南亞，每年寄回家鄉的錢約為 5700 萬銀元。這些絕大多數出自閩粵兩省移民的資金，最初是從家庭書信往來中產生的，卻因進入金融市場而改變了路線與性質，並催生了各種投資活動，甚至引起了外資銀行的重視，滙豐銀行、花旗銀行和麥加利銀行，都是最早利用僑批路線和功能來東南亞國家投資的，它們在金融上對跨華南和東南亞貿易區的貿易提供了巨大的幫助。而海外華人匯往華南的巨大單向的僑匯現金流足以影響到匯率的波動。[1]

進入 19 世紀，隨着商品貨幣化程度的提高，在金融領域領先發展起來的以大英帝國為首的資本主義國家開始實行金融的殖民統治與侵略，以滙豐銀行為首的外國銀行在亞洲區域建立了英國、印度、中國之間的三角貿易及其之間的金融匯兌關係，同時控制了大部分中國海外僑民的匯兌業務。

僑批業的龐大業務量不僅吸引了外資銀行的介入，而且被外資銀行所控制。面對這一情況，早先富裕起來的華人積極在東南亞華人社區設立華資銀行，如和豐銀行、華商銀行、華僑銀行、中興銀行等，以移民華商華人為主要服務對象。華僑銀行甚至會直接辦理僑批的登門收匯和派送業務。

1928 年，中國銀行在成為政府特許的國際匯兌銀行之後，更積極地介入僑匯業務，除建設服務網絡外，還以銀行信譽開辦僑批派送業務，搶佔移民華人匯兌市場。

僑批及僑批業的萌生，對於傳送華僑財富包括物資和貨幣發揮了極

1　摘自《百年家書裏的庶民金融》，係該文作者在採訪濱下武志時所説的話。

其重要的作用。僑批業通過不斷地建立華人的僑批匯兌市場及僑批的傳遞網絡，有效地開展了僑批業務。不僅如此，僑批業的發展，還培養和帶動了一批熟悉國際金融業務的華人群體，他們在不斷吸收西方先進的郵政技術、金融技術的同時，改進了僑批跨國匯兌網絡，進而影響和促進了中國舊的金融體系的變革。

最後，我們比較分析了閩粵僑批業與晉商票號的金融文化傳承問題。這二者產生於同年代，同係中國舊式金融的範疇，同屬民間的「草根」金融，在中國近現代經濟金融史上同樣佔據重要地位，但因服務區域不同，存在海洋與陸地的差異；服務對象也不同，閩粵僑批業為下南洋的僑民百姓提供移民匯款和家書傳遞服務，而晉商票號為中國官方和商人提供金融匯兌服務。因而，二者在經營理念與方式上存在區別，當然，它們最終的結果也是不同的。

一、中國僑匯所發揮的作用

下南洋之人將在海外賺取的辛苦錢或以物質或以貨幣形式轉至國內，用以贍養親屬，這是中國人傳統美德的體現。其中，以貨幣形式通過僑批業或國際銀行匯入國內的，被稱為僑匯。然而，「僑匯」（Overseas Chinese Remittance）的學術概念，指的是華僑匯款的簡稱，屬於海外個人匯款，它是指居住在國外的華僑華人、港澳台同胞從國外或港澳地區寄回的用以贍養國內家屬的匯款。影響僑匯的因素很多，主要涉及移民家庭、僑居地政治經濟狀況以及中國針對海外華僑華人的政策等。

在一個多世紀的僑匯發展及演變的歷史過程中，僑批業在其整個流轉中發揮了重要的角色。由於各個歷史時期的具體情況不同，僑批業所承擔的角色也不盡相同。

在水客時代，水客採用一條龍服務的做法，從僑居地攜帶回原幣（銀元）、原物品或通過貨物貿易獲取國內的貨幣現款並將其付給僑眷。這類攜

入的外國貨幣現金或現銀（銀元），雖然是僑款，屬於華僑資金的一種，但它不是匯兌意義上的僑匯。

在僑批信局的匯兌時代，僑批僑匯流轉需要經過海外攬收、承轉交接、頭寸調撥解付、登門派送與回文處理等環節。在整個流程中，僑批業所起的角色如表 4-1 所示，主要表現在在僑居地攬收僑批僑匯、在僑鄉登門派送僑批僑匯和回文處理上。由於南洋僑批信局與華僑的關係極為密切，且僑批業具有獨特的服務優勢，因此，自僑批業產生以來，對於通過僑批業的渠道攬收匯入僑批僑匯的成熟做法，華僑一直非常習慣，直至 1980 年代之後，華僑才逐步轉為直接通過國際銀行匯兌。當前，由於通訊較為發達，所以，華僑匯款一般無須再附帶家書。

表 4-1　僑批僑匯轉遞流程

流　程	僑匯攬收	承轉交接	頭寸調撥解付	登門派送、回文處理
發生地、涉及機構	海外僑居地的僑批信局、代理商號、銀行等	僑居地口岸銀行及僑鄉口岸銀行	國內口岸及僑鄉銀行	口岸、僑鄉信局、代理商號、銀行、郵局等

新中國成立之前，在東南亞地區攬收的絕大部分僑匯是通過民間僑批業渠道匯入國內的。新中國成立後，這一渠道仍然延續。但隨着國際銀行業、郵政業的發展，私營僑批業的收匯額所佔的份額越來越少。

1970~80 年代以前，在從東南亞匯到廈門的僑匯中，仍然有 75%~80% 是通過僑批信局匯入的。1974 年，國內私營僑批業人員、業務全部被併入「海外私人匯款服務處」。1976 年，僑批業的機構、名稱被取消，中國銀行接管了其所有人員和業務。相應地，海外的民間僑批業也隨之減少，許多僑匯開始通過國際銀行匯入中國。1990 年前後，在閩南地區，通過海外民營僑批信局匯入的僑匯減少到整體的 5%。[1]

1　〔日〕山岸猛：《僑匯：現代中國經濟分析》，劉曉民譯，廈門大學出版社，2013，第 178 頁。

1. 僑匯是中國國際收支的重要組成部分

長期以來，國際收支問題關係一國的財政與金融狀況，各國都十分重視。許多國家的國際收支不平衡，而為了調節、改善國際收支狀況，這些國家內部常常會發生許多矛盾和鬥爭。一般來說，一國國際收支不平衡是經常現象，要做到收支相抵、完全平衡十分困難。國際收支是一國對外國的貨幣資金收付行為，國際收支平衡表可以綜合反映在一定時期內一國同外國的貨幣資金往來的整體情況。

鴉片戰爭之前，英國對中國的進出口貿易長期處於逆差之中，英國政府為了彌補貿易逆差，大肆向中國輸入鴉片，使得中國白銀大量外流，致使國內通貨緊缺，從而嚴重影響經濟發展，因而引發中國禁煙運動，進而觸發中英鴉片戰爭。鴉片戰爭可以說是一場由貿易逆差引發的戰爭。由此可見國際收支的重要性，它關係一個國家的經濟、政治乃至軍事。

在國際收支平衡表中的「經常轉移」項目，包括僑匯、無償捐贈、賠償等細分項目。貸方表示外國對中國提供的無償轉移，借方反映中國對外國的無償轉移。而根據《中國統計年鑑（2000）》，國際收支的「經常轉移」包括的內容有「社會保險付款、社會補助、僑匯、無償捐贈、賠償等」。

在國家外匯不足的時代，僑匯不僅用於贍家，而且作為非貿易外匯收入受到國家的高度重視。在填補貿易差額方面，僑匯（外幣）收入國家是沒有償還義務的，它作為非貿易外匯收入來源是極為重要的。因為僑匯資金是外國資金的單向轉移，不需要償還或者貨物的輸出，所以，有學者將僑匯喻為「無煙工廠」「無形輸出」。

在表4-2中，筆者考察了1902~1936年中國僑匯對於彌補國際收支中經常項目收入貿易逆差的重要性，發現僑匯的作用是相當大的。1902~1913年中國僑匯佔貿易逆差的79.79%，1914~1930年佔73.53%，而1931~1936年也佔到48.97%。[1]

---

1   中國銀行行史編輯委員會編著《中國銀行行史（1912 — 1949 年）》，中國金融出版社，1995，第215頁。

表 4-2　1902~1936 年中國僑匯與國際收支經常項目情況

單位：億元（銀元），%

年份	國際收支中經常項目收入	國際收支中商品進出口逆差	僑匯		
			金額	佔經常項目收入 %	彌補逆差 %
1902~1913（平均）	6.35	1.88	1.50	23.62	79.79
1914~1930（平均）	12.80	2.72	2.00	15.63	73.53
1931~1936（平均）	13.90	5.80	2.84	20.43	48.97
1928	20.37	3.07	2.51	12.32	81.76
1929	21.38	3.75	2.81	13.14	74.93
1930	20.58	6.23	3.16	15.35	50.72
1931	22.23	5.62	3.47	15.61	61.74
1932	15.28	7.46	3.27	21.40	43.83
1933	10.88	8.07	2.00	18.38	24.78
1934	10.46	5.68	2.50	23.90	44.01
1935	10.72	4.67	2.60	24.25	55.67
1936	13.82	3.30	3.20	23.15	96.97

資料來源：根據中國銀行行史編輯委員會編著《中國銀行行史（1912~1949 年）》（中國金融出版社，1995）第 215 頁表 7-2《歷年僑匯統計》整理。轉自中國銀行總處編印《外匯統計匯編》（初集）1950 年版，第 4−9 頁的表 2-12。

　　新中國成立後，根據林金枝教授所述，在 1950~1988 年的 39 年裏，中國的對外貿易有 23 年為順差，順差總額為 163.52 億美元，而有 16 年為逆差，逆差總額達到 224.77 億美元，兩者相抵，淨逆差額為 61.25 億美元。而同期的僑匯達到 96.10 億美元，即使外貿淨逆差額 61.25 億美元被用僑匯相抵，僑匯仍剩餘 34.85 億美元。[1] 由此可見，僑匯在國家經濟的貿易結算以及國際收支平衡方面發揮了重要的作用。

1　〔日〕山岸猛：《僑匯：現代中國經濟分析》，劉曉民譯，廈門大學出版社，2013，第 169 頁。

2. 僑批僑匯對僑鄉經濟的貢獻

僑批最主要的特點是「銀、信合一」，即具有既是家書又是匯款憑證的雙重特徵。據業內人士估計，在僑批旺盛時期，閩南和潮汕地區的僑匯估計有 80% 以上是通過僑批信局匯入的。在新中國成立前，閩南和潮汕地區靠海外僑胞寄回「批款」維生的民眾，就佔了當地總人口的一半甚至更多，有些鄉村該類民眾的比例高達 70%~80%。如以僑眷家庭為單位計算，每月平均收到的批款，約佔家庭總收入的 80%[1]，贍養眷屬成為僑批僑匯的最主要用途，僑批僑匯成為僑眷生活的主要依靠；海外僑胞通過僑批渠道匯寄銀信，承擔起贍養家鄉眷屬的義務。

如上所述，僑批僑匯對於繁榮僑鄉經濟乃至填補國家貿易逆差而言發揮了重大作用。大量僑批款進入僑鄉，既維持了國家外匯的穩定，又增強了僑鄉社會的購買力，從而使僑鄉各行各業能夠穩定、平衡地發展。

海外僑胞寄回的僑批款，除了被用於贍養眷屬、繁榮僑鄉經濟外，還被用於在家鄉建房及投資興業。海外僑胞還通過僑批或匯款捐資興辦各種公益事業，如辦鄉校、修路、賑災等，實現報效鄉梓的願望。

新中國成立以前，僑匯款大部分被用於扶助國內僑眷的生活。根據華僑投資研究的開拓者林金枝教授等的研究，1862~1949 年華僑投資在僑匯中所佔的比重不到 4%，僑匯大部分是被用於贍家的。

從表 4-2 可知，1902~1936 年的 35 年間，中國僑匯平均每年為 1.97 億元（銀元）；1928~1936 年每年僑匯為 2 億 ~3.5 億元（銀元）。新中國成立後，《僑匯：現代中國經濟分析》一書第 4~7 頁的表 1-1 列出了 1950~1996 年全國及部分省市的僑匯數據。經統計，1950~1969 年全國僑匯平均每年為 13698 萬美元，1970~1979 年平均每年為 41844 萬美元，1980~1996 年平均每年為 36819 萬美元；1950~1987 年的 38 年間，閩粵兩省的僑匯額平均佔全

1　參考《泉州市華僑志》，中國社會出版社，1996；王煒中《潮汕僑批的歷史貢獻》，《廣東檔案》2009 年第 1 期。

國僑匯的 78.86%。

在改革開放之後，由於僑匯的匯入渠道已融入世界金融體系中，因此，對於匯入的外匯資金，有時也難以甄別它是非貿易的僑匯還是貿易結算的資金。有時一些與熱錢有關的資金會藉助僑匯分賬戶小額分散匯入，從而顯得較為隱蔽。

儘管如此，僑匯對中國經濟的整體貢獻是很大的。國家無須償還的非貿易外匯收入的僑匯的金額在對外開放初期比外國直接投資額還要多。1979~1982 年外國直接投資實際利用額共計 11.66 億美元，而 1983 年的外國直接投資實際利用額僅為 6.36 億美元。與此相比，僑匯額在 1979 年便達到了 7 億美元以上。而且，這一統計中的僑匯額還不包括 1980~90 年代許多華僑華人回國時帶入的外幣和以物資形式寄給國內親屬的部分等。[1]

3. 華僑、僑批業對祖國的特殊貢獻

中國人通過海洋移民，遷居海外，參與了世界經濟全球化進程，他們成為中國在海外一大資源，華僑在為僑居地做出貢獻的同時，也為母國做出了重大貢獻。華僑通過下南洋求生存，既拯救了自己，也拯救了社會，除了以僑匯扶助僑屬僑眷的生活及平衡中國國際收支外，還在國家、民族危難關頭，挺身而出，勇於奉獻。他們在辛亥革命、抗日戰爭時期為支援民族革命和民族解放事業從海外匯回了鉅額款項，並無私地將其捐助給國家。同時，廣大僑批業者為聯絡家國做出了巨大貢獻，他們鼓動、聯絡海外僑胞為辛亥革命、抗日戰爭運送了大量人力、物力，甚至毀家紓難，英勇捐軀；他們不僅僅在傳送信物，更是民族的信者，國家的民間外交使者。

（1）支援辛亥革命

孫中山稱華僑乃革命之母，因為他是靠在海外得到華僑的資助，才能

1　〔日〕山岸猛：《僑匯：現代中國經濟分析》，劉曉民譯，廈門大學出版社，2013，第 2 頁。

夠在國內搞民族革命的。南洋是辛亥革命的重要根據地之一。在辛亥革命之前，孫中山先生在長達 14 年的流亡生涯中先後去往檀香山、日本、歐美、加拿大等地共有 23 次，而下南洋卻有 43 次，並在南洋大街小巷發表了各種救國宣言的演講。

1894 年，孫中山創立興中會，在最初的 300 多名支持者中，東南亞華人華僑佔了半數以上。到 1908 年，今馬來西亞、印度尼西亞和新加坡等地的同盟會分會和通訊處共有 100 多個。1911 年辛亥革命爆發，南洋華僑為此捐助了近 600 萬元（銀元），馬來西亞（今）華商譚德棟更是為支持孫中山革命而傾盡家產。

在這裏，我們可以在僑批中找到涉及辛亥革命的珍貴文獻，用以證實在辛亥革命期間，海內外同盟會之間是如何密切協作，辦報宣傳革命進步思想、籌集資金支援辛亥革命的。

在《菲華黃開物僑批：世界記憶財富（1907~1922 年）》一書中，作者特設「辛亥時政僑批」部分，收入 1911 年 5 月 ~1913 年 6 月黃開物在家鄉期間，居住在菲律賓、香港、廈門等地的辛亥革命志士、革命同志寄給黃開物的僑批及信函，以及其間內容涉及時政的僑批，共 26 封 50 件實物。

在這些批信中，涉及的辛亥革命人物包括黃開物、林書晏、陳金芳、陳持松、吳記球、康春景、吳禮信、顏太恨、施清秀、鄭漢淇等，涉及的活動和事件包括：創設閱書報社、創辦《公理報》、菲華通過演戲募捐革命經費、匯寄錢款、通報軍情、溝通同盟會活動情況、菲同盟會派人支援廈門活動、菲律賓華僑主動剪辮子，等等。在那場辛亥風雲巨變中，這些人物、活動和事件，可以初步勾畫出閩南僑胞們拋頭顱、灑熱血，熱情支援辛亥革命的歷史圖景。

「小呂宋華僑自演戲至今，已捐助革命軍壹拾萬元，又到去九百餘人矣。至下等之人亦捐五元正，甚然讚歎！中國人近來之愛國心大明也。」「弟不能回國盡邦家之責任，負咎難言，兄當乘機大展懷抱，如款項缺乏，可祕函電，佈告各南洋資助，或致函來垠各界勸捐。」菲律賓同盟會及愛國華僑

通過演戲等方式積極為革命籌款籌物，態度積極，信心十足，事跡十分感人。

「近接最好消息，知大局已定，吾人無限欣慰矣！人生莫大之幸事。」「漳州一帶近情如何？若尚欠人籌謀，宗明、金方〔芳〕、嘉嵐等即凱馳回辦理。」「現下廈事如何？務祈極力進行，聯絡眾志」「溯自漢族光復以來已有半載，乃南北意見分歧，尚不能一致共圖實際之建設，致令列強至，茲總無正式承認，良可痛心。」「咱們依居三號東伴皆剪髮。」「令兄合元勛已剪矣。」頻繁的僑批來往，有效的溝通聯繫，表明菲華志士急切了解國內及閩南一帶的革命形勢，以便更好地為家鄉革命出錢、出人、出力，出謀劃策，同時以自身實際行動剪辮子，來表達對辛亥革命推翻清王朝的支持。[1]

圖 4-1 所示為 1911 年 11 月 20 日身處馬尼拉的康春景、林書晏寄給廈門過水錦宅黃開物的僑批[2]，它真實地展現了華僑通過僑批渠道記載如何參與民族革命的事跡。該僑批書信內容如下：

開物仁兄足下：

　　現下廈事如何？務祈極力進行，聯絡眾志，一面維持治安，一面籌議後勁，萬勿因循忽略。弟不能回國盡邦家之責任，負咎難言。兄當乘機大展懷抱，如款項缺乏，可祕函電，佈告各南洋資助，或致函來垠各界勸捐，必有可望。唐大局時勢，人心如何？及內容佈置，統祈示覆為盼。忙甚，未盡所言。

　　查前幫晏兄有附寄信款伍拾元，諒已接入。恆美被回祿，現移居在雨傘巷開張，門市如常。

　　　　　　　　　　　弟　春景、書晏　合頓首
　　　　　　　　　辛九月卅日（1911 年 11 月 20 日）下午草

1　黃清海編著《菲華黃開物僑批：世界記憶財富（1907~1922 年）》，福建人民出版社，2016，第 61 頁。

2　黃清海編著《菲華黃開物僑批：世界記憶財富（1907~1922 年）》，福建人民出版社，2016，第 80 頁。

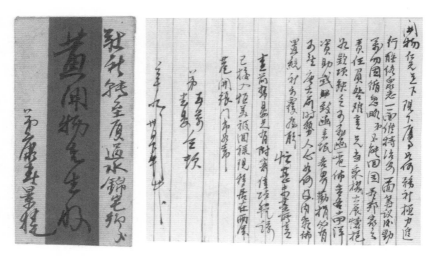

圖 4-1　1911 年 11 月 20 日馬尼拉康春景、林書晏寄給
廈門過水錦宅黃開物的僑批

（2）支援抗日戰爭

　　抗日戰爭是整個中華民族反對侵略的戰爭，浩浩蕩蕩的抗日救亡運動
席捲了東南亞華人社區的每一個角落，南洋華僑在抗日戰爭當中做出了不
可磨滅的貢獻。南洋華僑對國內眷屬的匯款以及對祖國抗日運動的慷慨捐
助，是華僑和祖國密切關係的實質性體現。

　　1928 年 5 月 3 日，日本侵略者在濟南進行大屠殺，在前後十幾天內，
慘殺我國軍民數千人。在這次血腥的濟南慘案發生後，新加坡等地華僑當
即成立以陳嘉庚先生為首的「山東慘禍籌賑會」，據統計，華僑在二三個月
間即捐助救濟款 130 餘萬元。

　　1931 年九一八事變後，南洋各地華僑在進行反日宣傳和抵制日貨運動
的同時，舉行了各種形式的募捐活動。例如，印度尼西亞各地華僑便開展
了長期的月捐、義賣（賣花或演戲等）、購債、救濟及獻金等運動。泗水等
56 個地方，一年內捐得款項達國幣 55.77 萬元，另有毫銀 5 萬多兩。在菲律
賓馬尼拉，各華僑團體隨即成立菲律賓華僑救國聯合會，同時出版半月刊

《旗幟》，進行抗日宣傳。馬占山將軍在東北的抗日愛國行動，得到了海外華僑的支持，截至 1932 年 1 月，菲律賓華僑給馬占山將軍的捐款便多達國幣 40 萬元。

1932 年上海「一・二八」淞滬抗戰爆發，旅美華僑捐款 50 萬美元以上，古巴華僑一次便捐款六七萬美元。同年二月初，在新加坡成立的「南洋華僑籌賑中國難民委員會」，發起募捐不到兩個月，便為十九路軍籌捐得軍費多達百萬元國幣。此外，1932 年越南華僑還成立了「旅越華僑縮食救濟兵災慈善會」，捐助給十九路軍和東北義勇軍的款項達 7 萬多元國幣。印度尼西亞三寶壟華僑後援會發動華僑募捐，匯寄上海中國紅十字會白銀 5788 萬多兩，國幣 7.1 萬元，寄往北平中國紅十字會國幣 6132 元。

圖 4-2 所示為 1932 年 4 月菲律賓怡朗楊文煥寄給南安玄西的批信，其中記載（原文如下）了在 1932 年「一・二八」之後，菲律賓怡朗報國會如何積極籌集捐款，擬用於購買抗戰飛機（批信寫飛船，係早期華僑的説法，即指飛機）的史實。

　玄西兄大鑒：

　　　得二月十二日發下大教，藉知在屆納福，甚慰遠念。……惟是怡朗報國會依然十二分認真辦事，所有捐題比前嚴重，各店以所賣之貨項每百元抽五角，各職員薪水每百元抽十元，自四月一日實行，均當取賬部照數抽取，到期如不交緩過一星期者着罰。聞將所抽之項暫為買飛船（即飛機）之需。最可惜者，故國偉大人物不主戰，致十九路軍功虧一簣，甚可哀也……。捷隆發之信局部，以弟之私接，諒當尅本，現時票水在廿七、廿八至三十左右，大約亦不能如後升降。如還有戰事發生，當能變動也。然而，中日和議如成，則必再發重大內戰。因便略言之，並付去銀伍大元，如到即收，回文來知。此詢
近安

　　　　　　　　　　　　　兄　楊文煥　書
　　　　　　　　　　　　　廿一、四、二（壬申貳月廿七日）

圖 4-2　1932 年 4 月菲律賓怡朗楊文煥寄給南安玄西的批信

　　1937 年七七事變爆發後，世界各地華僑開展了抗日救亡運動。抗戰期間，全世界各類華僑團體共有 3900 多個，其中專做抗日救亡工作的團體達 900 多個，海外華僑抗日救亡團體在組織、發動和推進各界華僑踴躍籌賑捐輸活動方面可謂不遺餘力。其中，以陳嘉庚先生為主席且成立於 1938 年 10 月 10 日的「南洋華僑籌賑祖國難民總會」（以下簡稱「南僑總會」）表現得最為突出。

　　僅 1938~1939 年，南僑總會各地分會就共募捐了國幣 1.44 億元，還購買了大批藥材寄回祖國，僅從印度尼西亞一地就購買了金雞納霜 5000 萬粒，價值 30 多萬印尼盾，而該會在印度尼西亞的分會便有 45 個之多，以賑災會、公益社及慈善事業委員會等名義，開展籌捐救國義捐，購買救國公債、救濟傷兵難民賑款、獻金購買武器、抵制日貨及拒絕為日本人服務等活動，僅義捐一項，全印度尼西亞便募得 450 萬印尼盾，購買公債 250 萬印尼盾。陳嘉庚先生指出，1939~1941 年，印度尼西亞華僑約有 160 萬人，每月認捐國幣 160 萬元，每人平均 1 元。

　　而在美國，早在七七事變之前，各地華僑團體便紛紛組織了救亡團體。據不完全統計，抗戰 8 年間，廣大旅美華僑支持祖國抗戰的捐款在 5000 萬美元以上。這一期間國民政府以抗日救亡名義向美洲華僑「募捐」和發行「救國公債」的總金額在 2 億美元以上。

在 8 年抗戰期間，「有錢出錢，有力出力」成為當時海外華僑抗日救亡運動的一個響亮口號。在遍佈世界各地的各個華僑愛國團體的組織、發動和帶領下，廣大華僑節衣縮食，以節日特別捐、年捐、月捐、義賣義演、結婚祝壽喜筵節約捐、喪事節約捐等各種形式參加捐輸活動。

據各方面的估計，海外華僑的每月捐款約達 2000 萬元國幣，而當時國內每月花費的軍餉約為 7000 萬元國幣，海外華僑捐款幾乎佔全部抗戰軍費的 1/3。據國民政府財政部的統計，在 8 年抗戰期間，海外華僑共捐款國幣 13.2 億元。1940 年，國民政府軍政部部長何應欽在國民參政會報告中指出，1939 年軍費支出為 18 億元，同年的僑匯達 11 億元，其中義捐佔 10%，達 1 億元。根據世界銀行通例，有 1 元準備金可以發行紙幣 4 元，如以當年僑匯 11 億元為準備金，可以發行紙幣 44 億元，除了發還給僑眷的贍家費約 10 億元外，還有 34 億元可作為軍政各項支出的費用。也就是說，龐大的僑匯收入不僅填補了當時中國對外貿易的鉅額逆差，而且起到穩定國民政府法幣幣值，支撐戰時國民經濟的作用。

閩粵僑批業對抗日戰爭做出了重大的貢獻，其中以潮幫僑批信局業者開闢的「東興匯路」最為突出。太平洋戰爭爆發後，潮幫僑批信局業者不畏艱難險阻，奮力繞開日寇封鎖線，探索開闢了以越南芒街為突破口，以廣西東興為樞紐，將東南亞的僑匯祕密通過東興沿着廣西、廣東內陸地區成功轉到潮汕的蜿蜒曲折的生命線——「東興匯路」。新匯路的成功拓闢，拯救了在戰爭和饑荒狀態下苦苦掙扎的潮汕地區僑眷，有力地支援了抗日戰爭。

「東興匯路」的拓闢，將僑批傳統的海運傳遞扭轉為陸路傳遞，是自僑批有史以來極為典型的特例，僑批業通過特殊的線路、特殊的貿易方式、特殊的匯兌方式、冒險探索、艱難遞送，充分展現了下南洋之人敢為人先的膽識，不畏艱辛、吃苦耐勞的堅韌意志。

在《抗戰家書》[1] 對僑批實物的解讀中，我們了解到閩粵僑批業者在抗戰

1　黃清海、沈建華編著《抗戰家書》，福建人民出版社，2015。

期間是如何溝通，如何爭取僑匯、聯絡僑情的，以及為了避開日本佔領區而如何開闢交錯縱橫的批路的。

　　海外僑胞和僑批業者在國家面臨危機之時，表現出了愛國愛民的高尚情操、篤誠守信的敬業精神，值得人們褒揚。

二、移民族群商業活動與金融開創

　　跨國金融網絡不是孤立的，而是建立在移民和貿易的基礎以及實體經濟發展之上的。隨着東南亞華人實體經濟的不斷發展，20世紀初，逐步形成華人商業圈和出現華人企業集團。華人經濟的發展帶動了華人移民的增加；另外，因為華人企業規模與投資領域的擴大，貿易、航運乃至金融等行業相應地擴展；在地域方面，華人商業活動甚至擴展至歐美地區。如此一來，以東南亞地區為中心，既連接母國又延伸至歐美等地的全球華人商貿與金融網絡就不斷地發展與壯大。

　　早期下南洋之人以勞作謀生為主，進而逐步發展華人經濟，但這些都是建立在移民的特性的基礎之上。或是當僱員，或是發展家族式生意，或聯絡鄉族人合股開店辦企業，他們對金融服務或者金融網絡效率的要求並不高。

　　然而，對於有實力的華商來說，情況並非如此。東南亞華人經濟成長的過程是一個由家族式經營邁向現代化經營的過程，其中自然也伴隨有華人族群金融業的生長、演變。東南亞殖民地經濟取得了大發展，與商業、加工貿易、製造業、旅遊服務業和房地產業發展相匹配的金融業自然也獲得了很大的發展，現代化的經濟競爭顯得更加激烈，正處於「成長」階段的華商對資金的數量、流動性、安全性、營利性的要求更加的高，而華人老式的家族積累和傳統的「票號」「錢莊」根本滿足不了這種要求，他們需要的是現代銀行的服務。因此，有實力、有戰略眼光的華人企業家不僅發展實體經濟，而且謀求開辦獨立的金融集團或在原有的企業集團內部建立

專業化的金融機構。

　　華人海洋移民的增長及其金融需求的增多，壯大了閩粵僑批業。華人商業圈的建立與發展，使得海洋商貿及與之相對應的金融網絡更加繁榮與發達。與「草根」僑批業不同，華商因實業發展需要所建立的金融機構及其金融網絡，採用了西方先進的金融技術，是頗具現代意義的。一方面，僑批業自身努力變革以吸收現代經營理念和引用西方先進技術；另一方面，華商企業集團在金融領域的拓展，對於構建以僑批業為主的海洋移民金融網絡有着重要的促進作用。早期以服務僑民寄信匯款為主的僑批業網絡逐步發展成為既服務移民，又服務商貿的全球化華人金融網絡，而這一網絡立足東南亞地區，一側連接中國，影響和改造中國舊的金融體系；另一側朝向西方，學習、吸收西方先進的金融技術與知識。

　　列舉 6 個典型案例，包括同安大嶝島籍南洋華商網絡、陳嘉庚公司網絡、陳慈黌家族企業、永安公司金融網絡、黃奕住的中南銀行、吳道盛的建南銀行，用以討論華商、實業經濟、商貿發展與金融事業開創等問題。

1. 同安大嶝島籍南洋華商網絡

　　通過同安大嶝島籍且分佈在南洋各地的同鄉人的 30 多封批信 [1]，反映華僑在東南亞已建立起自身的商業網絡以及以鄉緣為基礎的人脈關係的史實。

　　大嶝島位於台灣海峽西面、廈門市東部海面，是廈門最大的衛星島，現歸廈門市翔安區。這些批信的書寫時間為 1927~1934 年，由兩部分組成：一部分是由馬來亞霹靂州吧冬寧仔（Padong Rengas）、新加坡、荷屬印度尼西亞井里汶、普禾加多寄往荷屬印度尼西亞邦加島科巴（Koba，即網甲高木）一位鄭氏華僑的書信；另一部分是馬來亞霹靂州吧冬寧仔、印度尼西亞邦加島科巴（網甲高木）華僑與同安大嶝島家鄉親人之間互寄的僑批書信。

1　均為筆者的收藏品。

這些書信的寄發和收件人均為大嶝島的同鄉人，書信內容涉及方方面面，但主要講述家族、家鄉人生意往來等情況，包括賬務、市場信息、僱傭信息等，以及介紹在家鄉興辦學校、捐款辦公益事業等的情形。現舉一實例說明。圖 4-3 所示為 1929 年 2 月 23 日馬來亞吧冬寧仔的壬癸寄給荷屬印度尼西亞網甲高木的丙寅的書信原件，內文如下。

> 丙寅胞兄如晤：
>
> 　茲覆者，昨接來書一函，並夾茂生兄一信及唐信一札，示事均已詳悉。吾兄蝦子業已成就，不勝欣幸，所囑弟寄項相助，本當如命寄回，奈弟自年內蘭年園兌去 970 元，還齊知 600 元，存現 370 元，弟再覓乳園貳丘捌衣葛 3700 元，在咱店後與咱園相近，兩名割乳每天煙片 23 片，至本月十八日，業已割名再借齊知 2900 元相添，每月利息 30 元，一半已實底，每月還 145 元，並利 175 元。此幫多拖生意項 400 多元相添，因此幫生意銀根周轉甚難，幸逢此星期乳價日降，目下乳價煙片每枚 55 元。現咱乳園計共四名割乳，每天能割煙片 38、39 之額。弟料除失工外，逐月能割捌枚左右，候此去銀根能消得調轉，弟當按寄回多少相添。茂生兄生意既欲收盤，他亦有寄信來，弟亦已覆信與他意欲叫他轉來敝處，兄弟同謀生意亦信任他職，免使兄弟分居三處，但未知茂生兄意下如何，望祈長兄再寄一信與他，使其前來為要。弟觀乳價市草甚好，現下割乳工資未甚起價，少可每桶割乳並煙工 17 元，足矣。丕簿甥中學業已畢業，弟思欲與轉入大學，咱兄弟可幫助學費，未知吾兄意下若何，祈即示知，匆匆草此奉告，餘事後陳，順祝
>
> 春安
>
> 　　　　　　　　　　　　　　　　　　　　　　　弟　壬癸
>
> 　　　　　　　　　　　　己（巳年）元月十四日（1929 年 2 月 23 日）

書信涉及的內容以講述鄭氏兄弟生意上的事宜為主，包括橡膠的市場信息、個人的賬務信息等。我們可從中看出，大嶝島的同鄉人在東南亞已初步建立起了鄉族性的經濟圈。

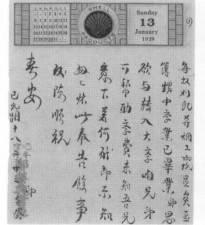

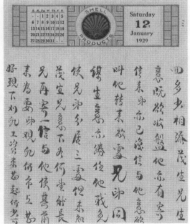

圖 4-3　　1929 年 2 月 23 日馬來亞吧冬寧仔的壬癸寄給荷屬印度尼西亞
　　　　網甲高木的丙寅的書信原件

2. 陳嘉庚公司網絡

　　陳嘉庚（Tan Kahkee，1874~1961 年）是著名的愛國華僑領袖、企業家、教育家、慈善家、社會活動家，福建省泉州府同安縣集美社人（今廈門市集美區）。陳嘉庚公司在東南亞和中國開設有幾十家經營機構，打破了殖民地宗主國的壟斷局面，促進了華人經濟的發展。

　　1890 年，17 歲的陳嘉庚渡洋前往新加坡謀生，起初主要在父親陳杞柏經營的順安米店工作，共做了 13 年。其父親晚年實業失敗，陳嘉庚在接手衰敗的家業後，於 1904 年創建了菠蘿罐頭廠，號稱「新利川黃梨廠」，同時承接了一個也經營菠蘿罐頭廠的日新公司，又自營謙益米店。是年，陳嘉庚之弟陳敬賢來新加坡習商，管理謙益米店的財務，主理新利川菠蘿廠業務。1905 年，陳嘉庚創辦「日春黃梨廠」（兼製冰）。

　　1906 年，陳嘉庚入股恆美熟米廠，在福山園套種橡膠樹。經過兄弟二人同心努力，1905~1907 年，他們分別獲利（實利）5 萬多元、4 萬多元、13 萬元。

　　新加坡當時的法律沒有規定「父債子還」，但以信譽為重的陳嘉庚雖然經濟拮据，卻宣佈「立志不計久暫，力能做到者，決代還清以免遺憾也」。面對家道中落，陳嘉庚艱苦奮鬥了 4 年時間，終於有些盈利。此後，他便不顧親友反對，花了許多時間和精力找到債主，至 1907 年，連本帶利還清了父親所欠的債務。此事成為新加坡華人商業史上的一大佳話。

　　陳嘉庚說：「中國人取信於世界，決不能把臉丟在外國人面前！我們中國人一向言必信，行必果。」他有債必還的信譽迅速傳遍了東南亞。此後，人們十分相信陳嘉庚的商業道德和信譽，都願意與他做生意。可以說，陳嘉庚之所以能在家業衰敗後艱苦創業 10 年左右便成為百萬富翁，與他「有債必還」的誠信商譽有着密不可分的關係。

　　陳嘉庚是位橡膠大王。當橡膠樹第一次從巴西被移植到馬來亞時，陳嘉庚即用 2000 元購了種子，播種在菠蘿園中，進而大面積種植，到 1925 年，他已擁有橡膠園 1.5 萬英畝，成為華僑中最大的橡膠樹墾殖者之一。他開辦

的「謙益」橡膠公司，生產橡膠鞋、輪胎和日用品。在鼎盛時期（1925 年），其營業範圍遠及五大洲，僱傭的職工達 3 萬餘人，資產達 1200 萬新加坡元。

1912 年，陳嘉庚與林文慶、林秉祥等僑商合資創辦華商銀行（Chinese Commercial Bank Ltd.），該銀行成為新加坡較早成立的華資銀行之一。1932 年 10 月，該行與和豐銀行、華僑銀行正式合併為華僑銀行有限公司。陳嘉庚公司成為實業與金融並舉的集團公司。

一封於 1931 年 3 月由荷屬印度尼西亞井里汶寄給同安劉江的僑批使用的內信紙就是陳嘉庚公司井里汶分行印製的專用信箋（見圖 4-4），信箋左右兩側印有陳嘉庚公司分行的中英文地名。英文地名按照字母先後排序，中文地名按照華屬（26 家）、英屬（20 家）、荷屬（22 家）及其他各屬（4 家）排序，共 72 家分行和 1 家總行，可見陳嘉庚公司當時的規模及經營網絡之龐大。

圖 4-4　使用陳嘉庚公司信箋的僑批（1931 年由井里汶寄往同安）

陳嘉庚早在 1920 年代就有了商家敏銳的廣告意識，他把自家經營的商號和特色商品印製在公司的專用信封上，以供公司及員工寄信使用。

陳嘉庚首創了橡膠製品的大規模生產，促進了僑居地民族工業的發展；他開闢了橡膠製品和其他製品直接輸往國際市場的渠道，在華僑中第一個打破了英國壟斷資本的壟斷局面。陳嘉庚公司均設在東南亞地區及中國，其商品貿易與分行之間的往來，促進了中國與東南亞、東南亞各地區之間的聯繫。

3. 陳慈黌家族企業

陳慈黌（1843~1921 年）是今廣東省汕頭市澄海區隆都鎮前美鄉人。19 世紀初，華商陳慈黌由船舶運輸業主發展為著名的泰國華僑事業家、金融家。

1871 年，陳慈黌接管父親陳煥榮的事業，到暹羅創設陳黌利行。他整體推進區域性經營，從運輸業轉向糧食加工業，自設火礱，直接加工生產大米出口。從 1870 年代中期開始，暹羅火礱業的重心，漸次由洋商轉入華商之手。此間，陳慈黌在汕頭設立了黌利棧，經營進出口貿易和錢莊，而以暹羅米銷往汕頭為重要經營項目。1880 年代，隨着曼谷黌利火礱的設立及其區域性貿易的擴大，陳慈黌家族又在新加坡、香港、越南設立了商行，形成了工貿並舉的「香、叻、暹、汕」貿易體系。陳慈黌因此成為「暹羅米王」。

1903 年，陳慈黌返回故鄉頤養天年，把黌利各埠企業交給了次子陳立梅。陳立梅在暹羅的陳黌利行組建了新船隊，發展航運業。陳慈黌家族共擁有 7 家火礱，並設有相應的粟倉、米棧及運輸系統，其火礱事業規模之大，在曼谷首屈一指。曼谷黌利總行又設有中暹船務公司代理挪威船務，有輪船十餘艘，航線遍及東南亞、中國及日本各主要口岸。

1912 年，陳立梅於泰國、香港、汕頭分設黌利棧匯兌莊（其匯票見圖 4-5、圖 4-6），並在泰國、汕頭廣置房地產。通過強強聯合，承租了挪威船舶的中暹輪船公司的船隻航行於曼谷、香港、汕頭、新加坡以及日本等地。在此次雙贏的合作中，陳慈黌家族獲得了鉅額利潤，而挪威 BK 船務公

司也達到了它搶佔亞洲市場的目的。中暹船務公司前後運營 40 餘年之久，除了從船運業中獲利外，還得代理挪威船務之便，有力地推動了暹羅米的外運、外銷及暹羅其他進出口業務的發展。

　　1930 年 8 月以後，陳立梅次子陳守明統轄全家族轄下企業。他大膽涉足金融業，使陳慈黌家族進入鼎盛時期。1932 年，他將黌利棧匯兌莊改升為黌利棧銀行，該銀行於 1933 年開張，註冊資本金為 100 萬泰銖，成為當時暹羅吞武里府第一家銀行，同時在香港、新加坡、汕頭設立了分行。繼而他又首創了當地第一家保險公司——鑾利保險公司，以適應時代發展和開拓新行業的需要。至此，陳慈黌家庭的龐大事業由傳統的火礱業、運輸業、進出口業等行業進入現代金融業。這一時期，陳慈黌家族名下擁有 7 家大火礱以及進出口公司、中暹船務公司、黌利棧銀行、鑾利保險公司等大型企業，同時還佔有多家企業的股份，構建起生產、運輸、堆放、出口、進口、批發、收支、存款、轉賬、匯兌等一條龍業務鏈，是實力雄厚、資金充裕的華資大財團，成為第二次世界大戰前泰華資本家中最具代表性的財團，其家族資本雄踞「泰華八大財團之首」。

圖 4-5　1927 年 1 月汕頭寄往
香港的黌利棧匯票

圖 4-6　1927 年 12 月曼谷寄
往香港的黌利棧匯票

　　1945 年 8 月 16 日，日軍宣佈無條件投降的翌日，陳守明卻突因遭暗殺而身亡，陳守明三弟陳守鎮接管陳慈黌家族集團，開啟新的「黌利時代」。1940 年代初直至 1950 年代末，差不多 20 年的時間，陳慈黌家族始終處於守成狀態，銀行、保險業務疲軟，進出口業務幾乎停止，但這並不是陳慈黌家族一家的現象，彼時整個泰國到處都是政局混亂，經濟得不到發展。1960 年代，陳守鎮順應泰國政府發展工業的政策，在家庭原先的農產品加工廠的基礎上擴大了和再設了工廠，增設了「力成粉絲廠」「西羅烘乾廠」等。1973 年，黌利棧銀行改名為黌利銀行，同時出售了 40% 的銀行股份給萬國寶通銀行。如此一來，黌利銀行就從舊式的家族銀行變為民營商業銀行。之後該銀行進行了股份制改制，至 1980 年代中期，黌利銀行成為曼谷證券市場的上市公司。據資料統計，1986 年底，黌利銀行總資產為 64.27 億泰銖，分行有 20 家；1990 年底，其總資產增至 183.67 億泰銖，分行有 32 家。

　　1982 年，陳守鎮逝世。雖然陳慈黌家族失去了最後一位集權家長及精神領袖，但由於家族企業已經股份制改造，家族成員皆擁有黌利銀行的股份，因此對家族大事也都有權過問。這是由集權到分權、由傳統到現代的一個大轉變，黌利銀行這一古老的家族式集團企業也完全進入了「新黌利時代」。

　　歷經百年滄桑的陳慈黌家族，如今仍然是「乾坤浩蕩財源遠，泰岱崢嶸氣象隆」。陳慈黌家族歷經六代而不衰，至今更是老枝發新芽，如今，陳慈黌家族後代分佈在世界各地十幾個國家和地區，而且都受到了很好的高等教育，成為各個行業的拔尖人才。陳慈黌創造了歷經幾代經久不衰的富貴神話，這與其家族兼容廣納、任人唯賢的經商才略，以及嚴格的家庭制度不無關係，更重要的是它能夠立足僑居地華人社會實際，與時俱進，將事業從實業、從草根的匯兌莊轉為現代意義的金融業。

4. 永安公司金融網絡

　　永安公司由香山縣旗鼓鄉竹秀園村的郭樂兄弟等人創辦。永安公司與

中山僑匯關係密切，是近代中山華僑商業資本與金融資本相互滲透、彼此影響的縮影。

永安公司因兼營華僑銀信而得以發展。郭樂起初在澳大利亞悉尼開辦有永安果欄，經營水果批發業務，兼營土特產的零售業務。由于永安果欄與當地外國銀行及國內銀號有聯繫，很多華僑託永安果欄代匯贍家費，甚至家信也請永安果欄職員代寫。永安果欄從中不收取費用，但這一業務卻密切了它與華僑之間的聯繫，永安果欄的信譽也與日俱增。後來郭樂兄弟等人開辦了包括香港永安公司（1907 年開辦）、上海永安公司（1918 年開辦）等在內的一系列企業，廣泛在華僑中招股募資，並取得了極大成效，這與郭樂在永安果欄時期兼辦銀信業務積累的信譽是分不開的。華僑資本在永安集團各企業的原始資本中均佔絕大多數，以永安紡織印染公司為例，華僑投資在原始資本中佔 90% 以上，而在上海永安公司的原始資本中，華僑投資也佔 91.3%。

永安公司的業務運營也直接獲益於華僑銀信等金融業務。1907 年，香港永安公司成立，此後永安果欄在收匯後不再通過外商銀行、內地銀號轉匯，而是直接將僑匯從澳大利亞匯至香港本公司的金山莊，既可賺取手續費，又可套取匯水獲利，在澳大利亞 1 英鎊合港幣 15 元，匯至香港後，受匯者可領匯款 15 元 6 角。此外，永安果欄還利用匯款調撥的時間差將僑匯用作公司營運資金。隨着永安公司的發展壯大，其聲譽日隆，華僑、僑眷開始把存款也存在永安果欄及永安集團銀業部，永安公司從華僑手中收集了大量閑置資金，這些資金為永安資本集團的發展起到了重要作用。永安公司確立了以經營環球百貨為主的經營方針，在英、美、日等國設立機構，採辦百貨，組織土特產出口。至 1930 年代，永安公司躍居上海四大百貨公司（先施、永安、新新、大新）之首，在中國和世界享有良好的信譽。

永安集團為壟斷中山地區的僑匯業務，努力完善了僑匯遞解網絡。1907年，香港永安公司設立金山莊以承接澳洲僑匯；1910 年，香港永安公司在中山縣城開設永安銀號。此後，澳大利亞華僑匯款經由悉尼永安果欄到香

港永安公司金山莊，再到中山永安銀號，最終被派送給僑鄉收匯僑眷，享受到了一條龍服務。永安銀號建築堂皇，為鋼筋水泥水磨青磚結構，樓高五層半，主要辦理僑匯業務兼營找換、儲蓄、按揭、保險等，由郭燦英出任司理。雖然中山縣城的錢莊、銀號有數十家，但因為郭氏信譽甚佳，故永安銀號在鄉邑僑匯業務中佔了 75%~80% 的市場份額。[1]

5. 黃奕住的中南銀行

黃奕住（1868~1945 年），福建南安金淘人，印度尼西亞前首富及「糖王」，著名的愛國華僑企業家和社會活動家。

在中國早期的現代化進程中，華僑是一個特殊的群體，他們積極支持祖國的革命和經濟建設。其中一些人白手起家，由身無分文的傳統農民變成具有現代意識的資本家。印度尼西亞僑商黃奕住就是其中的一個典型。其從小剃頭匠到大銀家的由窮到富的奮鬥經歷頗具傳奇色彩。

1880 年，12 歲時，他開始從師學習理髮手藝。1884 年，黃奕住抱着出外謀生闖世界的想法，帶着理髮工具，徒步一百多里走到廈門，搭木帆船前往自由港新加坡。先到了新加坡，不久又流浪至印度尼西亞蘇門答臘島的棉蘭市，最後移居到中爪哇的三寶壟市。黃奕住從挑起理髮擔給人剃頭的「剃頭住」，成長為跨商業、銀行、保險、房地產、種植等多行業和跨中國、印度尼西亞、馬來亞、新加坡等國的商界巨子和華僑領袖。

黃奕住起先從事理髮業，後改業從商，充當肩挑小販。他採取了薄利多銷的經營策略，通過以貨易貨（鄉民用當地農副土特產品換取日用生活品）或替鄉民代購、代售等便民措施，逐步獲得了不少鄉民及華僑的好感和信任，買賣有所發展。1895 年後，他即以經營糖業為主。1910 年，隨着事業的發展，其原有的店面已不堪使用，於是他在三寶壟繁華的商業街中

1　裴艷：《僑批背景下的中山移民與金融網絡》，載福建省檔案館編《中國僑批與世界記憶遺產》，鷺江出版社，2014，第 440–441 頁。

街購置了一座較大的店屋，並正式成立「日興行」，且先後在巴城、泗水、棉蘭、巨港、八加浪岸及新加坡等地設立了分行。至 1914 年，他的總資產已達 300 萬荷蘭盾以上，他的名字已被編入《世界商業名人錄》。

1918 年，第一次世界大戰結束，歐洲地區由於戰爭破壞，食品及砂糖奇缺，加上西歐航運恢復，糖價開始回升，甚至一日數升。黃奕住的「日興行」利用此大好時機，大量進出口砂糖，獲得了空前的暴利。黃奕住（日興行）成為爪哇最著名的四大糖商（還包括黃仲涵的建源公司、郭錦茂的錦茂棧和張盛隆的昌隆棧）之一。

1918 年，荷屬印度尼西亞殖民地政府以補交「一戰」期間的稅收為由，誘引黃奕住加入荷蘭籍或日本籍。但黃奕住嚴加拒絕這一提議，並於 1919 年 4 月攜 2000 多萬美元回國，結束了他僑居印度尼西亞 35 年的生涯，返回福建省廈門市鼓浪嶼定居。

黃奕住在荷屬印度尼西亞殖民地 30 多年的商業經營活動中，深刻了解到銀行金融業的地位和作用。特別是在 1917 年，華僑糖商在遇到困難時遭到荷蘭銀行資本的掣肘和刁難，使他認識到建立華僑銀行及本國資本銀行的重要意義。因此，他決心創辦銀行，扶助華僑工商業發展，振興祖國實業。

他在從印度尼西亞返國的途中經過新加坡時，即投資入股華僑銀行 40 萬新加坡元。1919 年 12 月，他在菲律賓及日本等地考察時，「聞垌里拉華僑多泉（州）人，金融之權操縱於外國銀行，損失甚鉅」，因此，他在和著名菲律賓愛國僑商李清泉及薛敏老等人商議後，決定共同「倡組中興銀行，以挽回權利」，黃奕住認股 100 萬元菲幣，被推舉為該行董事。至 1933 年，中興銀行資本已實增至 600 萬元菲幣，資產總額為 2470 多萬元菲幣，成為菲律賓最主要的僑營銀行之一，對扶助華僑經營工商業及當地經濟發展起着良好的作用。

圖 4-7 所示為 1921 年 7 月 6 日馬尼拉黃開鋤致錦宅胞弟黃開物的僑批。批信最後記載了黃開物家族開辦的恆美布行「以中興銀行存去 2342.81 元」的史實。這說明華人企業會首先選擇華人銀行辦理存貸款業務。

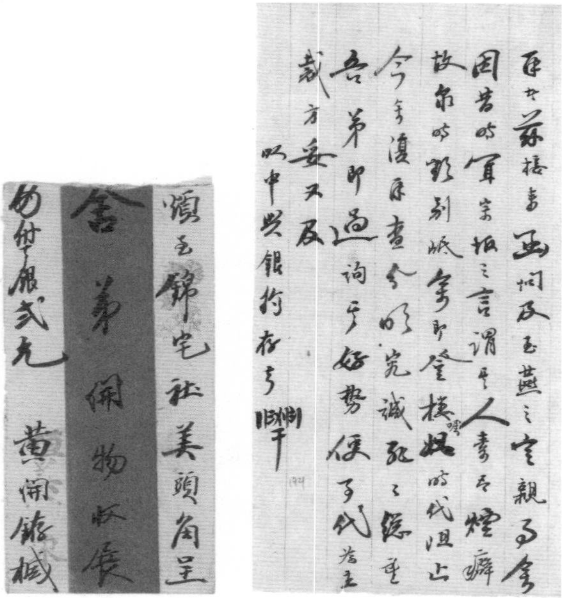
煩至錦宅社美頭角呈
舍弟開物收展
內付銀弍元
黃開鏇緘

圖 4-7 1921 年 7 月 6 日馬尼拉黃開鏑致錦宅胞弟黃開物的僑批

1920 年，黃奕住專程前往上海，拜會了一些著名人士，如上海《申報》董事長史量才、銀行家胡筠（胡筆江）等人，共商「謀設中南銀行於上海。中南之者，示南洋僑民不忘中國也」。在該行創辦之初，第一期繳足資本為 500 萬元，黃奕住認股 350 萬元，佔 70%。經過一段時間籌備後，1921 年 7 月 5 日，中南銀行在上海正式成立並開始營業。它是當時全國最大的僑資金融企業。之後，中南銀行成為當時全國可以發行鈔票的 3 家銀行之一。隨着銀行業務的發展，中南銀行先後在天津、廈門、漢口、廣州、南京、蘇州、杭州及香港等地設立了分行，在北京設立了辦事處。中南銀行成為國內外各大都會商埠專約代理匯兑收付的機關，並代客戶保管國內外發行的各種公債及契約收據，辦理付息取本等事宜，業務遍及世界各地。

可見，經歷下南洋，在實業、商貿領域磨練出的僑商黃奕住，頗具國際視野，可以基於西方先進的理念進行投資，他所創辦的中南銀行，也並

非草根的，而是具有現代銀行的風範。

　　黃奕住係閩南人，深知在南洋的閩南籍華僑的匯款重要，為了能溝通廈門與海外華僑的僑匯、融通華僑資金及促進工商業等的發展，黃奕住於1920 年 4 月在廈門創辦了「日興銀號」，「其資金之鉅，為廈門各銀莊之冠」。由於「日興銀號」資金雄厚、有良好的信譽，東南亞各地華僑曾紛紛把他們的游遊資匯存該銀莊，以備家鄉建築房屋或其他實業之用。如印度尼西亞華僑李丕樹，曾一次匯寄 30 萬元大洋，存於該銀莊。

　　黃奕住曾積極創辦經營社會公共事業，建設家鄉：創建廈門自來水公司，承辦廈門電話公司，籌建漳（州）龍（巖）鐵路，並致力於開發閩西礦產資源。黃奕住還積極從事廈門、鼓浪嶼的房屋及市政建設。他投資「黃聚德堂房地產股份公司」，建築鼓浪嶼故居——黃家花園，其建築之豪華，不僅被住過的中外政要等交口稱讚，而且當年還被譽為「中國第一別墅」。

　　黃奕住不僅是一位愛國的華僑企業家和民族企業家，而且是一位積極參加華僑社團、熱心文教公益福利事業及僑鄉各方面建設的社會活動家。他先後在家鄉南安及廈門、新加坡、印度尼西亞等地建造了學校、醫院、圖書館等。

　　黃奕住一生的歷經歷經歷和思想言行，在老一輩華僑、歸僑中有一定的代表性。他早先是一位深受帝國主義、封建主義剝削壓榨而無以為生的中國農民，從而被迫出洋謀生，經過幾十年的艱苦奮鬥、勤儉節約、精心經營，從一位剃頭匠、肩挑小販成長為富有的僑商，從一位自發的具有淳樸鄉土觀念的中國移民成長為自覺的憂國憂民、熱愛祖國及家鄉、積極支持資助並直接從事祖國及家鄉各項建設事業的愛國華僑領袖、華僑企業家和民族企業家，受到廣大華僑及鄉親們的推崇。

　　黃奕住在華人金融業現代化的進程中做出了突出的貢獻。在回國過程中及之後，先後投資華僑銀行（總行設在新加坡）、中興銀行（總行設在菲律賓馬尼拉），創辦中南銀行（總行設在上海），這 3 家具有現代化意義的銀行在東南亞和中國各地遍設分支機構，建立起了華人自有的國際銀行的

業務網絡。這樣的華人銀行網絡，不僅大大便利了東南亞華僑在僑匯、投資、貿易等方面辦理匯兌結算業務，而且通過業務往來，對於改造中國舊式金融，促使其轉化具有重大意義。

6. 吳道盛的建南銀行：從僑批到國際性銀行

圖 4-8 和圖 4-9 所示為 1930 年代由菲律賓寄往晉江的兩封僑批，批封的背面分別蓋有「吳道盛」和「建南信局」字樣的印章，表明吳道盛和建南信局參與了該兩筆僑批的流轉。吳道盛從在鴻發信局當學徒，到投資創辦建南信局，最後發展到創辦建南銀行；其事業從草根的僑批業，到現代意義的國際大銀行：吳道盛因此成為一位國際銀行家。

吳道盛（1897~1983 年），晉江金井圍頭村人，1912 年，吳道盛告別寡母南渡菲律賓謀生，初在馬尼拉同鄉人吳仔柱的鴻發信局當學徒，1928 年後脫離鴻發信局，在馬尼拉王彬街開設建南信局，並在廈門設「榮和信局」和建南（匯兌）信局。因經營得法，建南信局業務日盛。

1938 年 5 月，在廈門被日本佔領後，建南信局遷址於泉州。1931~1941 年，建南信局除主營僑批之外兼營菲、美、滬三角匯兌業務，通過上海為僑批同業調撥僑匯頭寸。據張公量於 1943 年出版的《關於閩南僑匯》記載，據泉州匯兌信局匯出匯入統計，1940 年，9 家匯兌信局全年接受海外匯款 7170 萬元（國幣），其中建南信局的為 4200 萬元，佔 58.6%；而在泉州匯往上海的 5900 萬元中，建南信局的有 3500 萬元，佔 59.3%。由此可見建南信局在當時泉州匯兌業中的地位。1946 年後，建南信局單幫匯兌業務發展快，領先同行。1948 年，吳道盛在馬尼拉開辦建南銀行，在香港設建南銀行機構。1971 年在美國開辦建東銀行，1983 年在廈門設立分支機構。2006 年，建南銀行資產規模在菲律賓商業銀行中名列第二，擁有 700 家分支機構，網絡是相當大的。之後，建南銀行被併入菲律賓金融銀行集團。可見，閩南僑批信局的經營者對推動閩南地區與東南亞金融業向多元化和國際化方向發展所做的貢獻是顯著的。

圖 4-8　1930 年 9 月 20 日菲律賓宿務寄往泉晉深滬的僑批

圖 4-9　1937 年 11 月菲律賓馬尼拉寄往晉江十五都留宅的僑批

三、全球化金融視野下的僑匯網絡

在歐洲，自 15 世紀末的海洋大移民以來，西方帝國主義、資本主義在海洋上的爭鬥，以及擴張殖民地，均圍繞着貿易與移民進行。進入 19 世紀，隨着商品貨幣化程度的提高，在金融領域領先發展起來的以大英帝國為首的資本主義國家開始實行金融的殖民統治與侵略，以金融資本控制經濟、貿易，甚至操縱他國的政治。

在亞洲，華人移民東南亞在 15 世紀已有一定規模，儘管明朝在前期禁止百姓出洋，但私渡移民依然不斷。東南亞華商把大米、蔗糖、棉花、食品和手工製品運往中國銷售，同時將雜貨、手工製品和茶等運回東南亞。此外，暹羅（今泰國）、越南、緬甸通過與中國的朝貢貿易獲利。這種商業模式對構建華南和東南亞貿易區幫助很大。17 世紀，在歐洲列強來到這一地區尋求某些亞洲產品時，藉助之前成熟的華人商業網絡，西方商人首次買到像茶、絲、胡椒、棉花這種珍貴的商品，並從轉口貿易中獲利。

19 世紀中葉以來，以服務移民華僑寄信匯款為主要業務的僑批業，也是華南與東南亞之間的貿易最為重要的金融中介，許多僑批商人也經營進出口貿易，為交易提供資金服務和金銀買賣業務。僑批業這種經營兌換、匯款及家書的華人專遞的網絡，在外資銀行到來亞洲之前就已經建立了。[1]

僑批業的龐大業務量，不僅吸引了外資銀行的介入，而且引起了南洋華人資本的重視，華商在南洋華人社區設立華資銀行，如和豐銀行、華商銀行、華僑銀行、中興銀行等，以移民華人華商為主要服務對象，華僑銀行甚至會直接辦理僑批的登門收匯和派送業務。

1928 年，中國銀行在成為政府特許的國際匯兌銀行之後，更積極地介入僑匯業務，在海外增設機構，擴大服務網絡；承頂合昌信局牌照，以銀行信譽開辦僑批派送業務，搶佔華人匯兌市場。尤其在抗日戰爭時期，中

1　〔日〕濱下武志：《全球史研究視野下的香港》，載國家清史編纂委員會編譯組編《清史譯叢》第十輯，張俊義譯，齊魯書社，2011，第 116 頁。

國銀行採取種種措施，為國家爭取了大量的外匯資金，有力地支持了抗日
戰爭。

　　僑批業以及僑批的業務引發了外資銀行、華資銀行、中資銀行的介
入，進而架起了一條由中國通往東南亞，並連接歐美地區的國際金融網
絡，我們稱之為「海上金融絲綢之路」。這條以華資銀行、僑批業為主的，
頗具華人特色的海上金融絲綢之路，彰顯了具有濃郁南國特色的國際金融
文化。

1. 外資銀行在亞洲、在中國

　　18~19 世紀，以英國為首的歐美資本主義國家在遠東建立起殖民貿易
體系，隨之發展起來的金融業也進入殖民地進行掠奪。1830 年代起，英國
財政部批准特許建立了多家以英國殖民地為營業範圍的殖民地銀行。隨着
殖民地與英國本國之間貿易的擴大，英國在金融上需要建立殖民地銀行作
為其海外投資的一環，在亞洲，它建立了本國、印度、中國之間的三角貿
易金融關係，改變了過去由東印度公司對中國茶和本國毛製品、鴉片貿易
的金融壟斷。1834 年，英國政府廢除了東印度公司的貿易壟斷權。此後隨
着貿易商行大興，殖民地銀行就跟隨着以英國商行為中心的外國商行即洋
行的活動，同步向東南亞和中國發展。外國資本主義銀行成為其母國對亞
洲、對中國進行經濟侵略的開路先鋒。

　　外資銀行以現代化管理理念進行經營，擁有雄厚的資金實力，它們看
到了東南亞每年數以千萬銀元[1]計的僑匯匯兌業務市場，為了爭奪這一市場
利益，它們與華人草根僑批信局展開競爭，開設機構，增設分支行處，建
立自身的匯兌體系。

　　1840 年，英國政府悍然向中國發動鴉片戰爭，並戰勝了腐敗的清王
朝。1842 年 8 月 29 日，清政府簽訂了不平等的中英《南京條約》，美、

1　在 20 世紀初約有 400 萬華人居住在東南亞，每年寄回家鄉的錢約為 5700 萬元（銀元）。

法等國也隨之而來，各列強肆意破壞中國的獨立和主權完整，強佔中國領土，設立租界，利用五口通商條款，打開了中國市場。

英國政府為了滿足英國商人在貿易活動中急需專門的金融機構為之服務的需要，在 1844 年制訂了《銀行特許證條例》（即《皮爾條例》），鼓勵中小銀行向海外發展，還與印度合資開辦銀行，使銀行成為英國侵華的十分重要的工具之一。

1845 年，由西印度銀行（Bank of Western India）改稱的麗如銀行 [1] 率先在中國的廣州、香港設立了分行，1850 年 [2] 又在上海設立了分行。麗如銀行是英國所有海外殖民地銀行中第一個得到「皇家特許證」的銀行，也是最早在中國設立分支機構的外國銀行。以後來華設分行的，僅英國的銀行就有：匯隆、呵加剌、亞細亞、有利（由亞細亞銀行與印度、倫敦、中國的商業銀行合併而成）、麥加利（或被稱渣打）和滙豐（香港上海滙豐銀行）等。這些銀行在中國營業卻並未和中國政府訂立有契約，中國政府並不曾向其頒發特許狀。它們的設立僅僅是在中國人隱忍之下進行的。[3] 這些銀行資本金很少，大都通過鴉片貿易業務來增加資本。英國依靠鴉片戰爭和中英《南京條約》，實現了一個半世紀以來想在中國設立一個殖民地銀行總行的夢想。從此，以英國銀行為主的 10 家左右外資銀行在中國大地上形成了一個網絡，主宰着中國的金融市場。

在進入中國的英資銀行中，引人注目的是麥加利銀行（Chartered Bank of India, Australia & China）和滙豐銀行（Hongkong and Shanghai Banking Co.）。滙豐銀行是以英國寶順銀行以及在中國營業的大洋行為發起人而創立起來的，其資金是向同中國、日本有貿易關係的洋行募集的，總行設在香港，1865 年 3 月在香港和上海同時開業。這是一家洋行型的銀行，一方

1　這是一家在印度經營多年的英印銀行，原名「西印度銀行」，創立於 1842 年，總行設在孟買。1845 年遷回倫敦，改稱麗如銀行，也被稱為「東方銀行」（Oriental Bank）。

2　有一說是 1847 年。

3　中國銀行行史編輯委員會編著《中國銀行行史（1912~1949 年）》，中國金融出版社，1995，第 6-7 頁。

面為獲得匯兌業務與其他外資銀行相互競爭，另一方面又把洋行經辦的金融業務逐漸掌握在自己手中。

外資銀行主要經營匯兌、發行銀行券、存款、貸款等業務，服務對象以洋行為主。進入中國的外資銀行歷經歷經歷了這樣的發展歷程：經營活動由貿易金融走向資本投入，服務對象由以洋行為主變為以中國金融市場為主。進入 1880 年代，其經營活動變為爭奪鐵路修築、礦山開採等利權，以及向清王朝提供政治性借款。

1870 年代到 1894 年中日甲午戰爭期間，是外資銀行在中國各通商口岸金融市場確立壟斷地位的時期。其間，外資銀行在中國各通商口岸設立了45 個分支機構，涉及英國、法國、德國、日本等國的銀行。資本主義列強相互爭奪，拚命將其金融魔掌伸向中國各地，形成了巨大金融網，壟斷了中國的金融市場。[1]

2. 滙豐銀行的國際匯兌網絡

滙豐銀行，是英商合股投資的第一家總行設在中國境內的外資銀行，總行設在香港，1865 年 3 月在香港和上海同時開業。「滙豐」是中國人給它起的名稱，取「匯兌業務發達」之意，初始資本為 500 萬港元。

在滙豐銀行成立之前，中國的金融業務絕大部分還被控制在「洋行」手裏，真正意義上的銀行活動還處於初始階段，外國資本主義對中國金融的控制尚不具備足夠的條件。在滙豐銀行成立後，情況發生了很大變化。外國資本主義創辦滙豐銀行的目的不僅在於奪得外商進出口貿易中的金融周轉和匯兌生意，而且根本在於控制、操縱中國的財政金融命脈，為加速中國殖民地化奠定基礎條件。

為此，在滙豐銀行總行成立後，其分支機構很快遍及全國各地，並且

1　郭啟東、李學軍：《近代中國主要外國銀行述略》，《金融教學與研究》1987 年第 4 期，第 19-22 頁。

迅速擴大了業務範圍：1865 年 6 月開設廣州分行，1866 年開設漢口、汕頭、福州、寧波分行，1873 年開設廈門分行，1876 年開設煙台分行，1879 年開設九江分行，1880 年開設北海分行，1881 年開設澳門分行，1882 年開設天津分行，1889 年開設北京分行，1892 年開設牛莊（營口）分行，1894 年開設鎮江代理處，1912 年開設青島分行，1915 年開設哈爾濱分行，1917 年開設奉天（瀋陽）分行，1922 年開設大連分行，1943 年開設重慶分行。

滙豐銀行不僅經營匯兌、票據貼現、存貸款等傳統業務，而且還取得了發行鈔票、承辦清王朝大量外債和收存關、鹽兩稅收入等特權。這些特權使它很快在所有外國銀行中穩執中國金融界之牛耳，成為外國資本主義侵略中國的金融中心和英國在華經濟權益的總代表。在 20 世紀初，滙豐銀行積極組織帝國主義銀行團，對華貸款，向中國施加了一系列不平等的政治、經濟貸款。

國際匯兌是滙豐銀行的一項極為重要的業務，也是它自始至終全力以赴的業務。滙豐銀行用於國際匯兌和國際貿易有關的資金在 1875 年為 242 萬港元，10 年後猛增到 2580 萬港元。為了實施對中國貨幣國際匯兌的壟斷，在 1930 年代之前的幾十年中，滙豐等外國銀行一直操縱着中國貨幣的對外匯價。[1]

圖 4-10 所示為 1931 年 3 月印度尼西亞棉蘭中華商業有限公司匯往廈門的匯票。該匯票由廈門滙豐銀行參與辦理。

滙豐銀行最初的主要經營項目是辦理與各種貿易（主要為鴉片、棉布的輸入和絲、茶的輸出）有關的國際匯兌業務（主要是買賣匯票，包括用作結算的和信貸的）。中國在後來雖有了國際貿易業，也有民族資本銀行辦理國際匯兌業務，但其力量均極為薄弱。中國對外貿易以洋行為主，由於洋行的進出口貿易產生的國外結算，都在本國或他國的外資銀行辦理，所以外國銀行得以壟斷中國的國際匯兌業務。以 1865 年、1869 年、1894 年三

---

[1]　中國銀行行史編輯委員會編著《中國銀行行史（1912~1949 年）》，中國金融出版社，1995，第 7 頁。

圖 4-10　1931 年 3 月印度尼西亞棉蘭中華商業有限公司
匯往廈門的由廈門滙豐銀行參與辦理的匯票

個年份為例，英帝國（包括其主要殖民地）洋行的進口和出口業務額在中
國進口和出口貨物總值中所佔比重分別為 91.6%、92.4%、82.1% 和 84.5%、
75.6%、53.1%。由此可知，滙豐銀行在中國匯兌市場中的控制地位。

　　不僅如此，中國鉅額外債的匯入和還本付息的匯出，外國人在華其他
投資的進出，以及華僑的匯款等也都絕大部分通過外國銀行特別是滙豐銀
行辦理，而這更增強了滙豐銀行在中國金融業中的壟斷力量。

　　圖 4-11 所示為新加坡滙豐銀行在《南洋中華匯業總會年刊》第二集上
刊登的廣告：總行設於香港，分行遍佈全球，中國各省均有分行或代理處；
本行經營一切銀行業務，各國匯兌，各處信用票，來往戶口，產權抵押
等。在廣告中，新加坡滙豐銀行特意提到「中國各省均有分行或代理處」，
這說明了滙豐銀行在中國金融業中的地位。

圖 4-11　新加坡滙豐銀行的廣告

註：該廣告見於《南洋中華滙業總會年刊》第二集（1948 年
6 月於新加坡刊印）的封二部分。

3. 華資銀行的崛起

　　19 世紀中葉，伴隨着「下南洋」而出現了兼有國際郵政和國際滙兌功能的僑批行業以及由僑批業務引發的國際大銀行、華資銀行、中資銀行等的介入，僑批業和這些介入的金融機構架起了一條由中國通往東南亞，且連接歐美的國際金融網絡，我們稱之為「海上金融絲綢之路」。這條由親情串起來的海上金融絲路在世界風雲變幻中，歷盡艱辛，一直頑強地保持着中國與世界各地的金融聯繫。

　　中國人民下南洋引發了大量僑滙資金的跨國轉移，給亞太地區的金融注入了源源不斷的血液，帶來了龐大的國際金融滙兌業務。

　　20 世紀初，東南亞的華商吸收西方的先進銀行技術，結合自身實際，開始創辦華資銀行。在新加坡，1903 年出現了第一家華人銀行──廣益銀

行，接着四海通銀行、華商銀行、和豐銀行和華僑銀行相繼成立。在印度尼西亞，1906 年成立了黃仲涵銀行。在泰國，1908 年成立了暹華銀行、順福成銀行，接着陳炳春銀行、鬢利棧銀行也先後成立。在菲律賓，1920 年中興銀行成立。

　20 世紀初，華資銀行的出現，標誌着當時華人經濟發展已進入一個新階段。不過，這些華資銀行的規模相對較小，主要經營簡單業務，如吸收華人移民的存款、匯款以及為華商提供信貸等，而重要的外匯業務都由殖民者所開辦的銀行所壟斷經營。華資銀行雖然規模小、業務簡單，但也積累了今後發展所必需的經驗以及與西方殖民者的銀行打交道的某些技巧和知識。

（1）新加坡華商銀行、和豐銀行、華僑銀行有限公司

　優越的地理位置及自然環境，使新加坡成為東南亞的中心，以及東南亞華人經濟的中心。新加坡對於展現華人移民的歷史是很重要的。新加坡是東南亞華人經濟資本和勞動力的來源，周邊地區的產品很自然地向新加坡流動，因而新加坡成了這一地區商品貿易的中心。在東南亞地區，新加坡最早出現華人資本的銀行，即 1903 年開辦的廣益銀行。新加坡華商銀行、和豐銀行、華僑銀行及 1932 年由這三家銀行合併而成的新的華僑銀行是新加坡華資銀行的代表，均為福建幫銀行。在這裏，一一介紹它們。

　華商銀行（Chinese Commercial Bank Ltd.）是由林文慶、林秉祥、陳嘉庚等僑商於 1912 年合資創辦的。

　和豐銀行（HoHong Bank）由林秉祥、林秉懋兄弟發起並於 1917 年創辦的，總行設在新加坡。該行是東南亞華資銀行中發展國際性業務的第一家。在東南亞，在歐美的倫敦、紐約、舊金山，在中國廈門、福州、汕頭、北京、上海等地設有分支機構或匯兌處。圖 4-12 所示為 1920 年代新加坡和豐銀行網點的全球分佈情況。從中可見，華資銀行的網絡已擴展至歐美地區。

　華僑銀行有限公司（Oversea Chinese Banking Corporation Ltd., OCBC）

圖 4-12　1920 年代新加坡和豐銀行網點的全球分佈情況

為新加坡最具代表性的華資銀行。1919 年，華人林文慶、黃奕住等聯合倡辦「新加坡華僑銀行」。1932 年，華僑銀行與華商銀行、和豐銀行合併成華僑銀行有限公司，總部設在新加坡。該行在新加坡的小坡，馬來西亞的吉隆坡、安順、巴株巴轄、吧生、檳城、芙蓉、麻坡、馬六甲、新山、怡保，印度尼西亞的巴城（今雅加達）、泗水、占碑、棉蘭、巨港，緬甸的仰光，越南的海防，泰國的曼谷設有機構；在香港、上海、廈門等設立了分行。1920 年代在廈門設立的分行有兩處機構，一處在鼓浪嶼，另一處在廈門中山路 1 號，位於廈門中山路 1 號的華僑銀行至今依然在營業。圖 4-13 所示為新加坡華僑銀行有限公司的經營網絡分佈情況，可見其機構遍佈東南亞地區和中國沿海的主要城市。

（2）華僑銀行的僑匯僑批業務

華人僑匯的匯兌業務是新加坡華僑銀行的主要業務之一。新加坡華資銀行一成立便介入僑匯的匯兌業務，主要體現在僑批資金的頭寸調撥方面。1932 年，新的華僑銀行更是直接介入僑批的具體業務，建立起僑批收匯、承轉、派送等的運作體系。

1932 年，華僑銀行設立民信匯兌部，經營華僑個人匯款業務，並與中國交通部郵政儲金匯局合作，獲准在中國國內通郵並設郵政分局的地方代為轉交匯款，同時接受僑批信局的委託，代為解付僑批款、遞送回批。在 1938 年刊登的一則廣告中，華僑銀行通告其通匯範圍遍及廣東、福建、廣西諸省。

在當時的交通條件下，款項調撥周期較長，不利於僑批局的業務經營。因此，有些僑批信局就利用華僑銀行來調撥款項到中國。例如，印度尼西亞漳合興信局通過泗水華僑銀行調撥頭寸給廈門正大信局，在匯票上加蓋漳合興信局、正大信局的業務章，顯示漳合興信局和正大信局利用了華僑銀行在泗水和廈門的經營網絡來進行頭寸的調撥。[1]

1　劉伯孳：《華僑銀行的僑批業務》，《福建金融》2016 年第 6 期，第 70–71 頁。

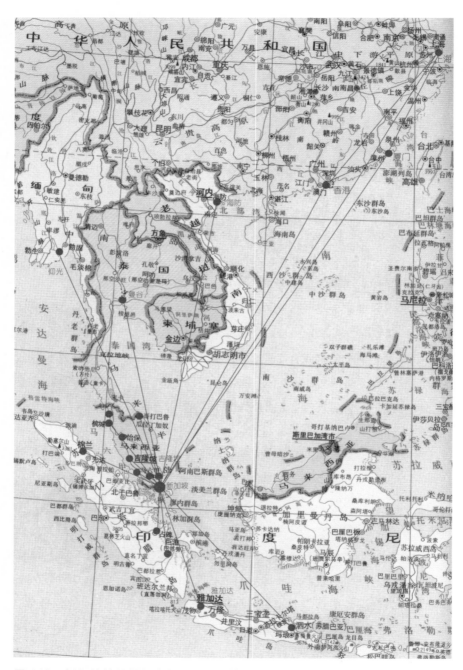

圖 4-13 新加坡華僑銀行有限公司的經營網絡分佈情況

　　圖 4-14 所示為 1929 年 9 月馬來亞吉隆坡華僑銀行開具的廈門華僑銀行兌付給廈門捷興號的匯票，捷興號即捷興信局，其經理李成田在票背面有簽字，這說明捷興信局通過華僑銀行匯兌系統調撥了僑匯頭寸。此外，還有正大、南通和記等信局通過新加坡、怡保、吉隆坡等地華僑銀行調撥頭寸的例證。

　　華僑銀行直接開展僑批業務，常常與僑批信局、其他華資銀行、商業公司合作，建立起自身的收匯、承轉、派送網絡，以提高僑批的傳遞效率。在太平洋戰爭期間，華僑銀行的直接僑批業務，因交通受阻而趨於停頓。「二戰」結束後，華僑銀行立即恢復了直接僑批業務，並進入了經營的高峰時期。

　　圖 4-15 所示為 1941 年 11 月由印度尼西亞蘇門答臘島日里寄往福建泉州新門外大錦田鄉的僑批。該僑批由日里中華銀行辦理收批，經由香港華僑銀行中轉到廈門，再通過郵政渠道轉至泉州，最終交到僑眷手中。

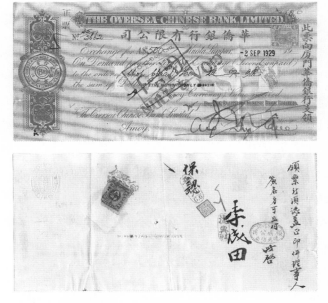

圖 4-14　1929 年 9 月 2 日吉隆坡華僑銀行匯往
廈門捷興信局的匯票

圖 4-15　1941 年 11 月由印度尼西亞日里寄往福建泉州的僑批

　　從目前掌握的資料看，在華僑銀行經營僑批的業務中，海外涉及地域包括新加坡、馬來西亞、緬甸、越南、印度尼西亞等地，國內涉及閩南和潮汕、江門等地區。華僑銀行成為海外華僑和家鄉之間的情感和經濟聯繫的紐帶。華僑銀行為眾多的僑批信局從海外轉移資金到國內提供了相對快捷和安全的匯兌平台，也為普通的個體華僑與家鄉親友的聯繫提供了與僑批信局相似流程的服務，以適應華僑在僑批信局寄批的傳統習慣和形式，同時與僑居地的僑批信局合作經營僑批業務。顯然，華僑銀行的僑批業務經營使傳統的僑批業在資金調撥和跨國經營方面提高了效率，顯示了新加坡當時僑批業中的區域中心地位。[1] 華僑銀行介入僑批業務，豐富了華人僑批的商業模式，增強了自身與外資銀行的競爭能力。

1　劉伯孳：《華僑銀行的僑批業務》，《福建金融》2016 年第 6 期，第 72 頁。

4. 中國銀行等民族金融機構參與僑匯網絡

中國現代化的金融業發展較晚，在 1897 年之前，中國還沒有本國民族資本的銀行，外國銀行獨霸了中國的金融業。

19 世紀末，以中國通商銀行、戶部銀行、信誠商業儲蓄銀行、信義銀行等的開業為標誌，新型銀行發展迅猛。新型銀行開業伊始即把業務觸覺伸向僑批業。光緒卅四年（1908 年）三月廿二日，信義銀行在其《招股啟》中稱：「華僑之散處南洋群島及美屬金山、英屬澳洲、日本東京橫濱等處者，總額無慮數百萬人，貿易上之勢力不但突過土族，且時駕西人而上之，獨於銀行一業，無人也稍加之意。故此次貿易遂為外國銀行所壟斷，而我海外之同胞且不得不永仰西人之鼻息，本公司除在新加坡已先立有分行外，擬再擇世界著名之巨埠添設數處，漸次推及各島。」[1]

（1）中國銀行僑匯業務的推進

自 1840 年鴉片戰爭以來，外資銀行通過借貸、發鈔、操控匯價等方式控制了大清帝國的金融命脈。1911 年爆發的辛亥革命結束了清王朝的統治，原大清銀行改組為中國銀行。作為中華民國的中央銀行，中國銀行在 1912 年成立之初即提出「內審社會趨勢，外觀世界潮流」的口號。3 年後的 1915 年，中國銀行已在北京、天津、上海、漢口、廣東五地率先開辦國際匯兌業務。福建中國銀行於 1914 年成立後即通過香港交通銀行和港商代理轉匯南洋僑匯業務。

一個半世紀以來，在僑批僑匯流轉過程中，中國銀行在各參與者中起到了重要作用。如圖 4-16 所示，中國銀行在 1937 年至 1984 年，參與了僑批僑匯運作的所有四個主要流程。

1928 年，中國銀行改組為「政府特許國際匯兌銀行」。1929 年 11 月 4 日，中國銀行倫敦經理處成立。在當時的世界金融之都倫敦，一家規模小

1　蒙啟宙：《僑批業：一條由親情串起來的海上金融絲綢之路》，《廣州城市職業學院學報》2015 年第 4 期，第 10 頁。

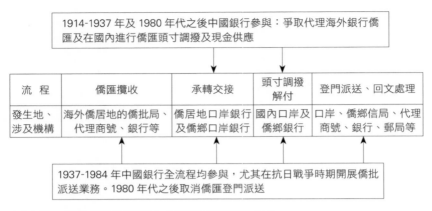

圖 4-16　在僑批僑匯流轉中中國銀行扮演的角色

得可憐的金融機構就此誕生，這就是中國金融史上第一家海外金融機構。
自此，中國銀行大力開拓海外業務，廣設海外機構，大力拓展僑匯匯兌通
路，其海外業務進入大發展時期。至 1935 年底，中國銀行已有國外通匯行
62 家，特約代理行 9 家，它們分佈在全球 43 個國家和地區。

　　圖 4-17 所示為加拿大商業銀行（The Canadian Bank of Commerce）受理
華僑譚啟雄匯款的《信匯請求書》。該筆匯款由加拿大商業銀行電匯至中國
銀行紐約經理處（Bank of China New York Agency），再由中國銀行紐約經
理處轉匯至廣東台山收款人收。中國銀行紐約經理處作為美洲華僑華人的
匯款承轉中心發揮了作用。

　　為了拓展南洋僑匯業務，1932 年，中國銀行總管理處張嘉璈總經理
攜同閩行、粵行經理赴泰國曼谷、新加坡調查僑匯情形，擬籌設新加坡分
行，同時以民族資本為後盾，支持新加坡華商銀行、和豐銀行、華僑銀行
三家銀行合併。中國銀行既對華資銀行進行扶助，也因此與新的華僑銀行
建立了代理行關係，藉以推進了新加坡的僑匯業務。

　　1932 年 12 月中旬，調查組由新加坡返回香港，隨後轉赴廈門分行，研
究吸收華僑匯款的辦法：新加坡的僑匯業務由當地華僑銀行幫助設法推廣；
泰國、菲律賓的僑匯，通過汕頭、廈門當地的僑批信局或商號聯絡，逐步
推廣，由它們匯劃；指示香港、廣州、汕頭、廈門四處分支行改進收轉及

圖 4-17　加拿大商業銀行受理的由中國銀行紐約經理處
　　　　轉匯至廣東台山的《信匯請求書》

匯兌手續。凡僑眷到行提取匯款，應盡力給予方便。如有不願攜帶現款回
鄉的，可代為委託僑批信局轉解。這樣，中國銀行的信譽，經僑眷傳播給
了南洋各地華僑，使原來經外國銀行、僑批信局或商號辦理的僑匯業務，
逐漸轉到中國銀行手中。[1]

　　圖 4-18 所示為 1933 年 10 月 20 日新加坡華僑銀行開出的在廈門兌付
的匯票，由中國銀行提供信用擔保，加蓋有「FOR THE CREDIT OF THE
BANK OF CHINA」（正面中左處）。該匯票係和豐銀行的舊匯票加蓋改製的。

　　從福建中國銀行行史資料來分析，廈門分行（即閩行，管轄福建省內
中國銀行機構）經辦的僑匯大多來自南洋。1931~1932 年，其經匯數在 600
萬 ~700 萬元（國幣）；在 1933 年下降之後，旋即回升，1934 年為 840 萬元，
1935 年增為 1180 萬元，1936 年達 2341.50 萬元，在全省僑匯中的比重由佔
15% 左右升到佔 40% 以上。在中國銀行系統中，廈門中國銀行經辦的僑匯
佔 1/4 以上。[2]

1　中國銀行行史編輯委員會編著《中國銀行行史（1912~1949 年）》，中國金融出版社，
　　1995，第 218 頁。

2　中國銀行行史編輯委員會編著《中國銀行行史（1912~1949 年）》，中國金融出版社，
　　1995，第 219 頁。

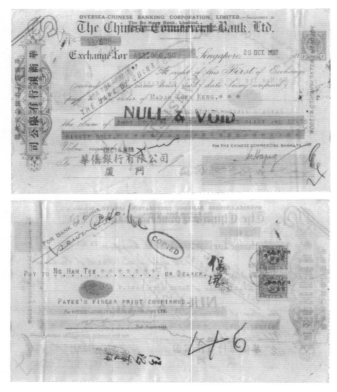

圖 4-18　1933 年 10 月 20 日新加坡華僑銀行開出的在廈門
　　　　　兌付的匯票

　　抗日戰爭之前，中國銀行已在倫敦、大阪、新加坡、紐約設有分支機
構，可直接向國內匯兌僑匯；廣東銀行的海外營業區域為舊金山和曼谷；
廣東省銀行只在新加坡設有分支機構；東亞銀行以西貢、新加坡為主要海
外營業地；華僑銀行經辦新加坡和泰國的僑匯。各銀行間有互相代理解款
的關係，在代理解款前，須在對方建立存款賬戶。代付款項收取來往電報
費，在當地免收佣金，在外縣每千元收二角至六角。但銀行機構未能遍及
圩鎮村鄉，於是就產生了銀號及郵局對銀行的代理關係。[1]

1　中國銀行行史編輯委員會編著《中國銀行行史（1912~1949 年）》，中國金融出版社，
　　1995，第 216-217 頁。

　　抗戰爆發後，中國的出口貿易受阻，外匯收入驟減，而政府卻要進口大量軍用物資。為了獲取抗戰急需的外匯資金，中國銀行迅速在東南亞等地增設了 10 多家海外機構，這些海外機構逐步取代了當時瀕臨崩潰的私營僑批業體系，成為收取全球海外華人僑匯的主渠道以及維繫中外資金流動的主命脈。

　　如表 4-3 所示，抗戰時期中國銀行在海外密集設立分支機構，而其目的是獲取僑匯，吸收來自海外華僑華人的僑匯資金，支持國家抗日。

表 4-3　中國銀行部分海外機構的分佈與設立情況

機構名稱	今屬國別	開業時間	備註
香港分行	中國香港	1917.9.24	開業時為支行，1919.2.4 改分行，轄廣東各行處。1941 年底停業，1946.1 復業，1946.9 改為海外分行
倫敦經理處	英國	1929.11.4	1946.7.1 改分行
利物浦分經理處	英國	1942.8.6	1947.6 撤銷
大阪分行	日本	1931.9.1	1948.1 裁撤
東京支行	日本	1948.9.1	
紐約經理處	美國	1936.7.1	1946.7.1 改分行
華人街分經理處	美國	1946.7.1	1947.7.1 改經理處
新加坡分行	新加坡	1936.6.15	閩行經理黃伯權兼任經理。1942 年停業，1945.12.3 復業
大坡辦事處	新加坡	1940.12.9	1942 年停業
小坡辦事處	新加坡	1941.12.27	1942 年停業
峇珠巴轄分經理處	馬來西亞	1941.11.17	1942 年停業
吉隆坡經理處	馬來西亞	1940.10.14	1942 年停業，1946 年復業
怡保分經理處	馬來西亞	1940.12	1942 年停業
芙蓉埠分經理處	馬來西亞	1941.9.15	1942 年停業
檳榔嶼經理處	馬來西亞	1939.11.20	1942 年停業，1945.9 復業

（續上表）

機構名稱	今屬國別	開業時間	備註
巴達維亞經理處		1938.11.21	1942 年停業，1946.7 復業
泗水分經理處	印度尼西亞	1939.8.14	1942 年停業，1946.6 復業
棉蘭分經理處		1940.8.5	1942 年停業，1946.6 復業
仰光經理處		1939.1.14	原屬港行，1942.3.5 撤退昆明，改緬甸經理處。1946.1.23 復業，1947.8 改分經理處，屬加爾各答經理處管轄
百尺路分經理處	緬甸	1939.7.10	1942.3.5 併入緬甸經理處
瓦城分經理處		1939	1942.3.5 併入緬甸經理處
臘戌分經理處		1940.9.17	1942.3.5 併入緬甸經理處
河內經理處		1938.11.24	開業時為經理處，1939.12 改分經理處，1942.2 撤銷
西貢經理處	越南	1946.12.1	原為河內分經理處，1946.12 移西貢
海防分經理處		1939.2.15	1939.12 改經理處，1941.9 撤銷，1946.2.16 復業改分經理處
曼谷經理處	泰國	1947.10.10	
加爾各答經理處		1941.7.14	原由總處直轄，1946.7 歸港行，1947.7.1 改屬總處國外部
孟買分經理處		1941.11.10	
新德里分經理處	印度	1942.6.1	1945 年底撤銷
咯剌基分經理處		1942.6.1	
噶林堡分經理處		1943.3.1	1945 年底撤銷
吉大港分經理處	孟加拉	1948.12.20	
雪梨經理處	澳大利亞	1942.7.1	營業地為今悉尼
古巴經理處	古巴	1944.10.5	

資料來源：根據中國銀行行史編輯委員會編著《中國銀行行史（1912~1949 年）》（中國金融出版社，1995）第 878–883 頁的表「（五）海外機構變動簡況」整理。

　　根據 1929 年的資料，中國銀行了解到接收僑匯最多的是廈門和汕頭，其所收僑匯分別約佔僑匯總數的 27% 和 20%；在僑匯來源中，新加坡的最多，佔近 36%，約佔整個南洋地區的 60%。所以，在東南亞，中國銀行新加坡分行最先設立。[1]

　　1936 年，閩行（即中國銀行廈門分行）經理黃伯權籌辦並成立了中國銀行新加坡分行。之後，中國銀行在馬來亞檳榔嶼（1939.11.20 經理處開業）、吉隆坡（1940.10.14 經理處開業）、怡保、芙蓉、峇株巴轄，荷屬巴達維亞（今雅加達）、泗水、棉蘭及澳大利亞雪梨（今悉尼）等處開設了分支處，擴大了在東南亞收匯的地域範圍，並在僑鄉普設分支機構，由派送員上門分送僑批僑匯。由此，中國銀行辦理僑批業務手續簡便，解款迅速，取得了僑胞的信任，僑匯日益增多。從此，僑批信局的僑匯絕大部分通過中國銀行匯入，扭轉了過去由外商銀行壟斷僑匯的局面。

　　著名愛國華僑陳嘉庚讚譽了中國銀行，他在 1946 年出版的《南僑回憶錄》中記述道[2]：

　　　　南洋僑胞逐月內匯寄家之款，總計不下千餘萬元，間接增厚國家經濟力至大。數月前敵陷廈門，擾及潮汕、閩粵海疆，受制益甚。而各該地原有銀行或縮或停，一部分民信局則乘機取利，抬高手續費。於是我僑寄匯信款，頗感困難。幸中國銀行負起責任，遍設辦事處於閩粵內地各城市鄉村而謀補救。款無論多寡，地無論遠近，路無論通塞，皆樂予收匯，而匯水又甚低廉。近月來我僑胞遠處鄉國之父母兄弟姊妹，得如涸鮒獲甦於勺水者，泰半恃此……

　　著名旅美僑領司徒美堂為支持抗日，發起「紐約華僑抗日救國籌餉總會」，將美國華僑的抗戰捐款悉數通過中國銀行匯往國內，8 年間籌款總額共計 1400 多萬美元。

1　中國銀行行史編輯委員會編著《中國銀行行史（1912~1949 年）》，中國金融出版社，1995，第 217–218 頁。

2　陳嘉庚：《南僑回憶錄》，新加坡怡和軒，1946，第 51 頁。

據史料記載，僅 1939~1945 年，中國銀行累計辦理全球華人僑匯 2.3
億美元，約佔全國僑匯總額的半壁江山。在那些動盪戰爭歲月裏，通過中
國銀行多年苦心經營的全球化網絡，海外華僑的僑匯款源源不斷地匯到國
內，有力地支持了抗日戰爭。

（二）福建中國銀行辦理的僑批僑匯業務

在著名僑鄉閩南地區，華僑銀信以其登門收匯、登門派送、信款合一
的僑批業經營方式，稱便於僑胞、僑眷。對於僑批的派送業務，中國銀行
廈門分行及泉州支行早有關注。1920~30 年代，閩南各地僑批信局兼營投機
事業，常遇失敗而倒閉，僑胞匯款時極感困苦。1937 年初，中國銀行泉州支
行開始籌備並成立僑匯組，先後派員在廈門、安海、石獅等主要商埠籌辦僑
批分解事務。1937 年 4 月，廈門、泉州的中國銀行承接了合昌信局（原由黃
泳來經營，地址為廈門磁安路），以合昌信局的名義在閩南一帶辦理僑匯僑
批業務，仿照僑批信局辦法，直接送解信款，以期便利僑胞，吸收外匯。

在 1938 年 5 月廈門島被日本佔據後，閩省沿海一帶風鶴頻驚，僑批信
局不願冒險派送錢款，唯獨中國銀行泉州支行密派幹員由鼓浪嶼冒險挑運
僑信繞道前往泉州，將僑批款項全部清解。此後，海外信局收到廈門淪陷
後中國銀行的解款回信，得知由中國銀行所解的僑信安全、迅速到達，同
時復接到中國銀行此後派送僑信、解款的種種辦法，認為它們切合需要，
故都願委託中國銀行辦理，不到數月南洋委託中國銀行代解僑批的僑批信
局達百餘家。在此期間，海外華僑信款，幾乎完全由中國銀行代解。

1937 年 6 月 ~1941 年 10 月，中國銀行泉州支行在南洋各地的委託信局
有 183 家 [1]，其中馬來西亞 73 家、新加坡 12 家、印度尼西亞 42 家、菲律賓
49 家、越南 3 家、緬甸 4 家。這些海外信局幾乎囊括了閩南華僑匯款，佔

1　張公量：《關於閩南僑匯》，民國卅二年八月刊印，第 35-44 頁。其中列出《本行代理海
　　外各信局》的名稱、地址和開始委託代理年月。

計閩屬僑匯經由廈門、泉州的中國銀行經匯的佔 70%。

　　自 1937 年開辦至 1942 年，除大宗電匯、票匯外，僅小額零星批信，中國銀行泉州支行直接送達的就有信件 58.7 萬封、款項 4430 萬元。在太平洋戰爭爆發後一年裏，尚有斷續僑信匯款委託給該行。[1] 可見，中國銀行泉州支行在當時戰爭時期極力溝通僑匯，對安定閩南僑鄉僑眷生活做出了很大貢獻。

　　圖 4-19 所示為一封於 1939 年 11 月 30 日（民國廿八年十月廿日）由荷屬印度尼西亞壟川寄往漳州廿七都關下保長洲社田中央由曾氏慈母親大人收的僑批，其背面蓋有「中國銀行匯兌特約代理處／三寶壟黃五福源盛匯兌部」的紅色章。「三寶壟」又被華僑稱為「壟川」，「源盛」係中國銀行泉州支行於 1938 年 9 月簽訂的在巴達維亞（今雅加達）的委託代理機構，而「源盛」在三寶壟又由黃五福以「源盛」名義代理。也就是說，中國銀行的海外代理信局，還有二級甚至三級代理機構，如此，中國銀行泉州支行的海外委託代理機構就遠多於 183 家，中國銀行的僑批經營網絡是相當龐大的。

　　在戰爭年代，中國銀行泉州支行通過合昌信局的民間渠道迅速在南洋建立起了龐大的收批（匯）網絡，極力溝通僑批，冒着戰亂的危險，堅持登門派送僑批。在福建沿海被日本佔領後，福建中國銀行內遷龍巖等地，為保證戰時僑匯資金匯兌暢通及靈活現金調撥，採取了種種應急措施，制定了福建僑匯派送線路圖並根據時局變化制定改進辦法。

　　新中國成立初期，東南亞的一些國家政府對華僑匯款採取了限制與封鎖的政策。為維護華僑的正當權益，保障僑眷生活，中國銀行各分支機構切實貫徹僑匯政策，加強外匯管理，開辦原幣匯款、原幣存單、保本保值存單等業務。各分支行與其管理的私營僑批業，打破了帝國主義對新中國的封鎖、禁運，維繫了福建與國際經濟金融業的聯繫，為我國的經濟恢復與社會主義建設做出了積極貢獻。

　　由於國際形勢的變化，東南亞國家普遍對華限匯或禁匯，此後僑批的匯款大都通過香港中轉，匯款貨幣以港幣為主。在菲律賓實行禁匯令後，

1　　張公量：《關於閩南僑匯》，民國卅二年八月刊印，第 45–47 頁。

圖 4-19　1939 年 11 月由荷屬印度尼西亞壟川寄往
漳州廿七都的僑批

僑批的匯款則採用約碼電報匯款方式。

「文化大革命」開始後，由於發生查抄僑眷歸僑財物、凍結僑戶僑匯存款、停止僑匯物資供應等現象，僑匯錯亂壓現象嚴重。

1972 年，國務院發文取消國內私營僑批業，之後，各地私營僑批業的人員業務歸併當地國家銀行。1978 年 7 月 1 日起，國家重新起用了《僑匯物資供應辦法》，該辦法直至 1994 年 12 月終止。為滿足僑匯工作發展的需要，廈門、泉州、福州等地的中國銀行分別成立僑匯派送處，專職負責僑匯登門派送任務。1980 年代後，逐步取消僑匯解付的登門派送做法，改為通知僑眷到就近銀行領取。

中共十一屆三中全會後，僑匯政策重新得到貫徹落實，廣大僑眷主動溝通關係，爭取僑款，僑匯額出現回升。1980 年 4 月 1 日，中國銀行經國務院授權開始發行外匯兌換券（Foreign Exchange Certificate）。由於存在價差，大量僑匯改道以外鈔攜入、以物攜入，「以鈔代匯」「以物代匯」大量增加，走私套匯嚴重，僑匯業務受到影響。

5. 僑批匯兌開啟華人的全球金融網絡

明清以來，在中國人的海外移民拓殖中，以泉州、漳州、廈門和潮汕地區為中心的閩南語區域的民眾扮演了主要的角色。在當時海內外金融郵政極不完善的情況下，華人「水客」創造了「銀、信合一」的僑批載體，既用來寄託他們旅居海外的思鄉之情，同時也在僑居地與家鄉之間架起了一條生命線，「僑批」中帶錢成為基本的表現形式，這便註定了僑批不僅是通信服務的一部分，而且具有較強的金融色彩。

銀、信合一的「僑批信匯」的出現，是僑批業進入快速發展時期的重要標誌，同時也開啟了華人金融匯兌進入全球網絡的時代。

隨着人類社會的進步，僑批信局藉助不斷完善的郵政和銀行系統開展僑批業務，僑批的經營進入分工協作時期，即僑批信局負責收「批」與登門分「批」，（國際）郵局負責跨國及長距離僑批或回批的「傳遞」，（國際）銀行負責僑款資金頭寸的調撥與兌換。僑批網絡參與者除了數目眾多的僑批信局外，還包括與僑批有關的銀行、郵局、錢莊、店舖等。

郭有品從 1880 年開始經營僑批業務至 1928 年 1 月天一信局停業，歷時 48 年。郭有品的天一信局於 1897 年向大清郵政局註冊，1912 年改稱為「郭有品天一匯兌銀信局」。鼎盛時期在海外 7 個國家設有 24 家收批信機構，在國內設有 10 家派送機構，在香港、上海設立有僑匯轉駁機構；僱用職員數百人。可見，天一信局的規模和網絡不亞於當時的銀行。

正大信局是福建一家重要的雜局，業務涵蓋東南亞和閩南主要僑鄉，創辦人郭奕周為漳州角美流傳社人。正大信局的匯兌網絡由海外網絡和國內網絡組成，有國內分號 32 家，聯號 2 家，國外分聯號共計 36 家。其營業網絡覆蓋英屬和荷屬殖民地以及菲律賓、暹羅等地，共計 20 多個地區。它屬大型批信局，且有機地構成了一個自成體系。其海外網絡不僅涵蓋了東南亞的主要大埠頭，如小呂宋（馬尼拉）、新加坡、檳城、巴達維亞（今雅加達）等主要城市，而且涉及今馬來西亞的江沙、沙撈越，印度尼西亞的梭羅、孟加錫等類似的小地方，這些小地方是東南亞華資銀行在經營上較

少涉及的。其國內的網絡則幾乎涵蓋了閩南地區的主要僑鄉。

表 4-4 顯示了閩幫僑批信局在海外通過吉隆坡、檳城、新加坡、馬尼拉、仰光、海防、西貢、曼谷等東南亞國家的中心城市來輻射它們各自對應的較小城市，並通過香港、上海、汕頭等金融發達城市轉匯至廈門，再將僑批分散到閩南地區的僑鄉。這樣，閩幫僑批信局的網絡就呈現在眼前。

表 4-4　閩南僑批業海外、國內網絡關係

海外網絡			國內網絡		
收批地		集中地	轉匯地	接收地	分送地
新加坡	新加坡及周邊地區	新加坡	廈門、香港、上海、汕頭等	廈門	廈門、同安、泉州、安海、石獅、金井、永春、水頭、詩山、漳州、石碼、詔安、東山、漳浦等
馬來亞	吉隆坡、麻坡、檳城、峇株吧轄、安順、吧生、哥達巴因、吉打亞羅、新山、馬六甲、怡保等	吉隆坡、檳城、新加坡			
印尼	巴城、三寶壟、占碑、泗水、棉蘭、坤甸、巨港、萬隆、日惹、井里汶、萬鴉佬等	巴城、泗水、新加坡			
菲律賓	馬尼拉、宿務、怡朗、三寶顏、蘇洛、黎亞實比等	馬尼拉			
緬甸	仰光、東吁等	仰光			
越南	海防、西貢、堤岸等	海防、西貢			
泰國	曼谷等	曼谷			

如表 4-4 所示，僑批業的業務網絡就是一張由以福建為中心的東南沿海區域向海外延伸的世界區域圖。

伴隨東南亞華僑華人經濟發展及其與家鄉匯款的驟增，如何提高僑批的匯轉速度，以及如何利用僑匯資金牟利，是包括僑批局和華資銀行在內的僑批經營者所重視的問題。1920 年代起，先前的僑批局業務網絡與後發

展的華資銀行網絡形成交叉互補關係，建立了東南亞僑居地與國內僑鄉之間的國際金融及匯兌體系，分工合作，促進了僑批業務的發展。在僑批興盛的 20 世紀上半葉，新加坡華資銀行於新加坡、檳城、仰光、香港、上海、廈門、汕頭等主要城市設立了分行，在華僑華人進出口集散地形成了經營網絡。華僑銀行在仰光、檳城等地也直接經營僑批業務。在僑批形成與發展時期，僑批信局業務網絡與華資銀行的網絡有交叉滲透和互相不交叉各自發展的地方。隨着僑批業務量的擴大，新加坡華資銀行在東南亞各主要商埠設立了與僑批信局交疊的網絡機構（見圖 4-20），參與僑匯與僑批的業務經營，提高了僑批業務的流轉效率。

從圖 4-20 中可以看出，通過與銀行合作，僑批信局的網絡不僅涵蓋東南亞，而且輻射到歐美。這也為東南亞華人移居歐美提供了金融匯兌方面的便利。

東南沿海出洋民眾以勞工為主，分佈在各大小埠頭，有的甚至去的是窮鄉僻壤，僑批信局以其個人及企業信用為基礎利用地緣、親緣關係能夠深入這些地方攬收僑批，這是華資銀行一時難以替代的。還有，在國內

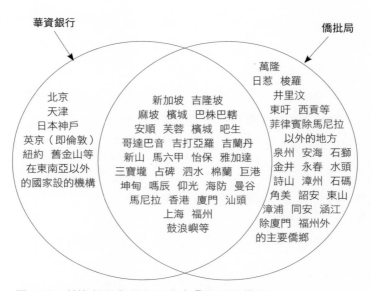

圖 4-20　華資銀行與僑批信局交疊的網絡機構

各僑鄉，僑批信局可熟地熟人地登門派送僑批，這也是華資銀行不能做到的，卻正是僑批信局的獨特優勢所在。

1930 年代之後，中國銀行等民族金融機構積極涉足僑批僑匯業務，使得華人僑批匯兌網絡更為貼近華人的實際需求。尤其在抗日戰爭時期，中國銀行不僅在海外遍設機構以方便華人匯款，而且在國內依據時局變化，因地制宜，不斷調整交錯縱橫的僑匯解付網絡。

四、閩粵僑批業與晉商票號的金融文化傳承 [1]

晉商票號與閩粵僑批業均產生於鴉片戰爭前後，同係中國舊式金融範疇，均同屬民間的「草根」金融。二者雖有着不盡相同的經營理念和方式，一者以服務於官方與商人為主，另一者以服務於下南洋之僑民為主，卻在中國近現代經濟金融史上佔據重要地位，可謂中國金融歷史上大放異彩的兩朵「姐妹花」。

目前，晉商票號與閩粵僑批的相關文獻和遺址已被列入國家級和世界級的文化與記憶遺產保護名單，成為人類共同的精神財富。這兩類產生於不同地域的舊式金融，在一百多年的興衰史中積累了豐富的經驗與教訓，蘊藏着深厚的歷史積澱，形成了良好的金融文化。我們通過簡介晉商票號與閩粵僑批信局的歷史，對兩者的企業歷史形態、文物價值等進行比較與解讀，以期發現兩者在金融屬性方面各自存在的獨特的金融文化，同時指出這些金融文化形態應當值得金融人學習與傳承。

1. 晉商票號與閩粵僑批業的興衰史

晉商票號與閩粵僑批業在生成背景、產生地區、發展變化、式微終結

---

1   原文發表在《福建金融》2015 年第 1 期，第 64–69 頁，此處略有修改。

等方面均有不同之處，但二者對於促進當時的中國經濟乃至世界經濟均有益處，發揮了積極的作用。

（1）晉商票號興衰史

「票號」取意於經營匯票，即票莊、匯兌莊，主要辦理國內外匯兌和存貸款業務，是為了適應國內外貿易的發展而產生的，也因為晉商所創辦經營，而被為「山西票號」或「晉商票號」。「山西票莊執中國金融界之牛耳，約百餘年。」[1] 可見，晉商票號對於中國近代經濟金融發展的貢獻以及其重要的歷史地位。

日昇昌票號是開辦最早的晉商票號，也是晉商票號的典型代表，係雷履泰於清道光三年（1823 年）將西裕成顏料莊改成的。日昇昌票號成立後，平遙縣相繼有蔚泰厚、蔚豐厚、蔚盛長、天成亨、新泰厚等 21 家票號崛起，並迅速向全國拓展。晉商票號辦理匯兌、存貸款業，解決了運送現銀的困難，加速了資金周轉，極大地促進了當時商業貿易的繁榮。此外，票號商人與官府合作，代理清廷籌措和匯解京餉、軍餉，籌措資金償還外債，收存中央及各省官款，起到了代理國庫和省庫等作用。

1894 年甲午戰爭後，中國社會的殖民化程度進一步加深，部分晉商票號在日本、朝鮮等國設立分號，既與外商競爭，也有力地促進了國內外貿易和民族資本的發展。

1904 年，晉商票號在全國 100 多個城市開設了 450 家分號，營業地域之廣，為中國商業機構所罕見。[2]

辛亥革命後，隨着國內時局動盪，以及西方金融業的興起，晉商票號由盛轉衰。近代銀行的經營方式比票號先進，大銀行都以外國資本為後盾，中國土生土長的票號鬥不過現代意義上的銀行，由此很快就衰落了。特別是由於票號對清廷的過度依賴，所以在辛亥革命的爆發後，票號緊隨

1　曲殿元：《中國之金融與匯兌》，上海大東書局，1930。

2　《山西票號興衰史》，《中華工商時報》2006 年 1 月 6 日。

清廷被推翻而很快走向衰落，最終被時代所淘汰而退出歷史舞台。1920 年代，晉商票號幾乎消亡了。

（2）閩粵僑批業興衰史

「僑批」源於閩南語。「僑批」中「僑」指海外華僑華人，「批」是閩粵方言對書信的稱呼。閩粵僑批業涉及的主要地域包括閩、粵、瓊三省及東南亞各地，又以閩南和潮汕地區為多為著。

僑批業的產生有其歷史大背景。在 16 世紀歐洲人的「地理大發現」後，世界步入「大航海」時代，人類文明史上產生了有別於陸地遷徙的跨洋越海大移民現象。19 世紀初，在世界大移民潮流與國內人口劇增等大環境的衝擊與交集之下，清廷開放「海禁」，准許民眾出國。尤其在鴉片戰爭之後，清廷允許西方各國在華自由招工、自由從事契約勞工的招募活動，我國東南沿海閩粵民眾由此大規模移民南洋。這種「下南洋」的移民潮，有別於中國內陸區域的「走西口」「闖關東」，成為近現代全球化進程中的一個重要組成部分。這種跨國移民的大背景催生了僑批業。

「漂洋過海、過番謀生」的華僑在海外打拚，稍有積蓄即連同問候平安的家信寄回家鄉，以補家用。於是，維繫海外僑民與國內僑眷之間經濟與情感紐帶的「僑批」應運而生。僑批既匯款又寄家書，這一「信、款合一」的特殊溝通媒介，牽繫着那個時代僑民、僑眷的心，展現了他們的生活追求與情感世界。

早期經營這一跨國僑批業務的是個人（個體），俗稱「水客」或「客頭」。隨着出洋人數劇增，業務量的增大，僑批業務逐步發展成由僑批信局經營，並最終形成了一個以華人為主體的重要行業。這個僑批行業產生於 19 世紀中期，盛行於 1920~30 年代，終結於 1990 年代末[1]，歷經清末、民國、新中國 3 個歷史時期，歷時一個半世紀。

1　國內私營僑批業於 1970 年代末被歸入國家銀行管理後而逐漸消失，而國外僑批信局則延續至 1990 年代末，紙質僑批也隨之消失。

整個閩粵僑批行業的經營機構數量眾多。在福建，據統計，1892~1901
年在廈門登記營業的僑批信局有 30 家，1902~1911 年有 20 家，1912~1921
年有 64 家，1922~1931 年有 64 家，1936 年登記營業的頭二盤局達 84 家。[1]
1937 年 6 月 ~1941 年 10 月，中國銀行泉州支行在南洋各地的代理局有 180
多家，其中馬來西亞有 71 家，新加坡有 12 家，印度尼西亞有 42 家，菲律
賓有 49 家。[2] 這還不包括南洋代理局屬下的在南洋各地的代理店。1948 年福
建省登記營業的頭二盤局達 173 家。[3] 根據華東郵政管理局統計，1948 年
福建省僑批業分支機構共達 1282 家。[4] 1948 年福建省僑批業涉及的國外局
達 506 家。[5]

　　在潮汕地區，1932 年汕頭僑批信局增至 66 家，佔廣東僑批信局總數的
70%；抗戰前汕頭和潮州所屬各縣聯號和分號達數百家，僅汕頭市專營僑
批業的就有 55 家。抗戰勝利後僑批業迅速發展，汕頭潮屬各縣僑批局共有
131 家。1951 年在汕頭郵政局註冊登記的僑批業機構有 60 家，下轄內外分
號 775 家，其中港澳及南洋地區分號有 348 家。[6]

　　從實質上說，華僑華人與僑眷之間通過僑批這種載體，實現了以華僑
勞務收入為主的貨幣資金（或物品）的跨國轉移和信息情感的交流與溝通。
即通過僑批實現「資金流、信息流、物資流」的跨國轉移，並以此傳播與
共享人類文明之成果。

1　《廈門金融志》，鷺江出版社，1989，第 42 頁。

2　張公量：《關於閩南僑匯》，民國卅二年八月刊印，第 38-44 頁詳細列出了委託信局的名
　　稱和地址。

3　中國人民銀行福建省分行國外業務處：《福建省僑匯業社會主義改造史料（1949~1958）》，
　　1964 年編印，1996 年中國銀行福建省分行國際金融研究所翻印，第 4 頁。

4　中國人民銀行福建省分行國外業務處：《福建省僑匯業社會主義改造史料（1949~1958）》，
　　1964 年編印，1996 年中國銀行福建省分行國際金融研究所翻印，第 6 頁。根據 1949 年
　　9 月華東郵政管理局批信局工作概況統計，其中可能包括特差及一部分虛假登記。

5　中國人民銀行福建省分行國外業務處：《福建省僑匯業社會主義改造史料（1949~1958）》，
　　1964 年編印，1996 年中國銀行福建省分行國際金融研究所翻印，第 5 頁。

6　羅則揚：《僑批文化與海洋文化》，載《首屆僑批文化研討會論文集》，2004，第 211 頁。

　　就金融而言，一方面，僑批經營者不斷吸收西方先進的銀行技術和郵政技術，並將其應用於僑批的經營之中；僑批業務既鍛煉和造就了有國際視野的金融人才，也潛移默化地影響了東南沿海的廣大僑鄉民眾。另一方面，僑批帶來了「番銀」，帶來了僑居地先進的金融技術與管理思想，豐富了僑鄉的貨幣文化，提升了僑鄉民眾的金融意識，進而無形地推動了中國舊金融的改造與發展。

　　圖 4-21 所示為一封於 1910 年 6 月 25 日由菲律賓馬尼拉黃開物致錦宅妻子林氏的僑批，在批信中他要求妻子將金員兌換成銀元，然後放貸收息。批信提到，「之前帶回之金員，此時正在好價，係如兌換，將項寄放殷實餉當生息，以免該項屯積全無絲毫生息」「今人有預算一元寄存銀行，至二十年尚得一母一利」「總之，欲放該項必擇殷實可靠之舖號方可」。

　　身處僑居地的旅外華僑在接受西方先進的金融技術的同時，也會通過僑批書信將金融信息、金融理念傳遞給國內親友。僑批中的這位清末旅菲華僑黃開物已有了較強的金融意識，並力圖通過僑批向家人傳遞其投資理念。

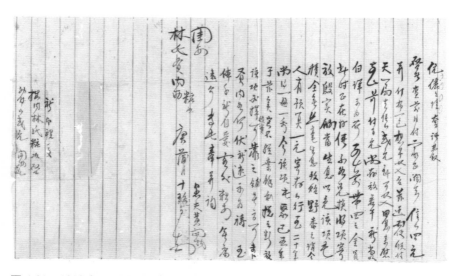

圖 4-21　1910 年 6 月 25 日（庚蒲月十九日）馬尼拉黃開物致錦宅妻子林氏的僑批

2. 晉商票號與閩粵僑批業的企業形態及文化價值比較

晉商票號誕生在中國大陸腹地的山西，側重於辦理國內匯兌業務；閩粵僑批業發軔於中國東南沿海地區，側重於辦理國際匯兌業務及轉送跨國家書。它們在歷史上的企業形態與在當今作為文物的價值存在許多異同之處。現以閩幫僑批信局代表閩粵僑批業，與晉商票號做一比較（詳見表4-5）。

表 4-5　晉商票號與閩粵僑批信局的企業形態及文物價值比較

項目	晉商票號	閩幫僑批局
經營者及居住地或祖籍地	居住在中國中部靠北的山西，以晉中的平遙、太谷、祁縣等地為主的山西人	居住在中國東南沿海的福建南部，閩南廈、漳、泉以及居住在東南亞各地的閩南人
創辦及歷經時期	1824年日昇昌號始辦起算，1個世紀。經歷清末至民國初期的2個歷史時期	清晚期至20世紀末，1個半世紀。經歷清末、中華民國、中華人民共和國的3個歷史時期
資本金	晉商個人	閩商個人。解放後，國內僑批業改造成為國家銀行管理的機構
服務對象	以晉商為主的商號、商人及清廷官方業務	海外閩南人及其國內親朋僑眷以及閩幫商號，少量支持中國革命的海外匯款業務
經營地域	晉中平遙、太谷、祁縣等地為中心，輻射中國內地各大城市及少部分外國	中國南部閩南沿海地區與東南亞各地
經營範圍及市場	以國內匯兌業務為主，以國內市場為主	國際匯兌與「跨國」家書，國內與國際市場兼有之，包括閩南和東南亞各地的僑批業務以及國際匯兌市場
經營方式	以匯票為主，信匯和電匯為輔	以信與匯合一的「僑批」信匯為主，票匯和電匯為輔
企業網絡	晉商開的票號，包括設在各地的分號（全資）	閩南人開的僑批局。包括國內、國外僑批局直屬分局、代理商號等業務網絡
結局形式	消亡及部分轉化	消失，國內改造後歸入國家銀行，國外部分銳變成銀行或轉做實業

（續上表）

項目	晉商票號	閩幫僑批局
消亡主因	經營者的經營理念陳舊，因循守舊，不能與時俱進；時局動盪	科技進步特別是郵政及銀行技術發展，使得其沒有存在的必要；自然消亡而終結
檔案文獻價值	2003 年《「日昇昌」票號、銀號檔案文獻》入選第 2 批中國檔案文獻遺產名錄	包括閩粵的「僑批檔案」2010 年 2 月入選第 3 批《中國檔案文獻遺產名錄》，2012 年 5 月入選《世界記憶亞太地區名錄》，2013 年 6 月入選《世界記憶名錄》
典型的號、局文物價值	2006 年山西省平遙縣「日昇昌舊址」列入第 6 批全國重點文物保護單位（古建築）。1997 年包括日昇昌票號遺址在內的平遙古城列入世界文化遺產保護	2006 年福建龍海市「天一總局舊址」列入第 6 批全國重點文物保護單位（近現代重要史跡及代表性建築）。2009 年福建省泉州市「王順興信局舊址」列入第七批福建省重點文物保護單位
文物的建築風格	日昇昌舊址體現了中國清代北方民居的典型風格。創建於清道光四年（1824 年），咸豐年間（1851~1861 年）整修	天一總局舊址體現中西合璧式「南洋」建築風格。「宛南樓」始建於清宣統三年（1911 年），後經購地擴建；1921 年又建成「北樓」和「陶園」（花園）。王順興信局舊址由歐陸建築風格的「奇園」（1928 年建）和中式建築風格的「船樓」（1929 年建）組成

資料來源：在拙文《解讀晉商票號與閩幫僑批局》（《海交史研究》2012 年第 2 期）第 71 頁表 1 和第 72 頁表 2 的基礎上補充完善的。

　　僑批信局有郵政與金融雙重服務功能。因此，一般人們認為，中國民間金融或舊式金融機構僅有錢莊、典當行、票號等，極少將僑批列入其中[1]；而將僑批歸入金融範疇記載的與將僑批歸入郵電範疇記載的福建省各地方

1　在王紅曼《略論晚清金融結構變遷》〔《福建論壇》（人文社會科學版）2011 年第 7 期〕中提及了中國舊式金融機構包括錢莊和票號，未提到僑批業。

志書數量相當。[1] 由此可知，人們對僑批金融屬性的普遍認識還很不夠。

在中國金融發展史的研究上，較晉商票號而言，我們對閩粵僑批業的研究還十分不足。學界對於晉商票號史的研究長達 70 多年 [2]，而對閩粵僑批業的研究僅是近 20 多年的事，而僑批金融屬性方面的研究顯得更加薄弱 [3]。

從表 4-6 可知，就代表性遺址而言，晉商票號與閩粵僑批業的價值相當，但其建築風格不同，所表達的物質性文化價值也有差異。日昇昌遺址體現了中國清代北方民居的典型風格，顯示了那時代雖然有商業貿易，但仍然保留着「農耕自足」的情形。而天一總局遺址體現了中西合璧式的「南洋」建築風格，與閩南的傳統建築相比，更具有海洋文明的氣息。就文獻檔案而言，閩粵僑批的已入選《世界記憶名錄》，而晉商票號的僅被列入國家級文獻遺產保護名錄。因此，我們有必要對僑批的文化價值做進一步挖掘與宣揚。

3. 值得傳承的金融文化

晉商票號與閩粵僑批業在特定的歷史時期，為中國社會經濟發展做出了歷史性的貢獻，它們各自有獨特之優點，也為我們今天保留了優良的金融文化，主要包括信用文化、制度文化、創新文化、精神文化。這正是今

1　2014 年 11 月 4 日查詢福建省情資料庫地方志之窗（http：//www.fjsq.gov.cn/index.asp），搜索「僑批」，結果顯示，將「僑批」歸入金融範疇記載的有《莆田市志》《城廂區志》《涵江區志》《鯉城區志》《石獅市志》《永春縣志》《漳州市志》《福建省志（華僑志）》，將「僑批」歸入郵電範疇記載的有《福建省志（郵電志）》《福州市志》《涵江區志》《莆田縣志》《泉州市志》《晉江市志》《南安縣志》《廈門市志》《詔安縣志》。

2　這是從 1944 年重慶中央銀行經濟研究處衛聚賢撰寫並出版《山西票號史》起算。其實，山西平遙人李宏齡在 1917 年就自費出版了《山西票商成敗記》。

3　比較集中論述僑批金融屬性的文章主要有：陳景熙《潮汕僑批與近現代汕頭貨幣史》，《首屆僑批文化研討會論文集》，2004；陳訓先《清代潮幫僑批業對我國原始金融市場的貢獻》，《汕頭大學學報》2005 年第 5 期；黃清海《解讀晉商票號與閩幫僑批局》，《海交史研究》2012 年第 2 期；王煒中《僑批局：中國進入國際金融市場的先行者》，《廣東檔案》2013 年第 2 期；晏露蓉、黃清海《僑批：中國信用文化之珍品》，《徵信》2013 年第 10 期；僑批研究小組《僑批的金融屬性溯源》，《福建金融》2014 年第 5 期；林南中《「番批」「番銀」——海洋文明的金融符號》，《福建金融》2014 年第 6 期。

天金融人的文化與精神財富，值得傳承與褒揚。

（1）信用文化

晉商票號與閩粵僑批局能夠持續經營百年，最核心的與最根本的是誠實信用。其實，這兩者經營的同是信用產品，均必須建立在中國傳統的樸實信用的基礎上方能有效地拓展業務。僑批信局經營者基於血緣、地緣（鄉緣）等鄉誼關係，做熟人熟客業務，知根知底，信息對稱。對稱的信用信息，既是業務的基礎，也牽制了違約事件的發生。「了解你的客戶」成為當今銀行拓展業務的最基本要求，其中就包含着這種信用文化因子的傳承。

天一信局創辦者郭有品曾堅持償付沉海的僑匯，他因此成為誠信閩商的典範之一。有朝一日，如在天一信局遺址設立「僑批博物館」，建議塑造「郭有品誠信雕像」，以此作為有形的物質性文化宣傳載體，褒揚中國民間誠實守信的信用文化。

（2）制度文化

制度建設是企業做大做強的重要保證。晉商票號形成了一套獨具地方特色，又與現代企業制度相近的企業結構和管理方式，包括經營權與所有權分離、嚴謹的用人機制、嚴格的師徒制度、較為合理的激勵機制（票號股份分為投資者的銀股和小出資本出人力「頂生意」的身股，銀股、身股都可按股分紅）和嚴密的內控制度等，這些保證了票號健康地經營與發展。郭有品在從做水客發展到創辦天一信局的過程中也制定和執行了一套完整的制度，並保證其信用的延續性，從而做大了僑批業務。王順興信局創辦人王世碑也有同樣做法，其信局《約章》至今仍可見。[1]

僑批業因為涉及的地域廣、業務品種多（錢款、書信、物品等），為提高運行效率，還形成了一些特殊的運營制度，如「代理制」「幫號制」「三盤制」「墊款制」「山票制」「合夥制」等。這些制度和做法，對於當今的金

---

1   泉州市僑聯等編《回望閩南僑批》，華藝出版社，2009，第 24–26 頁。

融業信守「三鐵」，同樣也有借鑒意義。

（3）創新文化

創新既是時代的呼喚，又是企業自身發展的內在要求。晉商票號與閩粵僑批業都有着一種敢為天下先的創新精神。晉商票號創新出以紙質的匯票（即信用票），以解決長途運送現銀（金屬貨幣）的困難。閩粵僑批業經營者創新出「信、匯合一」的僑批經營模式，方便了居住在東南亞的閩粵華僑對匯款和通信的需求。此外，常年居住在海外的閩粵僑批商人，有着海洋文化的思維及國際視野，能夠與時俱進，不斷地接受西方先進的技術和方法，並將其應用於僑批的經營中。他們除了有僑批信匯外，還仿照銀行，採用信局票匯（見圖 4-22）和電匯方式，以提高僑批匯款的運行效率。

當今金融業務創新日新月異，舊式金融的創新意識與創新精神，更為接近「地氣」，貼近社會實際與民眾需求，值得當代金融人學習與褒揚。

（4）精神文化

精神文化，又稱為「企業軟文化」。晉商票號與閩粵僑批業經營者均擁

圖 4-22　益華匯兌信局匯票與華僑銀行匯票的比較

有自強不息的開拓精神，但因視野與理念等的差異，最終結果也有所不同。

　　山西地處我國中部地區的陸地，傳統的「陸地思維」深深地影響着一代又一代的山西人，人民世世代代以農耕為生，那裏資源豐富，他們又勤勞、進取、開拓、自強不息；拉着駱駝，千里走沙漠，冒風雪，犯險阻，北走蒙藏邊疆；橫波萬里浪，東渡東瀛，南達南洋，不畏艱辛，堅韌不拔。他們因此能首創票號，開中國匯兌業之先河，影響了中國經濟金融界近一個世紀，並使山西商人成為當時國內商業和金融界中一支舉足輕重的力量。

　　然而，晉商票號最後還是沒落了，其主要原因是票號經營者的墨守成規、因循守舊、不能與時俱進。晉商票號掌櫃們不僅不能順應歷史潮流，改革圖存，而且頑固和墨守舊法，一次次坐失良機，以致 4 次失去可能將票號發展成為銀行的大好機遇。[1] 晉商票號成功的經驗與失敗的教訓，值得人們借鑒與吸取。

　　閩粵沿海遠離中原，那裏土地貧瘠，生存環境與中原有很大的差異。閩粵人民居住陸地邊緣，長期以來以海為田，以舟為馬，漂洋過海，這造就了閩粵人既有漂泊堅韌、敢於冒險、勇於拚搏的性格，又有着海洋的思維與寬廣的國際視野。

　　閩粵僑批業是伴隨着出國的這一鄉幫族群的閩粵民眾（以閩南語系民

1　參見 MBA 智庫百科——晉商（http：//wiki.mbalib.com/zh-tw/%E6%99%8B%E5%95%86）。第一次是 1904 年秋天，戶部尚書鹿仲霖奉諭組建大清戶部銀行，他認為山西票號商人經營有道，便邀請山西票號商人參加入股。由於山西票號實行經理負責制，事情要經總號批准，而票號的掌櫃們以不熟悉洋人的玩意為藉口百般推脱，清廷認為這是因為票號害怕資金與人被朝廷控制，自己無利可圖而拒絕，為此再一次妥協，拿出了一個沒有風險的方法：要求晉商只出人不出資金，既讓戶部銀行控制在山西人手裏，又不動用晉商原有的資產。如此豐厚的條件，還是不能撼動票號大掌櫃們的成見。戶部多方努力無效，晉商票號也坐失了一次改制成銀行的良機。第二次是 1908 年，山西蔚豐厚票號北京分莊經理李宏齡認識到山西票號若不順應潮流，及早改革圖存，將在商界、金融界銷聲匿跡，因此改組票號為銀行是大勢所趨。為此，他與渠本翹籌劃了票號改組的計劃，但因總號經理們墨守成規，不肯稍加變通，不同意票號改組銀行，計劃又告失敗。第三次是在辛亥革命後的 1914 年，山西票號擠兌現象嚴重，於是票號重提改組銀行之議，三大幫票號聯合申請改辦銀行，並由政府擔保向華利銀行貸款。不想是年歐戰爆發，計劃落空。第四次是山西票號擬自籌資金，共組銀行，但終究形不成合力，只是紙上談兵。

眾為主）的內需而自然產生的，之後，它隨着國際與國內社會與科技的進步，自律地、市場化地發展。凡是自生、自制、自主的事物均具有很強的發展力。閩粵僑批業就是這樣具有頑強的生存力和發展力的事物。在 1930 年代初，孔祥熙在建立國民政府金融體系的過程中，曾設想在海內外建立郵政儲金匯兌系統，取消國內、外的民信局，但是，由於經營海外業務的僑批信局具有許多不可替代的特殊功能，而最終也只能將其改名為批信局並保留下來。

　　閩粵僑批業經營者基於僑批的金融屬性，以其固有的海洋文明的那種開放的心態和誠實守信的商人準則及國際化網絡經營的視野以及僑批的金融屬性，因時因地地變化，創造性地發展僑批業了這種特殊的商業模式，從而促進和適應了不同時期僑批業務的發展；而且在僑批業沒有必要存在的情況下使其得以轉化，獲得了新生。1970 年代末，國內僑批業在歸併國家銀行後繼續發揮其應有的作用。而國外僑批信局有的嬗變為銀行，有的甚至成為有實力的華資銀行。如：建南信局發展成建南銀行，該行曾經成為菲律賓第二大商業銀行；和豐信局發展成和豐銀行，1932 年該行又與華商銀行、華僑銀行合併為新的華僑銀行股份有限公司，總部設在新加坡，是一家國際性銀行，目前在中國廈門、成都、上海、紹興、天津、廣州、北京和青島等城市設有分支機構。

　　閩粵私營僑批業在國內外競爭激烈的環境下，不斷創新，不斷提高競爭力，從而展現了僑批從業者的創新精神和獨特的國際化視野。

　　在經營理念方面，諸多僑批信局將秉承誠信經營的理念、建立嚴格的信用制度作為不斷擴大經營網絡、提高信譽的主要手段。僑批信局「信義經商」的精神使僑批不愧為「中國信用文化的珍品」，值得世人「永久記憶與傳承」。

　　在經營戰略方面，為提高僑批的匯轉速度，僑批信局改變「單打獨鬥」的狀態，在構建頭盤、二盤、三盤局合作體系的同時，藉助比較完善的現代郵政和銀行系統開展僑批業務，實現了僑批業務的分工協作。尤其是僑批信局通過與銀行系統的協作，融入整個國際匯兌市場，拓展了業務網絡的空間

分佈，輻射至歐美，「為東南亞華人移居歐美提供了金融匯兌方面的便利」。

在經營方式方面，僑匯匯兌的方式從由「水客」帶回原幣（金屬貨幣），到信匯、票匯、電匯的演變，不但體現了時代的變遷，而且反映了華人移民對資金跨境流動安全性、便利性的需求。在結算貨幣上，從銀本位時期種類繁多的外國銀圓，到國幣與金圓券流通時期以及新中國成立後以美鈔、港幣、人民幣為主體，除了反映不同時期的政治、經濟、科技等方面的情況外，還真實地反映了華人移民在國際市場匯率變動頻繁、國內貨幣幣值不穩定的現實環境下規避匯率風險的需求。

在風險管理方面，為應對國際市場匯率變動頻繁帶來的匯率波動風險，僑批信局利用批款資金頭寸，運用遠期、期貨、互換等各種金融衍生工具，在國際金融市場上進行實物或金融貨幣交易。所以，僑批信局被認為是「中國進入國際金融市場的先行者」。

特別需要指出的是，閩粵僑批業的百年發展史對當前我國金融領域的創新活動具有重要的借鑒意義，即金融創新應瞄準社會的真實需求，也就是說，應鼓勵符合實體經濟發展實際的金融創新。例如，金融創新應滿足經濟結構轉型與升級的需求，滿足新型城鎮化建設的需求，滿足實施「引進來」與「走出去」戰略的需求，滿足人民群眾日益增長的物質文化需求引致的對金融服務的需求。僑批信局與銀行機構從對立走向合作的歷程，對於當前合理處理傳統金融與互聯網金融的關係提供了有益啟發，即傳統金融機構應加快創新，與互聯網金融進行有效合作，實現各方的共贏。[1]

一個有生機活力的企業或行業，既需要有良好的文化傳承，也需要有緊跟時代的技術創新。如今正處於一個全球化蓬勃發展的時代，中國金融業迎來了前所未有的大發展機遇，中國舊式金融所遺存的金融精髓，正在融入各類金融業務和服務之中。

1　潘再見：《市場需求驅動金融創新——讀福建金融「海邦剩馥僑批文化欄目」系列文章有感》，《福建金融》2015 年第 12 期，第 71-74 頁。

結　語

從僑批、僑匯到「僑匯通」
── 中國近現代國際金融匯兌歷史縮影

　　從僑批匯兌到銀行僑匯，再到環球「僑匯通」，匯兌時間從幾個月到幾天，縮減到幾時幾分鐘，從側面反映了中國近現代 100 多年來的國際金融匯兌歷史，反映了現代科技進步對於金融效率提高的促進作用。從僑批、僑匯到「僑匯通」，可以説是中國近現代國際金融匯兌歷史的縮影。

　　「僑匯通」業務是中國銀行與速匯金、西聯匯款、BTS 等多家匯款公司合作的小額跨境速匯服務，國外匯款人在境外匯出匯款後，僅需十分鐘，境內收款人憑「解付密碼」即可在中國銀行任一網點收款，有效地滿足不同地區客戶的跨境匯款需求（中國銀行的「速匯金」廣告單見圖 4-23）。中國銀行提供的兑付貨幣多樣化，有着現鈔儲備充足等優勢，能

圖 4-23　中國銀行的「速匯金」
　　　　　廣告單

夠更好地為客戶提供支取便捷的解付服務與普通國際匯款業務不同，「僑匯通」方便快捷，無須中轉，且匯款手續費低廉，不收取電訊費用、匯鈔差價和中轉行費用，保證匯出金額與匯入金額一致，而且客戶可以自由選擇將匯入款項直接入賬或在就近網點支取現金。

以往我們常用「全球化」的字眼，用於解釋區域內網絡之間和跨區域網絡之間的互動關係。然而，今天，我們處在一個大時代，即處在一個信息化、網絡化高度發達的時代，在世界金融領域裏，「全球化」其實等於「全球一樣化」，「地球村」的「同村化」。跨國界、跨區域，跨海洋、跨時空，如果沒有人為的限制，那就沒有障礙，全球暢通無阻，資金自由流通。

從 1840 年代開始，伴隨着下南洋之人所需，華僑華人寄信匯款的僑批（僑匯）匯兌業務，經歷了從僑批業（水客）攜帶僑款（現銀）回國、外資銀行壟斷控制、華人資本銀行介入爭奪、中國銀行等民族資本銀行的參與，直至今天由眾多國際大銀行協作組成環球金融匯兌系統；國際匯兌時間從幾個月、幾天，再到幾分鐘。所有這一切，既反映了人類金融科技的進步，也見證了金融全球化的歷史進程，更反映了一個半世紀以來華人金融網絡發展的艱辛歷程。

我們正處於一個全球化蓬勃發展的時代，隨着「一帶一路」的深入，中國迎來了前所未有的大發展機遇，可以預見，具有海洋文明屬性的僑批業所遺存的記憶財富與文化精髓，將融入人們全球化視野的思維海洋之中，並發揚光大。

參考文獻

[1] 〔日〕濱下武志:《全球史研究視野下的香港》,載國家清史編纂委員會編譯組編《清史譯叢》第十輯,張俊義譯,齊魯書社,2011。

[2] 卜偉等編著《國際貿易與國際金融》,清華大學出版社,2015。

[3] 陳達:《南洋華僑與閩粵社會》,商務印書館,2011。

[4] 陳嘉庚:《南僑回憶錄》,新加坡怡和軒,1946。

[5] 陳荊淮主編《海邦剩馥:僑批檔案研究》,暨南大學出版社,2016。

[6] 福建省檔案館編《百年跨國兩地書:福建僑批檔案圖志》,鷺江出版社,2013。

[7] 福建省檔案館編《中國僑批與世界記憶遺產》,鷺江出版社,2014。

[8] 黃清海、沈建華編著《抗戰家書》,福建人民出版社,2015。

[9] 黃清海編著《菲華黃開物僑批:世界記憶財富(1907~1922年)》,福建人民出版社,2016。

[10] 黃清海主編《閩南僑批大全》第一輯,福建人民出版社,2016。

[11] 黃清海主編《閩南僑批史紀述》,廈門大學出版社,1996。

[12] 黃卓才:《鴻雁飛越加勒比——古巴華僑家書紀事》,暨南大學出版社,2011。

[13] 〔新〕柯木林主編《新加坡華人通史》,新加坡宗鄉會館聯合總會,2015。

[14] 〔美〕孔飛力:《他者中的華人:中國近現代移民史》,李明歡譯,江蘇人民出版社,2016。

[15] 李柏達編著《古巴華僑銀信：李雲宏宗族家書》，暨南大學出版社，2015。

[16] 李良溪主編《泉州僑批業史料》，廈門大學出版社，1994。

[17] 李天錫：《泉州華僑華人研究》，中央文獻出版社，2006。

[18] 劉進、李文照：《銀信與五邑僑鄉社會》，廣東人民出版社，2011。

[19] 〔美〕邁克爾・赫德森：《國際貿易與金融經濟學：國際經濟中有關分化與趨同問題的理論史》（第 2 版修訂擴展版），丁為民等譯，中央編譯出版社，2014。

[20] 《南洋中華匯業總會年刊》第一集，新加坡 1947 年 4 月刊印。

[21] 《南洋中華匯業總會年刊》第二集，新加坡 1948 年 6 月刊印。

[22] 南洋中華匯業總會《匯業特刊》第三集，新加坡 1958 年 1 月刊印。

[23] 〔美〕帕特里克・曼寧：《世界歷史上的移民》，李騰譯，商務印書館，2015。

[24] 泉州市僑聯等編《回望閩南僑批》，華藝出版社，2009。

[25] 〔日〕山岸猛:《僑匯:現代中國經濟分析》，劉曉民譯，廈門大學出版社，2013。

[26] 世界海外華人研究與文獻收藏機構聯合會會刊《華僑華人文獻學刊》第一輯，社會科學文獻出版社，2015。

[27] 〔美〕斯塔夫里阿諾斯：《全球通史：從史前史到 21 世紀》（第 7 版修訂版），吳象嬰等譯，北京大學出版社，2012。

[28] 蘇通海：《漳州僑批史話》，福建人民出版社，2016。

[29] 王曉明：《世界貿易史》，中國人民大學出版社，2009。

[30] 鄭林寬：《福建華僑與閩僑匯款》，福建調查統計（永安），1940 年 11 月。

[31] 中國銀行行史編輯委員會編著《中國銀行行史（1912—1949 年）》，中國金融出版社，1995。

索　引

僑批與金融：
海洋移民、貿易與金融網絡

黃清海　著

責任編輯　周文博
裝幀設計　鄭喆儀
排　　版　黎　浪
印　　務　劉漢舉

出版　　中華書局（香港）有限公司
　　　　香港北角英皇道 499 號北角工業大廈一樓 B
　　　　電話：（852）2137 2338　傳真：（852）2713 8202
　　　　電子郵件：info@chunghwabook.com.hk
　　　　網址：http://www.chunghwabook.com.hk

發行　　香港聯合書刊物流有限公司
　　　　香港新界荃灣德士古道 220-248 號
　　　　荃灣工業中心 16 樓
　　　　電話：（852）2150 2100　傳真：（852）2407 3062
　　　　電子郵件：info@suplogistics.com.hk

印刷　　美雅印刷製本有限公司
　　　　香港觀塘榮業街 6 號海濱工業大廈 4 樓 A 室

版次　　2023 年 1 月初版
　　　　© 2023 中華書局（香港）有限公司

規格　　16 開（230mm×160mm）

ISBN　　978-988-8808-44-1

本書繁体字版由社會科學文獻出版社授權出版